新景気変動論

金子雄一 著

大学教育出版

はじめに

　近年、人々の景気変動への関心が高まってきているようだ。1990年代以降の経済の長期低迷が企業経営や生活に深刻な影響を及ぼしたこと、マクロ景気と関連する株、債券、為替などの金融市場が拡大してきていることなどが背景にある。

　新聞紙上では景気指標の発表が大きく取り上げられ、また政府の他、多くの民間の研究機関がＧＤＰ（国内総生産）成長率などマクロ経済、景気に関する予測を定期的に公表、また多くのエコノミストが景気について発言するのを耳にする。とは言っても、景気指標の動きはまちまちでそれらを観察しても、総体としての景気の姿、方向をつかむのはそう簡単なことではない。専門家の見方も様々で、参考にしたくても実際にどれを信用してよいか迷うだろう。

　実務家や投資家だけでなく、一般の生活者でも、できれば自ら景気指標を観察し、いろいろな見方を選り分けて、景気に関し独自に判断できることが望ましい。本書は、そのための手引たることを目指し、どのように景気を観察し、変動要因を考え、将来の動向を予測するかを示すことを意図している。

　著者は、元々新聞記者出身であるが、社団法人日本経済研究センターに所属し永く景気変動分析・予測に携わってきた。また複数の大学で講義（「経済予測論」、「景気変動論」）を受け持っている。経済学を学ぶ学生にとっても、実際の景気変動ほどふさわしい素材、実験の場はない。本書は、大学での講義録をベースにしているが、実務にも役立つように肉付けし、さらに著者なりに正しいと考える予測法を付け加えたものである。

　本書の特徴は、以下の通りである。

　第1に、大学におけるテキストの体裁を取り、景気変動に関する基礎的な知識は一通りおさえることのできる入門書の性格を持っている。景気変動に関し、網羅的、体系的に項目を設け、それぞれについて統計の読み方も含め初歩から記述している。また項目ごとに、代表的な理論、常套手段として使われる分析法、

当面するトピックなどはできる限り紹介するようにしている。その際、単なる統計の見方でなく、原理から説き起こすようにした、できるだけわかりやすい記述とした、つもりである。

第2に、実践的であることである。実践的とは、目前で進行している景気情勢の分析、今後の予測に使えるという意味である。そのため、①実際のデータ、統計の利用の仕方を紹介する、②それぞれの分野について、特殊要因、統計の技術的要因まで含め、変動要因をもれなく示す、③経済構造の変化を受けた最新時点の変動の考え方、問題意識を紹介する、④個別分野でもマクロの景気変動との関連を常に意識する、ことなどに留意した。

第3に、著者がこれまでの研究の結果、正しいと考える景気変動の原理を随所に盛り込んだ。中には、一般には異説と受け止められている考え方も含まれており、その場合はテキストとしての性格上、なるべく常識的考え方との違いに言及するようにしてある。最後に「補論」として、著者の開発した景気予測法も付けてあるが、これも一般的な考え方、予測法とかなり異なる方法であることをご承知いただきたい。

本書は景気変動の基礎を示すのが主眼であるが、それとともに景気の分析・予測に携わる人、企業や家庭で景気予測を必要とする方々に対しては、より有効な予測法のヒントを提供できればと考えている。

経済は生き物と言われるように、時には気まぐれとも見える動きをし、その動向の把握、予測は非常に難しい。単独で経済変動を説明できるような決定的理論はいまだ存在しない。言い換えると、景気がどうして良くなったり悪くなったりするかのメカニズムの解明がまだ十分になされていないのである。このため、経済学、予測手法が発達し、多くの人がそれに携わっても必ずしも、景気観測、予測のパフォーマンス向上に結びついていない。予測した経済成長率が偶然的中することはあっても、シナリオを含めて正しく先を見通せた例はまれだ。株価や為替レートなど、市場指標となると、その動きは移ろいやすく、予測の困難はさらに増す。仮に、常に高い確度で予測ができる方法を開発できれば、それだけで富を築けるわけだが、現状は誰もそれをなしえていないと言ってよいだろう。

本書を読まれた読者が、そのような困難な景気予測へ挑戦する気概を感じていただければ、著者にとって喜びである。

2005年8月

金子　雄一

新景気変動論

目　次

はじめに ………………………………………………………………… i

第1章　景気をどう捉えるか ………………………………………… 1
1．景気と循環 …………………………………………………… 1
(1) 景気の定義　1
(2) 景気の局面　2
(3) 景気循環の種類　4
2．景気指標 ……………………………………………………… 7
(1) 合成・総合化された景気指標 —景気動向指数　7
(2) 個別指標　8
(3) ＧＤＰ　12
3．景気変動のメカニズム —一般的整理 ………………………… 16
(1) 外生的要因　16
(2) 内生的要因　18

第2章　対外取引と景気 ……………………………………………… 21
1．為替レート —円高は景気にマイナスか ……………………… 21
(1) 為替レートの指標　21
(2) 為替レート決定に関する考え方　23
(3) 為替変動の経済効果 —貿易、直接投資、国際収支　26
(4) 為替変動と景気　30
(5) 為替市場介入の効果　32
2．構造変化の波に洗われる輸出入 ……………………………… 34
(1) 統計　34
(2) 変動要因　36
(3) 輸出入変動の構造変化　39
(4) 輸出入と景気　43
3．資本取引 —景気変動に重要な役割 …………………………… 46
(1) 直接投資　46
(2) 証券投資　51
4．国際収支 ……………………………………………………… 52
(1) 統計のしくみ　52
(2) 複式簿記計上と主導的の取引の抽出　54
(3) 経常収支構造の変化　55
(4) アブソープション・アプローチ　57

第3章　消費需要は景気を動かすか……………………………………59
1．所得の決まり方………………………………………………59
(1) 雇用　*59*
(2) 労働需給　*62*
(3) 労働時間　*67*
(4) 賃金　*68*
(5) 雇用者所得と労働分配率　*70*
(6) 家計の所得は賃金だけではない　*71*
(7) 可処分所得と税・社会保障負担　*72*
2．消費支出のとらえ方 ……………………………………………73
(1) 統計　*73*
(2) 消費の区分　*75*
3．消費支出の変動………………………………………………76
(1) 消費支出変化とその要因　*76*
(2) 消費理論　*79*
(3) 消費性向の変動要因は何か　*80*
4．消費支出変動と景気 ……………………………………………88

第4章　住宅投資 —内需を先導………………………………………90
1．住宅投資をどう捉えるか ………………………………………90
(1) 指標　*90*
(2) 住宅投資の推移　*92*
2．住宅投資の変動………………………………………………94
(1) 持家系（持家、分譲住宅）　*94*
(2) 貸家採算　*96*
(3) 金利　*97*
(4) 税制など　*99*
3．近年の住宅投資をめぐる構造変化 ……………………………*100*
(1) 中長期的変化——増加する空き家　*100*
(2) 取得層の広がり　*101*
(3) マンションブーム、都心回帰　*102*
4．住宅投資と景気………………………………………………*103*
(1) 住宅着工は景気の先行指標　*103*
(2) 住宅の潜在有効需要とその顕在化要因　*104*
(3) 住宅投資の需要創出効果　*106*
(4) 内需指標としての住宅着工　*108*

第5章　企業の投資行動 ……………………………………………………… 109

1．収益 ―変動の自律性 …………………………………………………… 109
(1) 収益の見方　*109*
(2) 収益の変動要因　*112*
(3) 収益構造　*114*
(4) 企業収益と景気　*118*
(5) 分配率　*121*

2．設備投資の決定要因 …………………………………………………… 123
(1) 設備投資とは何か　*123*
(2) 投資理論　*127*
(3) 設備投資と景気変動　*128*
(4) 設備投資の変動要因　*129*
(5) 設備投資の構造的なレベル低下　*134*

第6章　在庫循環は景気変動の原因か ……………………………………… 137

1．在庫量と在庫投資 ……………………………………………………… 137
(1) ストックとフロー　*137*
(2) 在庫の統計　*139*

2．在庫投資の変動と構造変化 …………………………………………… 139
(1) 変動要因　*139*
(2) 在庫の趨勢的低下　*140*

3．在庫変動と景気 ………………………………………………………… 142
(1) 在庫循環　*142*
(2) 在庫変動は景気変動を引き起こすか　*143*

第7章　物価 ―「デフレ」害悪論の是非 …………………………………… 146

1．物価とは ………………………………………………………………… 146
(1) いろいろな物価指数　*146*
(2) 変動率　*148*
(3) 過去の推移　*148*

2．物価変動の要因 ………………………………………………………… 149
(1) 国際要因　*149*
(2) 国内要因　*151*
(3) 物価の連鎖　*153*

3．物価と経済 ―「デフレ」をどう考えるか …………………………… 154
(1)「デフレ」とは　*154*

(2) 要因　*155*
　　　(3) 「デフレ」の経済的影響　*157*

第8章　資産価格 ―「バブル」の効果 ……………………………… *161*
1．資産価格、取引の指標 ……………………………………………… *161*
　　　(1) 株価　*161*
　　　(2) 地価　*162*
　　　(3) 取引　*162*
2．資産価格の決定、変動 ……………………………………………… *162*
　　　(1) 理論値　*162*
　　　(2) 「バブル」　*163*
　　　(3) 実体経済と資産価格変動　*164*
　　　(4) 1990年代以降の資産価格低迷の要因　*165*
3．資産価格、資産取引と経済 ………………………………………… *167*
　　　(1) 因果関係　*167*
　　　(2) 景気先行指標としての資産価格　*169*

第9章　政策の経路 ……………………………………………………… *170*
1．財政支出 ……………………………………………………………… *170*
　　　(1) 財政制度　*171*
　　　(2) 公的需要の捉え方　*172*
　　　(3) 財政バランス　*174*
　　　(4) 財政政策とその効果　*176*
　　　(5) 財政支出のファイナンス　*179*
2．金融 ―注目される信用創造機能 ………………………………… *181*
　　　(1) 金利　*181*
　　　(2) 金利と経済　*183*
　　　(3) マネーサプライとは何か　*185*
　　　(4) マネーサプライが経済に先行する理由　*187*
　　　(5) 未踏の領域にある近年の金融　*190*

第10章　景気予測の方法 ……………………………………………… *192*
1．景気予測とは ………………………………………………………… *192*
　　　(1) 予測の目的　*192*
　　　(2) 景気予測の種類　*193*

2．時系列としての規則性に基づく予測 …………………………………… 194
- (1) 先行指標　*194*
- (2) 景気指数　*196*
- (3) テクニカル分析　*196*
- (4) 時系列モデル　*197*
- (5) サイクル論（循環論）　*197*

3．サーベイデータ ………………………………………………………… 197

4．因果関係のモデル化 …………………………………………………… 199
- (1) 計量経済モデル　*199*
- (2) マクロ計量モデル　*199*
- (3) 段階的接近法　*200*

5．あるべき予測のあり方 ………………………………………………… 201
- (1) 現状の予測法の問題点　*201*
- (2) 正しい景気予測のための課題　*202*

補論　信用創造に注目した景気予測の方法 ……………………………… 204
- (1) 財政要因　*204*
- (2) 対外取引要因　*205*
- (3) 外生的需要向け信用　*206*
- (4) マクロ景気に6〜9か月先行　*206*

主要参考文献 ……………………………………………………………… 208

第1章
景気をどう捉えるか

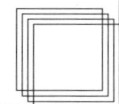

1．景気と循環

(1) 景気の定義

　「景気が良い」「景気が悪い」とは、日常生活でもよく使われる言葉だ。企業なら、売上げや利益が伸びている、個人なら給料が増えてフトコロが暖かい状態が、「景気が良い」と表現されるだろう。

　このように、景気とは経済活動の好不調、活発さの度合いを示す。ただ、単に好調か不調かだけでなく、以下のような要素を伴う場合に景気と呼ぶべきだろう。

　第1に、好不調が、経済全体に及んでいることである。たとえば、ある産業だけ売上げが増加していても、景気が良いとは言えないし、特定の地域だけ生産が増えても景気が回復しているとは評価しない（特定分野だけの景気を「産業景気」「ミクロ景気」などと区別して取り上げることはある）。経済活動には本来他の分野に波及していく性格があり、一国経済の全般に共通の方向性が形成される場合に、景気変動と言える（「マクロ景気」という用語も使われる）。

　第2に、経済の状況、好不調の度合いが変化することである。仮に半永久的に好調が続く経済があったとしたら、景気という概念は適用できないだろう。活

発さの程度が変化するのは、上向きの動きにしろ下向きの動きにしろ、経済活動の影響が波及し、変動が累積的に拡大する性格があることによる。同様の理由から、景気変動には一定期間以上の継続性がある。ある特殊な要因によって、たまたま1か月だけ企業の収益が持ち上げられても、それが継続せず一時的に終わってしまうなら、景気の変動とは見ない。過去の景気循環を見ると、少なくとも9〜10か月以上は一定の変動方向（上昇、下降）が継続している（そのような変動を景気循環と定義している）。

第3に、その変動に反復性がある、すなわち循環しているということである。上昇だけを続けるのは、景気変動ではない。そのため、経済成長のトレンド（趨勢変動）と、景気変動は区別して考える。ある一定の趨勢で成長している過程で、短期的に成長率が上下する（成長率循環）場合、循環的変動の部分を景気変動と呼ぶことになる。

このように景気変動には、必ず循環性が伴う。ただ、その循環の周期が規則的かどうかについては議論が分かれる。循環の周期は一定になる、あるいは一定に近づくような作用が働いているとする説がある一方で、景気の変動はそれぞれが個別であり周期的に起きる必然性はないとする主張がある。実際は、過去の景気循環を振り返ると、周期は常に同じではないが、ある程度の周期性が観察される。景気循環は宿命ではないが、周期性を形成する要因がまったくないということはない、というのが筆者の考え方である。

(2) 景気の局面

景気の状況を測定するには、2つの方式がある。1つはレベル（水準）による区分であり、1つは変化方向による区分である。

レベルによる区分とは、経済活動がある一定レベル以上にある期間を好況期、それ以下を不況期とする方式であり、米国の経済学者シュンペーターによるモデルが有名である[1]。方向による区分は、ＮＢＥＲ（全米経済研究所）を創設し

1）シュンペーターは、企業の判断などから導き出した水準（「均衡近傍点」）を上回っている領域を「好況」（さらに「繁栄」、「後退」に区分）、下回っている領域を「不況」（「沈滞」、「回復」）に分ける方式を考え出した（『景気循環論』1939）。

図表1-1　景気の局面

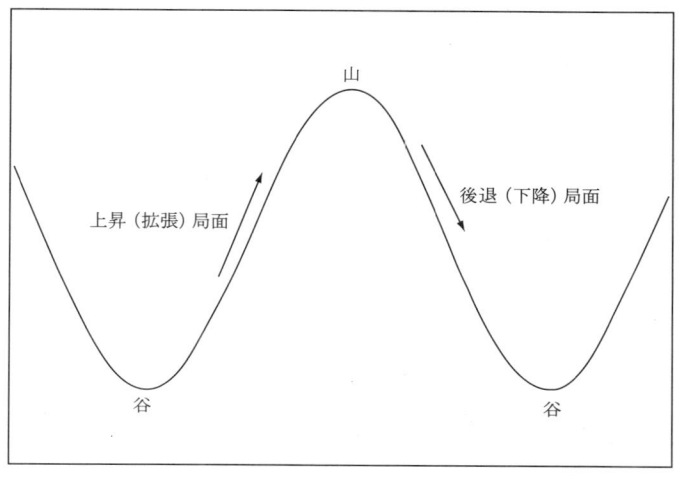

た経済学者、ミッチェルの定義が代表的である。現在の景気測定は、このミッチェル方式が一般的に使われている。

ミッチェル方式では、景気サイクルの極大点を「山」、極小点を「谷」と定める。「山」「谷」は、景気のレベルの最高と、最低を示すとともに、変化方向が変わる転換点である。そして、「谷」から「山」への上り坂を「拡大局面」（さらに「回復」、「拡大」に区分）、「山」から「谷」へ向かう下り坂を「収縮局面」（「後退」、「収縮」に区分）と名づける。

我が国の景気局面区分も、このミッチェル方式に即している。ただ、通常は上り坂を「拡張局面」「上昇局面」、下り坂を「後退局面」あるいは「下降局面」と呼び、2局面で判断することが多い（図表1-1）。

変化方向による区分では、経済活動の水準が低くて沈滞していても、「谷」から脱し上向けば「上昇局面」と判定されるわけで、実態を誤って伝える恐れがあるという問題がある。半面、「上昇局面」にあるということは「今後さらに良くなる」というメッセージが込められ、「後退局面」なら「悪化していく」という方向感が伴う。つまり、景気局面の判定によりある程度の将来予測が可能になるわけで、その面では有用性が高いと言える。

公式の景気局面の判定は、内閣府（以前は経済企画庁）が専門家による検討

図表1-2 景気の基準日付

俗称(好況)		山	谷	俗 称(不況)	拡張期間(月)	後退期間(月)
第1循環	特需景気	昭和26年10月	昭和26年6月	昭和26年10月		4
第2循環	投資景気		29年1月	29年11月		27	10
第3循環	神武景気	29年11月	32年6月	33年6月	なべ底不況	31	12
第4循環	岩戸景気	33年6月	36年12月	37年10月		42	10
第5循環	オリンピック景気	37年10月	39年10月	40年10月	40年不況	24	12
第6循環	いざなぎ景気	40年10月	45年7月	46年12月		57	17
第7循環	列島改造景気	46年12月	48年11月	50年3月	第一次石油危機不況	23	16
第8循環		50年3月	52年1月	52年10月		22	9
第9循環		52年10月	55年2月	58年2月	世界同時不況	28	36
第10循環		58年2月	60年6月	61年11月	円高不況	28	17
第11循環	平成景気・バブル景気	61年11月	平成3年2月	平成5年10月	平成不況	51	32
第12循環		平成5年10月	9年5月	11年1月		43	20
第13循環	IT景気	11年1月	12年11月	14年1月		22	14

資料：内閣府

委員会を開いて決定することになっている。すでに戦後の景気局面は、図表1-2に示したように、2002年1月を谷とする第13循環までが公式に認定されている。

(3) 景気循環の種類

　景気循環と言うと、通常は短期の循環を指し、図表1-2で示した基準日付も短期循環のものである。短期循環は米国の経済学者キチンが米国、英国のデータから3～4年の周期を検出したことで発見されたとされ、在庫変動を伴うことから在庫循環とも呼ばれる（ただ、在庫変動が循環の原因であるかどうかについては議論があり、この点は第6章で論じたい）。

　景気循環には、通常「景気」と呼ぶこの短期循環（キチンサイクル）の他、中期循環（ジュグラーサイクル）、長期循環（クズネッツサイクル）、超長期循環（コンドラチェフサイクル）など、波長の異なる種々のサイクルが確認されている。

コンドラチェフサイクル

　最も長期の超長期循環（あるいは長期波動）は、ロシアの経済学者、コンド

ラチェフが、米、英、仏、独の4か国の25系列の長期経済データ（物価を最も重視）から検出したもので平均50～60年周期のサイクルである。コンドラチェフは、上昇期の初期における技術的発明の大規模な適用（技術革新命題）、新興国の植民地的融合による世界市場の拡大（ニューフロンティア命題）、長期波動の上昇期における戦争や革命の勃発（戦争・革命命題）などの経験則を見いだし、超長期循環は多元的要因によって形成されるとした。

　コンドラチェフ自身が検出したのは第3波の山（1914～20年）までで、それ以降の局面判断は論者により見方が分かれる。ただ、第4波の山は、大半が1970年前後に集中している。70年以降は世界が資源・エネルギーの天井にぶつかり、石油危機を契機に成長率が下方屈折したことに対応している。同様の考え方をとるＮ・Ｈ・メイガーは、山は第一次石油危機の1973年とし、次の谷は過去の下降平均期間30年を機械的に適用2003年と主張、第5波は新技術の展開による投資の増大で始まるとしている。2003年段階で、米国を初め世界的にＩＴ景気が復活の兆しを見せており、ＩＴに主導され、また中国、旧共産圏諸国を「ニューフロンティア」として、世界景気が息の長い上昇局面に入る可能性がある。

クズネッツサイクル

　1971年度ノーベル賞を受賞したクズネッツは、欧米諸国の生産量、価格のミクロ分析、および米国の実質経済成長率から平均20年強の長期循環を見いだした。この要因としては、以前は建築物の更新サイクルなどによるとする建設循環説が有力だったが、他に技術革新説、投資と産出量の関係に求める説などもある。日本では、大川一司氏が1880年代以降の実質経済成長率の7年移動平均から平均上昇12.5年、下降11.5年強の循環を抽出した。大川氏が規定した山は1969年までだが、田原昭四氏の延長推計（『日本と世界の景気循環』）によると直近の山は1990年である。1990年は、建設投資のピークと重なる。仮に従来通りの下降期間とすると、2003年を谷として上昇局面に移ることになる。

ジュグラーサイクル

　フランスのジュグラーは、仏・英・米国の長期経済データに10年前後の波、

図表1-3　設備投資比率からみた中期循環（日本）　　　(年)

番号	谷	山	上昇期間	下降期間
1	1876	1881	5	4
2	1885	1888	3	4
3	1892	1897	5	5
4	1902	1906	4	7
5	1913	1918	5	5
6	1923	1927	4	5
7	1932	1939	7	8
8	1947	1952	5	3
9	1955	1961	6	4
10	1965	1970	5	7
11	1977	1980	3	3
12	1983	1990	7	4
13	1994	2000	6	

資料：『日本と世界の景気循環』（田原昭四）を延長。

中期循環を見いだした。要因としては現在は資本ストック調整原理、あるいは更新投資循環説が一般に用いられ、設備投資循環とも呼ばれる。そのため、設備投資の対ＧＤＰ比率で局面判断を行うことが多い。また、嶋中雄二ＵＦＪ総合研究所投資調査部長は、それに加えて技術革新の波や耐久消費財ブームも推進力として重視している。

日本の設備投資対ＧＤＰ比率を見ると（図表1-3）、19世紀末以降現在に至るまで、上昇期平均5年、下降期5年のサイクルが見て取れる。1983～90年の上昇期が7年とやや長く、また1994～2000年は上昇期であるが、この間投資比率は上下に振れながらわずかの上昇にとどまるなど、変調が起きている。

通常、景気とは短期循環を指し、本書の主たる関心も短期の景気変動にある。以上に掲げた中長期循環は、その存在自体に異論もあり、また存在を認めたとしてもそのサイクルがいつからいつまでなのか必ずしも明確でない。しかしながら、仮に中長期の循環があるとすれば、それを把握することで、経済の先行きの展望がより容易になる。また、短期循環はそれに重なる形で起きているわけで、中長期循環のどの局面に位置するかによって、短期循環の上昇が加速されたり、速度が減殺されたり影響を受ける。できれば、中長期循環の局面についても意識しておく方がよいであろう。

2．景気指標

(1) 合成・総合化された景気指標 —— 景気動向指数

　景気指標には、各分野ごとに実に多くの種類がある。しかし、景気変動というものが本来経済全般に波及する性格を有する以上、景気を判断するために適した指標は経済全体の方向性を示すものでなければならない。そのために、次節で見るように、代表性のある指標を選び出す方法もあるが、経済の平均的な姿を描くため、各分野からいくつかの個別指標を集め、それらを合成した景気指数が開発されている。同様の景気指数は民間の研究機関などでも作成されているが、最もよく使われるのが内閣府が毎月公表している景気動向指数（ＤＩ）である。

　景気動向指数は、先行系列、一致系列、遅行系列から成り、それぞれの系列が複数の景気指標で構成されている。このうち、一致系列は図表1-4に示したような、11の個別指標から成る。この11指標は、景気にほぼ一致して変動する指標ということで、吟味して選択されたものである[2]。一致系列の11指標の動きから一致指数が計算され、この指数が50を上回っていれば景気は上昇局面、下回っていれば下降局面と判定される。この指数は、政府による景気基準日付の決定のための基礎資料ともなっており、景気判断の上で非常に重要な役割を果たしている。

　指数はどのように計算されるのだろうか。景気という現象を理解する上で参考になるので、簡単に説明しておきたい。まずそれぞれの指標が、3か月前と比べて改善している（＋）かどうかをチェックする。鉱工業生産なら増加していれば＋、減少していれば－である。なぜ3か月前かというと、1か月、2か月前では不規則な変化が取り込まれやすいからである。11の指標の＋、－をチェックし、＋の指標が全体に占める比率（％）が指数である。

　この指数の計算は、経済を構成する要素のうち、過半の部分が上向いていれ

---

[2] 各指標とマクロ景気との関係は変化するので、指標の入れ替え作業が時折行われる。2004年12月には、一致系列のうち百貨店販売額を廃止、新たに商業販売額（小売業）を採用した。百貨店販売が構造的要因で長期的に低迷し、景気との連動性が薄れたためである。

図表1-4　景気動向指数一致系列の採用指標

	指　標	出　所
1	鉱工業生産指数	経済産業省「生産・出荷・在庫指数」
2	鉱工業生産財出荷指数	経済産業省「生産・出荷・在庫指数」
3	大口電力使用量	電気事業連合会「電灯・電力需要実績」
4	製造業稼働率指数	経済産業省「生産・出荷・在庫指数」
5	所定外労働時間指数（製造業）	厚生労働省「毎月勤労統計調査月報」
6	投資財出荷指数（除く輸送機械）	経済産業省「生産・出荷・在庫指数」
7	商業販売額指数（小売業）	経済産業省「商業販売統計」
8	商業販売額指数（卸売業）	経済産業省「商業販売統計」
9	営業利益（全産業）	財務省「法人企業統計季報」
10	中小企業売上高（製造業）	中小企業庁「規模別製造工業生産指数」、「規模別国内企業物価指数」
11	有効求人倍率（除く学卒）	厚生労働省「一般職業紹介状況」

資料：内閣府「景気動向指数」

ば、景気は上昇局面、過半が悪化していれば下降局面という考え方に基づいている。つまり、構成する個別の指標はまちまちな動きをし、それぞれの動向だけからは判断が困難だが、過半数が同じ方向を示していれば景気局面を判定してよいだろうという、多数決の論理である。

　景気動向指数一致指数が50を超していれば上昇局面、下回れば下降局面であるから、指数が上から下に50ラインを切れば景気の「山」、下から上に向かって切れば「谷」となる。月々の変化だけではやや心もとないが、たとえば3か月以上その変化が続けば、ある程度の確度で景気局面判断がなし得る。

　しかし、この指標をもっても常に正しく景気を判定できるわけではない。また、すでに発表された個別指標を合成する2次統計であるため、公表も遅れる（翌々月上旬に速報）。

（2）個別指標

　合成指標は相対的に信頼性はあるが、発表が遅れるし、機械的計算結果であるため、景気変動の原因についての推理がしにくいなどの問題がある。景気状況を把握するには、個別指標も合わせて総合的に判断する必要がある。

　1）鉱工業生産
　単一で最も景気指標として優れているのは、鉱工業生産指数であろう。前節

図表1-5　鉱工業生産指数と景気（シャドー部は景気後退期）

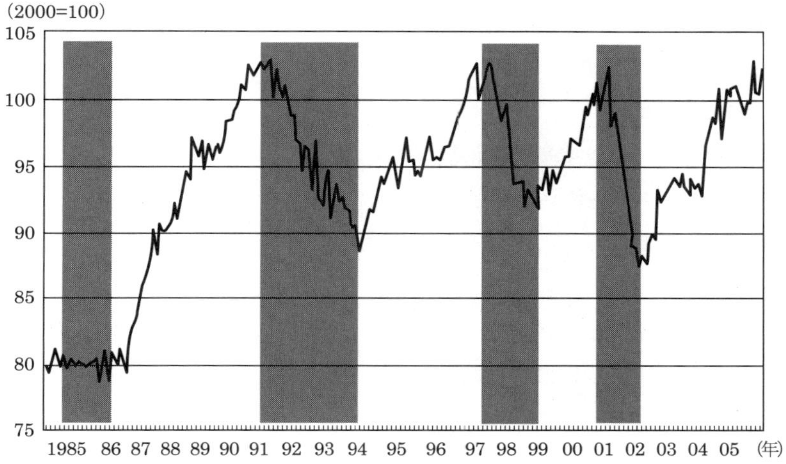

資料：経済産業省「鉱工業指数」

で見た景気動向指数一致指数にも含まれ、また鉱工業生産財出荷指数、大口電力使用量、稼働率指数、投資財出荷指数は、ほとんど鉱工業生産と連動する、兄弟のような指標である。言い換えれば、景気動向指数一致指数自体が、鉱工業生産の動きをおおむね反映している。過去の推移を見ても、鉱工業生産の動向は認定された景気局面とほぼぴたり対応している（図表1-5）。

　鉱工業生産指数は、経済産業省が全国の鉱業と製造業の生産量を調べ、基準時（5年ごとに変更）を100として指数化したものである。鉱業は比重が小さいので、ほとんど製造業の生産量である。ただ、製造業は現在では我が国産業に占める比重は20％程度まで低下しており（2002年の産業別付加価値生産額では製造業シェアは19.7％）、すでにマイナーな存在である。それにもかかわらず鉱工業生産がマクロ景気を代表するのは、①モノの生産はそのためにモノを必要とし波及度合いが大きい、②モノには在庫が存在し、景気局面によって生産の増減が増幅される、③モノの生産は統計で把握しやすい、などから、景気サイクルが速く、クリアに現れるためと考えられる。

　鉱工業生産指数には、①翌月下旬には発表され、速報性がある、②生産指数は、出荷指数、生産者生産在庫指数とセットで発表され、出荷、在庫を併せて

勘案することで、景気判断がより的確になる、③生産指数速報値の発表時に、翌月と翌々月分の生産予測指数が公表され、近未来については予測も可能である、などから有用性が高い。

2）景気敏感指標

　景気指標としては鉱工業生産指数が代表格だが、もちろんそれ以外にも参考になる指標はいろいろある。個別分野の指標だが、マクロ景気とも非常に関係が深く、また速報性などの面でも有用性があるという点で、以下の4指標を挙げたい。

　①　機械受注額：機械メーカーの受注額を集計したもので、設備投資の先行指標とされている。設備投資は景気変動の主役であり、その動向をいち早く捉えられる。内閣府から毎月発表になり、中でも「船舶・電力を除く民需」（民間からの受注のうち、金額のはる船舶を除外、また同じく比重の大きな電力会社からの受注額を除いたもの）という系列が、実勢を見るのに適しているとされている。

　②　新車販売台数：全国の検査登録事務所に登録された新車の台数。日本自動車販売協会連合会から翌月上旬には公表され、個人消費関連では最も速報性がある。また、自動車は最大の耐久消費財であり、比較的変動が緩やかな消費支出の中で、景気動向に反応して増減が激しい。

　③　住宅着工戸数：届出された新設住宅の戸数を、国土交通省が毎月集計、発表している。理由は必ずしも明らかでないが、マクロ景気に対し、むしろ先行する形で連動する傾向があり、特に内需の基調を見るのに有用性が高い。この点に関しては第4章で詳しく論じる。

　④　新規求人数：全国の公共職業安定所における、企業からの求人数を集計したもので、厚生労働省から毎月発表される。求人数には、前月から繰り越された分も加えた有効求人数、あるいは求職者数との比率を見た求人倍率（新規、有効）もあるが、企業の採用の動きを最も敏感に示すのは新規求人数であると考えられる。

　以上のようないわゆる景気統計以外にも、非常に身近な日常生活、あるいは限られた狭い世界における統計だが、マクロ景気に連動する隠れた景気指標も

ある。たとえば、高速道路通行量は経済の荷動きをよく表し、ゴミの処理量は個人消費の面、タクシー実車率は人の動きの面から、景気動向を敏感につかめるとされる。また、エチレン、汎用モーター、ダンボールなどは、それぞれ関連した生産活動に不可欠なので、その生産量からより広範な産業の生産量が推し測れるという考え方もある。このような指標は探せばきりがないほど見つかるだろう。

宅森昭吉さん（三井住友アセットマネジメント・チーフエコノミスト＝2005年当時）という人は、ユニークな景気指標をいろいろ発見している。宅森さんによると、ヒット曲（歌詞の意味などによる）、プロ野球の優勝チーム（人気球団が優勝すると好景気）は景気局面と関係し、また金融機関強盗発生数や自殺者数など暗い数字も景気指標として有用性が高いそうである。

3）サーベイデータ

経済統計はほとんどが、金額なり数量を計測した数値である。おカネやモノの動きが経済活動の結果であり、最も確実な景気指標であることは確かだ。しかし、どのような経済活動も生身の人間によって企画され、決定されている。人々の経済に関する主観的判断、見方に共通の方向性を抽出できれば、それはより早く景気の動きをつかむのに参考となるはずだ。こうした考え方から、経済主体（企業、個人など）に景気観などをアンケート調査する、各種のサーベイデータが作成されている。

その代表が、日本銀行が3か月ごとに実施している「企業短期経済観測調査」（短観）であり、中でも「業況判断ＤＩ」が注目され、新聞でも発表のたび大きく報道される。これは、企業に自社の業況について、「良い」「さほど良くない」「悪い」のうちから1つ選んでもらい、「良い」と答えた企業の比率（％）から「悪い」と答えた比率（％）を引いた値である。作り方はこのように極めて単純だ。ところが、結果として計算されたＤＩは、景気局面に対し驚くほどの連動性を示す。このＤＩが注目されるのは、金融政策を担う日銀の調査であることもあるが、それ以上に景気状況を的確に「当てる」からである。

企業の状況は個々に異なり、また回答には担当者の主観がかなり入ることが想定されるが、それにもかかわらず相当数の回答を集計すると、そこに表れる傾

向は、マクロの景気動向そのものになる。「短観」ＤＩの有用性は、一面で景気というものの本質を示していると言える。

　同様に、主観的判断の集計が景気の動きを敏感に示すのが、内閣府の「景気ウォッチャー調査」である。これは、タクシーの運転手、コンビニの店長とか、日々の仕事から景気を観察できる人を全国で約2,000人選び、その人たちに「景気は良くなっている」（1点）、「やや良くなっている」（0.75点）、「変わらない」（0.5点）、「やや悪くなっている」（0.25点）、「悪くなっている」（0点）から１つを選んでもらい、その点数を足し上げて「景気の現状判断ＤＩ」とするものだ。「日銀短観」ＤＩと同じく作成の仕方は簡単だが、このＤＩが極めてクリアーに景気に先行するのである。そのため、景気の先行指標である株価に連動することも確認されている。経済の各部門の動きを総合すれば全体として景気と連動するということは納得できるにしても、日常生活関連の比重の高い指標がなぜ先行するかは、１つのミステリーではある。

(3) ＧＤＰ
　１）ＧＤＰと景気
　経済の姿を包括的、体系的に捉える統計がＳＮＡ（国民経済計算）であり、その中核となるのが、ＧＤＰ（国内総生産）である。ＧＤＰとは、その期間内に国内で生産された付加価値の合計額であり、これを支出面から見ると最終需要の合計額（国内総支出）に等しい。さらに、若干の調整が介在するが、ほぼ国民所得にも等しい（三面等価）。つまり、生産額、支出額、所得額を捉えているわけで、経済活動のほぼすべてを説明している。最重要の経済統計であることは否定できないが、とは言え景気指標として使うとなると、いくつかの問題がある。

　第１に、景気変動に対しタイミングが遅れる。それは、①経済活動の把握時点が進捗ベースである、②ＧＤＰは統計を加工、再構成して作成する二次統計である、ことに由来する。また、現状では公式統計は、内閣府が、四半期別ＧＤＰ速報（ＱＥ）として作成する四半期ベースしかない。以前よりは発表時期を早めており、2004年段階で当該四半期終了後１か月＋２週間（１～３月期統

計は5月15日頃）で1次速報が公表されるようになっているが、それでも1～3月の数字がわかるのが5月中旬では遅い。

　第2に、GDPはすべての生産を網羅しているわけで、その中にはたとえば政府最終消費支出、対家計民間非営利団体消費支出など営利取引を介さず、市場価格も存在しない、したがって景気変動に影響されない生産・支出項目が混在する。また、GDP統計は論理的な一貫性を貫くために、様々な帰属計算が講じられている。そのうち最も比重の大きいのが、帰属家賃である。これは、持家を建設した場合、自ら貸家賃貸業を経営し、自分から自分が家賃を受け取っているように擬制するものだ。なぜそうするかというと、住宅建設は投資（資本形成）であり、貸家と持家を区別して扱うと整合性がとれなくなるためである。いずれにせよ、帰属家賃計算により家計の消費支出はその分膨らみ、所得も上乗せされる。結果として、GDPは架空の値となり、経済活動の実勢と乖離が生じる。

　以上から、GDPは景気指標としては欠陥もある。情報量の豊富なGDPは、景気変動を早期につかむというより、確認し、分析するのに用いるのが実践的であろう。

　2）GDP統計の見方

　GDP統計、特に四半期別速報（QE）をどう見ればよいのか。

① 名目か実質か

　GDPで注目されるのはまずその増減率（経済成長率）であるが、名目と実質ベースの2通りがある。名目成長は金額そのままの伸びであり、実質成長は物価上昇分（GDPデフレーターの変化）を除いた増減率である。通常は、実質（real）の語義の通り、実質の方が真の姿を表すという暗黙の前提がある。ただ、物価が下落するデフレの時期においては、デフレーター下落で押し上げられる実質値より実際の取引規模を示す名目値の方が重要であるとの見方もある。また、近年の技術革新の進展によるIT（情報技術）製品を中心とする価格下落でデフレーター、実質成長率の計算が困難になっている[3]。

② 前期比か前年同期比か

　発表された四半期別GDP統計速報（QE）で、まず注目されるのは「前期

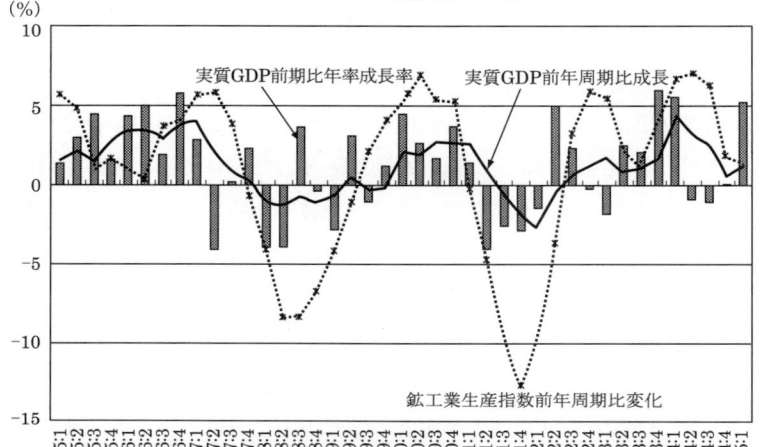

図表1-6 四半期別GDP成長

資料：内閣府「国民経済計算年報」、経済産業省「鉱工業指数」

比成長率」である。新聞報道でも最初に取り上げられる。前期比というのは、たとえば4－6月期の場合1－3月期に対する増減率である。経済統計でこのように前期比（あるいは前月比）変化を見るには、系列を季節調整することが必要になる。毎年ある時期に増えたり減ったりする季節変動を除去しないと実勢がわからないからだ。ＧＤＰ統計の場合も、原数値を季節調整した値で前期比成長率が計算される。また、前期比の変化率ではその大小が実感しにくいことから、「前期比年率成長率」[4]（瞬間風速とも呼ばれる）も計算される。

前期比変化率は直近の変化を見るには適しているが、問題は不規則な変動があると実勢を誤る危険があることである。図表1-6に見るように、統計作成法、季節調整法の改良で以前よりはスムーズになったが、それでも前期比変化率は

3）基準時を固定して実質ＧＤＰを計算する場合（固定基準年方式）、デフレーターは比較時の実質値のウエートで計算される。ＩＴ製品のように、価格が下落しながら需要が拡大している製品があると、デフレーターに下方バイアスがかかるという問題が生じる。内閣府は、これに対して2004年12月、前年を基準としてデフレーターを計算する「連鎖方式」を正式系列とする改訂を行った。

4）前期比の変化率が r（％）の場合、前期比年率成長率は、$((1+r/100)^4-1)\times 100$ で計算される。

ジグザグが大きい。そのため、少し長めの期間をとるということで、前年同期比の変化率も併せて見たい。前年同期比の変化率は、いわば簡便な季節調整法であり、趨勢の変化をより的確に把握しやすい。これは、ＧＤＰ統計だけでなく、他の景気指標に関しても同様である。著者は、どちらかといえば前年同期比の方が有用性が高いと考えている。

③　内需と外需

ＧＤＰ（国内総生産）＝国内総支出であり、支出（需要）項目で分解できる。そして需要は、国内需要（内需）と海外需要（外需）に大きく分けられる。内需とは、個人消費（民間最終消費支出）や民間設備投資など国内の需要だが、外需の理解がやや難しい。ＧＤＰにおける外需とは、

　　財貨・サービスの純輸出＝財貨・サービスの輸出－財貨・サービスの輸入

で定義される。つまり、サービスを含めて、輸出から輸入を引いた差額である。

　注意を要するのは輸入の解釈である。輸出が海外からの需要であるのは明らかだ。これに対し輸入は国内から海外への需要だから、トータルの外需は輸入を差し引いたネットベースで見た方がよいと考えられ、外需はそのように定義されている。しかしながら、輸出と輸入はまったく別のものであり、別の要因で変動している。たとえば、自動車の輸出とバッグの輸入は直接には無関係である。それを差し引いて「外需」としても理解しにくい。

　次のように考えるべきである。まず、経済全体の需要、総需要は、

　　総需要＝内需＋輸出

すなわち、内需と輸出の合計である。

　この需要に対して、供給は、

　　総供給＝国内総生産＋輸入

でなされる。つまり、総需要に対して国内総生産で対応できない部分が輸入される。

　総需要＝総供給であるから、

　　　　国内総生産＝内需＋輸出－輸入

となる。言い換えると、国内総生産は輸入分だけ総需要より小さい、だから各需要を合計した後に輸入を控除しなければならない。

　以上のように考えると、海外からの需要は「外需」でなく輸出だけで判断した方がよいことになる。

④　貯蓄投資バランス

　ＧＤＰ統計は景気指標としては、その変化率（成長率）に着目すればよい。ただ、一歩踏み込んで構造的な分析を行う場合、他にも非常に役に立つデータが多い。中でも、重要なのが、貯蓄と貯蓄投資バランスである。

　貯蓄とは、可処分所得から消費を引いた値で、その比率（貯蓄率）から所得と消費支出の関係が把握できる。貯蓄から投資（家計の場合なら住宅投資など）を除いた残りが貯蓄投資差額であり、これから各部門ごとに所得を支出（消費＋投資）にどれだけ振り向け、余り（資金余剰）がどれだけあるかがわかる。経済活動の基本は、所得と支出の関係であり、この指標からその構造が理解できるわけである。

　貯蓄や貯蓄投資バランスは、ＳＮＡ（国民経済計算）統計の所得支出勘定、資本調達勘定という表に掲載される。年度分が翌年度12月になり発表され、速報性もないので、あくまで事後的な構造分析に用いられる。

3．景気変動のメカニズム ── 一般的整理

　景気変動のメカニズムはいまだ完全には解明されていない。また、それぞれの景気循環で異なっている部分もある。本書の目的の１つは真の変動要因の探求にあり、次章以下で詳述するが、ここでは一般的に指摘されている景気変動要因と理論を整理してみたい。

(1) 外生的要因

　景気変動は、経済システム、特に企業や家計行動とは別の外部からの影響に

よって引き起こされることがしばしばある。

 1）要因
① 国際経済環境

　海外景気、原油など一次産品価格、あるいは海外要因による為替レートの変化が景気変動を引き起こすケースである。我が国の場合、海外景気を反映した輸出主導の景気回復は1つのパターンであり、また第1次・2次の石油危機後の不況、1986年時の「円高不況」の経験などから、最も事例の多い変動要因と言える。

② 政策

　政府は、景気変動に対し、その変動を安定させるため、公共投資・減税などの財政政策を発動する。また、日本銀行は金利や貨幣量を調節する金融政策を担う。これらの政策は景気変動に影響を与えることを目的としているわけであるが、意図しなくても結果的に景気変動を引き起こしてしまう政策もある。

　政治的要因で政策が変更されることで起きる景気を「ポリティカルサイクル」と呼ぶ場合もある。たとえば、米国では4年ごとの大統領選挙の年には景気刺激的な政策が打たれることが多く、4年周期の循環が形成されやすいとされる。

③ その他のショック

　経済活動に影響するショックには、ほかにも事件、天候、戦争など様々ある。2001年9月に米国で起きた同時多発テロ、その後のアフガニスタンでの戦争、2003年にアジアで広がった新型肺炎（SARS＝重症急性呼吸器症候群）、イラク戦争は、当の地域だけでなく日本経済にも大きな影響を及ぼした。日本で多く発生する地震、台風など自然災害は当座は被害を及ぼす分、景気にもマイナスに働くが、事後的には復興需要がプラスに作用する面もある。

 2）理論
① 実物的景気循環（リアルビジネスサイクル）論

　外部から与えられるショック（技術進歩、石油価格変化など）が生産性を変化させ、ショックに対する効率的反応としての景気変動を引き起こすとする理論である。これは、景気変動の本質に関し、①需要でなく供給側に変動の原因がある、②原因は個別に異なり、循環が周期的に起きる理由はない、③変動は

経済主体の合理的対応から生じるもので、政策的措置は不要である、などと見る点に特徴がある。
② マネタリズム
　貨幣の供給量（マネーサプライ）が産出量、物価に対し影響するとするマネタリズムの理論は、金融政策の効果を重視する考え方である。短期的には通貨当局が誤った政策によって、市場が予期できない形でマネーサプライを減少させると景気が悪化、逆の場合は上昇することになる。

(2) 内生的要因
　経済のメカニズム自体に景気変動を引き起こすメカニズムが内包されているとの考え方である。
　1）要因
① 在庫循環
　企業による在庫調整のための減産、増産が景気変動をもたらすというものだ。景気上昇期に生産が増加するが、何らかの理由で需要が鈍化すると在庫が増加してしまう。在庫を減らすために減産を行うと、それが他部門にも波及し、景気後退を招くことになる。こうした在庫循環のメカニズムについては、第6章で詳述したい。
② 資本ストック調整
　資本ストックと生産活動のバランスが崩れ、設備投資が調整されることで、景気変動が形成される原理を言う。景気が上昇している時期は、設備投資は加速度的に増加する傾向があるが、たとえば需要の成長を見誤り投資が行過ぎれば過剰な資本ストックを抱えてしまうことになる。過剰ストックを解消するため、投資を抑制すれば、今度は経済に縮小の圧力が働く。
③ 制約循環
　経済が拡大すると何らかの制約に突き当たり、そこで反転するメカニズムが働くというもの。我が国も1960年代まで「国際収支の天井」が指摘されていた。すなわち好景気が続くと輸入が増加して国際収支が赤字化、引き締め政策に転換して景気が後退に向かうことがあった。この他、景気上昇で雇用が足りなく

なったり（完全雇用制約）、あるいは物価が上昇してしまい、成長速度を下げなければならなくなる場合もある。

2004年頃、中国の高度成長に伴い、世界的に鉄鋼が不足し、我が国でも自動車など一部産業で減産を余儀なくされる事態が起きた。このように生産要素が足りなくなることをボトルネックと呼ぶが、これがマクロ景気に影響することも考えられる。

④ 技術革新の波

技術革新とそれに裏打ちされた新しい製品群の登場が需要を拡大し、景気を持ち上げるというもの。1999～2000年の「ＩＴ（情報技術）景気」は、パソコン、インターネットに代表される新技術・製品が、需要を牽引するとともに経済の生産性を飛躍的に向上させるという期待から引き起こされた。

⑤ 「構造不況」論

経済の中長期的な構造変化が、景気変動の原因となるケースである。たとえば、①消費の飽和・成熟化が消費を抑制するとする消費飽和論、②製造業の海外移転が景気を悪化させるとする国内経済「空洞化」論、③バブル崩壊後の資産価格下落による企業のバランスシート悪化が景気の足かせとするバランスシート不況論、④物価下落のマイナス効果を重視するデフレ不況論、など、その是非はともかくとして、様々なパターンがある。

2）理論

① 乗数・加速度原理

景気上昇期に、ある分野で需要が増加すると、それは他分野に波及し、何倍かの生産・所得を生み出す（乗数効果）。また、企業は生産の増加率以上の率で投資を増やすことが合理的であり（これを加速度原理と呼ぶ）、そのために景気上昇には加速度が伴う。しかし、いずれ経済は最終的に制約に突き当たり、生産が鈍化・減少に転じると、今度は逆のメカニズムが働く。米国の経済学者サミュエルソンが発展させた理論だ。

ヒックスの唱えた「玉突き台の理論」も、乗数・加速度原理と同様の枠組みの中で、国民所得に天井（上限）と床（下限）があるとし、どのような景気も必ず反転するとした。ヒックスは天井としてたとえば完全雇用を考えた。

② 新ケインズ派理論

　外生的要因と内生的要因の両方を組み合わせた考え方。すなわち、供給サイド、マネー面からの撹乱によるショックが与えられると、それによる撹乱が増幅し、持続してしまうメカニズムが経済に備わっているとする。

第2章 対外取引と景気

1. 為替レート ―円高は景気にマイナスか

(1) 為替レートの指標

1) 外国為替市場とは

為替レート（外国為替相場）とは、異なる通貨間の交換比率である。この相場の決まり方には、大きく分けて固定相場制と変動相場制の2種類がある。

第2次大戦後の国際通貨制度は、ブレトンウッズ体制と言って、円については1ドル＝360円の固定相場だった。それが1971年8月のニクソンショックを経て、1973年3月から日本を含め主な先進国は変動相場制に移行した。現在では、世界の大半の国は変動相場制を採用している。変動相場制の下では、為替レートは市場の売買（需給）で決定される。この点は株式相場などと同じである。

ただ、為替レート変動は完全に市場に任されているわけではない。相場の乱高下を防ぐなどの目的で我が国を含めて、多くの国で政府が市場に介入して相場を操作する試みをしている（管理変動相場制）。また、一部の国ではカレンシーボード制（外貨準備を裏づけとする固定相場制、香港など）、別の通貨あるいは複数通貨（バスケット）に対して自国通貨を固定するペッグ制（マレーシア、中国[1]など）など、なお固定相場が採用されている。

2）指標

為替レートの表示の仕方は、「1外国通貨＝自国通貨」で示す方式（自国通貨建て）と、「1自国通貨＝外国通貨」で示す方式（外国通貨建て）がある。外国通貨建てを取るのは、米ドル、ユーロ、英ポンドなどで、他のほとんどの国は円を含めて自国通貨建てである。

また、外国為替取引には引き渡しが直ちに行われる直物取引と将来のある時点に行われる先物取引があるが、通常使われるのは直物相場であり、それも銀行間市場における相場（インターバンクレート）である。

為替レートを景気分析に用いる際、単なる2国間レートの他、実質レート、実効レートという2種類のレートも補助的に用いることがある。実質レートとは、

実質為替レート＝名目為替レート（外貨建て）／（自国の物価／外国の物価）

で示される。これは、実際の為替レートを両国の物価の比率で割ることにより、両国の物価を等しくするレート（購買力平価）をどれだけ上回っているか（あるいは下回っているか）を示している。たとえば仮に円高が進んでも円の実質レートが安定していれば、国内物価の相対的な安定に対応したもので、輸出産業の打撃は小さいということになる。

実効レートとは、特定の1か国でなく経済取引のある複数の国に対する平均為替レートである。たとえば貿易取引のある主要国通貨に対するレートを貿易額で加重平均した値などが使われる。特に近年は、我が国貿易に占めるアジア諸国の比重が上昇し米国は低下しており、対ドルレートより実効レートの方が日本の産業、経済に与える影響をよく示すことになる。

実質レートも実効レートも、実際のレートを加工、計算する作業が必要になる。国内では、日銀が毎月名目・実質の実効レートを、日本経済新聞社が日々の名目実効レートを計算し発表している。海外機関では、ＩＭＦ（国際通貨基

1）中国の人民元は1994年以降米ドルに固定するペッグ制を採用し、1997年からは1ドル＝8.27元で安定していたが、安価な中国製品が世界中にあふれ、特に対米国で大幅な貿易黒字を計上し、2002年頃から米国を中心に人民元の切り上げ、あるいは通貨制度改革の要求が強まった。2005年7月、人民元は2％切り上げられ、通貨バスケットを参考にした管理変動相場に移行した。

図表2-1　円レートの長期推移

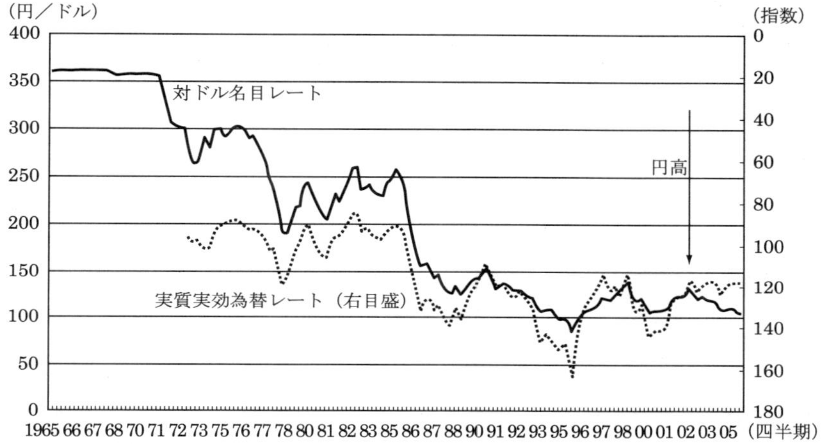

注：実質実効為替レートは1973年3月＝100
資料：日本銀行「金融経済統計月報」

金）、JPモルガン証券などが主要先進国などのレートを公表している。

3）推移

戦後の為替レートの推移を振り返ると、上下を繰り返しながらも趨勢は円高の歴史である（図表2-1）。

戦後しばらく1ドル360円の固定相場が続いたが、1971年のニクソンショックで円切り上げを実施、1973年に変動相場制に移行する。第1次石油危機を乗り切り、1977～78年に第2回目の円高が進展する。1980年代前半はレーガン米政権のドル高政策もありやや円安に振れるが、1985年9月のプラザ合意を機に超円高が進み、それまでの1ドル230円台から1988年1月には120円とほぼ2倍に上昇した。次の円高は1990年代前半で、クリントン米政権による強硬な対日通商政策などから1995年春には1ドル79円台の戦後最高値を記録する。その後は、1998～99年時など円高局面はあるが、それ以前に比べ比較的安定的に推移している。

(2) 為替レート決定に関する考え方

変動相場制の下では、為替レートは市場における需給で決まる。問題は、需

給がどのように変動するかであるわけだが、いくつかの考え方、理論を紹介したい。
　1）均衡レート
　為替レートは日々変動するが、少し長い期間を取れば、両国間の経済を均衡させる水準、すなわち均衡レートに収斂する傾向があるというものである。
① 購買力平価
　最もポピュラーな均衡レートであり、両国間の物価を等しくさせる為替レートを指す。財に関する国際的な裁定取引、為替変動により各国の物価が均等化する力が働いているとすれば、実際のレートは長期的には購買力平価に落ち着くということになる。
　よく例に出される「ハンバーガーレート」は、両国で売られているハンバーガーの価格が同じになるレート。たとえば、日本で1個120円、米国で1ドルなら、1ドル120円の為替レートであれば両国で価格が等しくなる。これがハンバーガーで測った購買力平価ということになる。ただ、正しい購買力平価を計算するには、もちろんハンバーガーだけではだめで、総体としての物価水準を比較しなければならない。物価の絶対水準を比べた絶対購買力平価は算定が困難だが、ＯＥＣＤ（経済協力開発機構）が加盟国に関し年次ベースで試算している[2]。
　通常は、ある時点（たとえば1973年）を基準時とし、そこからの両国の物価指数の変化で、（相対）購買力平価を計算する方法が一般的だ。この場合は、どの物価指数を使うかで、計算された購買力平価の水準、その持つ意味が異なってくる。消費者物価を用いれば生活のコストを均等化させる水準であり、輸出物価指数を用いれば貿易の価格競争力を等しくさせることになる。
② 貿易収支、経常収支の均衡
　購買力平価は物価水準を等しくさせる為替レートだが、もっと直接的に両国の国際収支をバランスさせるレートを均衡レートとする考え方もある。たとえば、過去において貿易収支や経常収支がバランスしていた時期の為替レートを用いればよい。ただ、実際は国際収支は為替レート以外の要因でも決まるため、この意味での真の均衡レートを求めるのはかなり難しい。

2）ＯＥＣＤ試算の購買力平価は、2003年時点で、1ドル＝140円。

2）需給決定の理論

為替市場の需給決定に関する主な理論は以下の通り。

① フローアプローチ

フローの国際収支尻によって為替需給が決まるという考え方であり、具体的には経常収支尻がフロー収支として注目される。経常収支尻が為替レート変化幅に対応し、経常収支が黒字なら円高が進展することになる。近年は、経常取引以外の資本取引の規模が拡大し、このアプローチには限界が指摘される。ただ、資本取引がいくら大きくなっても、経常取引がコアであることは変わらず、為替レートを説明する際に一定の役割を果たしている。

② アセットアプローチ

両国の金融資産市場の比較、資産の移動から為替変動を説明しようとする考え方であり、いくつかのバリエーションがある。

〇オーバーシューティングモデル

両国の実質金利差により均衡レート（たとえば購買力平価）から乖離するとする考え方。金利の高い国に資本が移動し通貨を押し上げるという理屈だ。

〇ポートフォリオ・バランス・アプローチ

実質金利差に加えて、外貨資産保有のリスク（外貨の為替レートが下落すると損害を受ける危険）を考慮し、そのリスクプレミアムとして邦貨（円）の価値が上昇するという考え方。外貨資産保有のリスクプレミアム指標としては累積経常収支（対外純資産）を用いる。

〇マネタリーアプローチ

為替レートは両国の貨幣供給量の比率で決まるという理論。

3）その他の要因

為替変動には、上記以外にも、両国の経済に関わる様々な要素が影響する。また、政治要因（政府・通貨当局の意向など）、国際情勢（「有事のドル高」など）、当局の市場介入なども関わってくる。

(3) 為替変動の経済効果 ── 貿易、直接投資、国際収支

1) 貿易を通じた影響

為替レートの変動は、国際的な相対価格変化を意味し、一方の国の財・サービス、資産価格を他方の国に比べ相対的に割高あるいは割安にする。そのため、為替レート変動の影響は、直接には財の国際取引、すなわち貿易を通じて表れる。

円高のケースで考えてみよう。円高が進むと、輸出についてはまず、(外貨建て価格が変わらなければ)円ベース輸出価格が下落し輸出企業の受け取る輸出代金が減少、為替差損を被る。次の段階で企業が差損を避けるため外貨建て価格を引き上げれば現地市場で競争力が低下、輸出数量が減少する。円高分のうちどれだけ外貨建て輸出価格上昇でカバーできるか(輸出価格転嫁率)、価格上昇でどの程度輸出数量が減少するか(輸出数量の価格弾性値)は、製品の非価格競争力、市場の需給環境などに依存して変わってくるが、円高が輸出企業にマイナスに働くことには変わりがない。

一方輸入については、円高になると円ベース輸入価格が下落、輸入代金が減少、輸入企業に差益が生じる。円高率に対して、どの程度輸入価格が下がるか(輸入価格転嫁率)は、当初段階では契約通貨が外貨か邦貨によって決まるが、一定期間後は製品の競争力、内外業者の力関係、海外輸出業者の戦略などによって変化する。輸入業者が輸入価格の下落を販売価格に還元すれば、購入者が還元された円高差益を享受、一方で輸入品に対する需要が増加、その分国内の競合産業の販売縮小につながることになる。

為替変動の貿易への影響は、以上のように輸出面と輸入面で異なる。円高の場合、産業別に見ると、輸出関連・輸入競合産業にはマイナス、輸入品を使用する産業にはプラスに働く[3]。また、価格効果と、数量調整効果は現れるタイミングが異なり、影響は時間経過によっても違ってくる。

---

3) 旧経済企画庁(現内閣府)『平成十一年経済の回顧と課題』は、産業連関表を用いて、10%の円高進展による産業別収益の変化を試算した。それによると、輸出入価格、輸出数量の変化を通じ製造業の営業余剰を0.8%減少させる(加工組立型▲4.8%、素材型6.8%)。一方で非製造業の営業余剰は0.2%増加する。

2) 交易条件効果

　為替レートが変動する場合、輸出価格と輸入価格の両方に影響するが、その影響度は異なる。言い換えると、輸出物価／輸入物価で定義される対外交易条件が変化する。対外交易条件とは、海外への販売価格（輸出物価）の、海外からの購入価格（輸入物価）に対する比率である。購入価格より販売価格が相対的に高くなれば交易条件は改善、一国経済に利得が生じ、交易条件が悪化すれば損失を受ける。

　たとえば、円高が進む場合、輸出は機械類を中心に比較的競争力の強い製品であるのに対し、輸入は国際市況で価格が決まる食料、素原材料が多く含まれること、また輸出の方が円建て契約比率が高いこと[4]もあり、輸入価格の下落幅の方が大きく、交易条件は改善することが多い。

　交易条件変化には、為替変動による価格変化のマクロ経済に対する直接的影響が集約されていると考えられる。マクロ経済を統計的に示すＳＮＡ（国民経済計算）の枠組みでは、交易条件変化による実質所得増減が「交易利得」（trading gain）[5]と定式化されている。この交易利得とＧＤＰには以下の関係がある。

　実質国内総所得＝実質国内総生産（ＧＤＰ）＋交易利得

　つまり、交易利得はＧＤＰ＝生産活動とは別に得られる所得である（所得の源泉は実は貿易相手国の損失である）。交易条件が改善するということは、国民経済にとって労せずして「たなぼた所得」を得たのと同じことである。

　交易利得は（増加した場合）実際に経済にどう恩恵をもたらすだろうか。企業段階では、原材料など輸入品の価格下落により、産業の交易条件（産出価格／投入価格）が改善する。

4）財務省「貿易取引通貨別比率」調査によると、貿易円建て契約の比率は、輸出で40.1％、輸入で25.3％（2004年上期）と、輸出の円建て比率が高い。特に、アジア向け輸出では53.4％と過半が円建てである。
5）現行の国民経済計算では交易利得は次のように定義されている。
　　交易利得＝（名目輸出－名目輸入）／ニュメレールデフレーター
　　　　　　－（名目輸出／輸出デフレーター－名目輸入／輸入デフレーター）
　　ニュメレールデフレーター＝（名目輸出＋名目輸入）／（実質輸出＋実質輸入）

変動費比率＝変動費/売上高
　　　　＝（投入価格＊投入数量）/（産出価格＊産出数量）
　　　　＝投入原単位/産業の交易条件

であることから、投入価格の下落が大きければ変動費比率が低下、総利益（売上げ－原価）が増加する。つまり、生産の量は変わらなくても収益が改善する。また、企業が製品価格を値下げすると、企業の交易条件は元に戻るが、消費者物価が下落、交易利得が家計まで還元されることになり、家計は労せずして実質所得が増える。このように、交易条件は改善すれば、企業か家計、国内経済主体の所得を必ず増やす効果を持つ。

　所得増は追加的な需要増加につながることが期待できる。しかもこの場合は、期せずして得られた「不労所得」であり、支出に向けられる比率が高いと考えられる。つまり、交易条件改善は強い内需喚起効果を持ち、経済変動のモメンタムを変化させる力を持つ可能性がある。為替レートの変動は、たとえば円高が進展する場合は、以上のようにまず交易条件改善効果を通じて[6]、マクロ経済にはプラスの効果を及ぼすと考えられる[7]。

　3）貿易収支調整とマクロ経済への影響

　為替レート変動は、第1段階では貿易の価格変動の直接効果を通じて影響を及ぼすが、次の段階では価格変動が数量調整に及ぶ。すなわち、円高の場合であれば外貨建て輸出価格上昇が輸出数量を減らし、輸入価格下落は輸入数量増加に寄与、輸出、輸入両面から国内生産、所得にマイナスに働くことになる。このように為替レート変動に伴う相対価格変化効果には、交易条件効果と数量面からの貿易調整効果があり、タイムラグを持って発現する。貿易収支への影響は両者の総合効果と考えられる。

---

[6] 1999年以降の円高局面では、交易条件は改善するどころかむしろ悪化することが多い。これは、円高の時期と世界景気の拡大局面が重なり、原油など一次産品市況が世界需要の拡大で上昇し、我が国でも素原材料輸入物価が上昇、円高率ほどに平均輸入物価が下落しなくなっていることによる。結果的には実際の交易条件は上昇していなくても、円高の効果だけを抽出すればプラスであることに変わりはない。

[7] 1986－87年の大幅な円高進展は、原油価格下落とともに交易条件を改善させ、バブルを伴う大型の平成景気実現の主要因の1つとなったとされる。

図表2-2 国際収支と為替レート

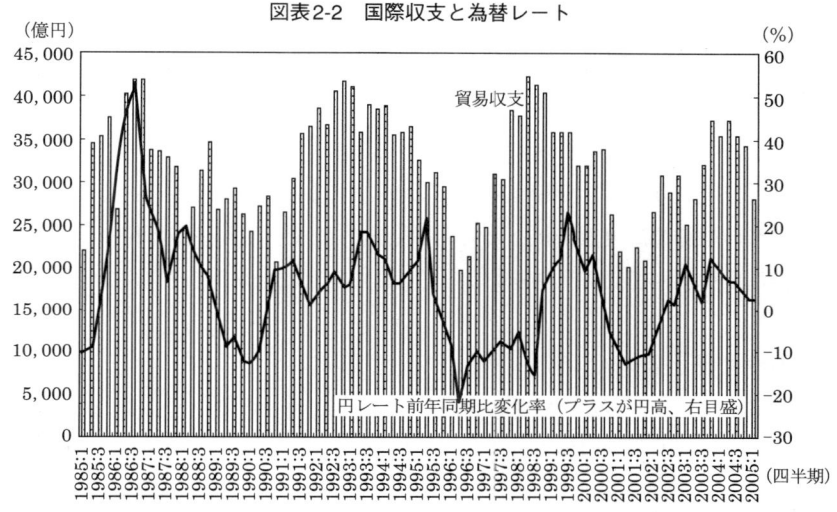

資料：財務省・日銀「国際収支統計」、日銀「金融経済統計月報」

　円高進展の場合、それによるによる相対価格変化は当初は収支改善効果（「Ｊカーブ効果」[8]）を及ぼし、徐々に削減効果が出てくるとされる。実際、過去の推移を見ると、円高の進行している当初は貿易黒字は減少幅が縮小するか拡大し、しばらく経過後縮小に向かうことが多い（図表2-2）。

　どの程度の期間、交易条件効果が勝るかは、時期によって異なるが、少なくとも円高率が加速している段階においては黒字は減少に転じていない。たとえば、過去最も円高のスピードが速かったプラザ合意時の場合、円のボトムは1985年１～３月だが、貿易黒字は1986年７～９月まで増加を続けた。米国の国際経済研究所などが主張する「マサチューセッツアベニューモデル」では、円高は２年のラグで日本の黒字を縮小するとされる。為替レートが一定期間以上同方向に変動する場合、おおむね１年半から２年半程度で貿易収支に影響していると言えそうだ。

　交易条件効果と貿易数量調整を合わせた効果は、時間経過によって変わるが、

8）たとえば、円高が進む場合本来は貿易収支黒字が減少することが期待されるが、当初は交易条件効果により黒字が拡大、しばらくして減少に向かう。この様子が、アルファベットの「Ｊ」の逆さにした姿と似ているので、「（逆）Ｊカーブ効果」と呼ばれる。

総合すると、円高の場合はやはり経済にはマイナスであろう。ただ、マイナスの程度は近年、かなり弱まってきているとの分析が多い[9]。言い換えれば、日本経済は為替変動への抵抗力を高めているということになる。この背景には、①輸入が増加し以前よりは輸出入のバランスがとれていること、②1990年代半ばに経験した1ドル80円を上回る円高水準に比べるとまだ円安レベルにあること、③海外生産の増加で海外製造拠点との間の企業内貿易が拡大し為替レート変動に伴う損益変動を相互に調整可能になっていること、などがあるとみられる。

(4) 為替変動と景気
　1) 経済にとって円安が望ましいか

一般に景気にとって円安が好ましく、円高は輸出産業、輸入競合産業に打撃を与えマイナスとされる。確かに、交易条件効果と貿易数量調整効果を総合すると、円高の場合、ややマイナスが勝る可能性が高い。しかし、過去の推移を見ると、たとえば1986年秋の円高不況からの脱出時、1993年秋の平成不況からの回復、1999年春のＩＴ景気上昇時と、景気回復は多くの場合円高進展と並行して起きている（図表2-3）。

一体、これはどう解釈すべきであろうか。1つの説明は、為替の変動要因には両国の景気情勢があり市場が景気が良くなると見るとレートが上昇するので結果的に円高と景気上昇の時期が一致するというものだ。このような因果のルートがあることは確かだ。しかし、景気が低迷し回復の兆しがまったく見られない状況で円高が進みその後景気が反転した例もあることから、円高が経済にプラス（円安はマイナス）の効果を及ぼす可能性も否定できない[10]。

---

9) たとえば、内閣府が「短期日本経済マクロモデル」を用いて試算（2003年11月）した結果によると、円がドルに対し10％上昇した場合の実質ＧＤＰ（国内総生産）への影響は、1年目▲0.2％、2年目が▲0.57％、3年目が▲0.56％となった。2001年時点の試算では、2年目▲0.99％、3年目▲1.57％であり、短期間でマイナス効果が大幅に減じている。
10) かつて経済評論家の堺屋太一氏が経済企画庁（現内閣府）長官であった時、円高と景気回復が一致している要因の検討を事務当局に指示した。そこで提示された回答は、○交易条件効果の他、○円高進展時は企業が危機感を抱き生産性アップに努める○景気対策が講じられる——などであったという。

図表2-3　為替レートと景気

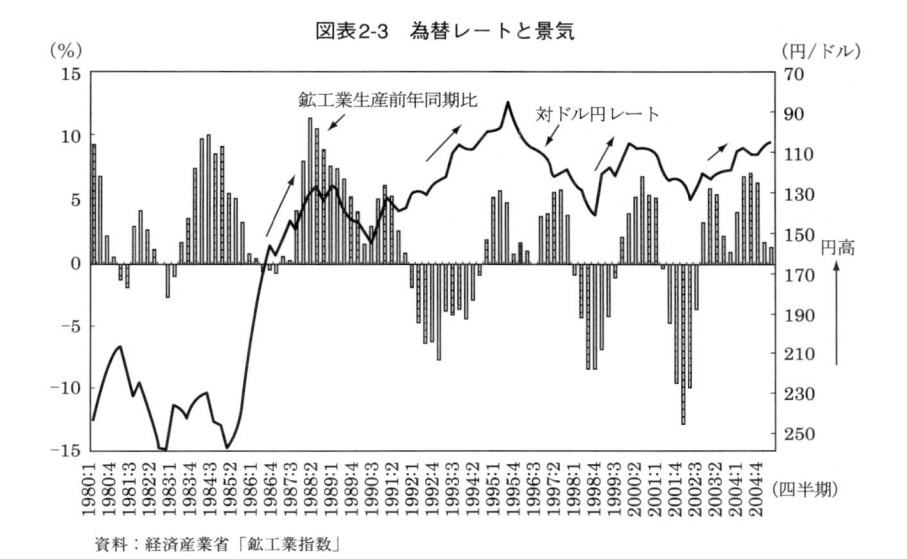

資料：経済産業省「鉱工業指数」

2) 資本流入の需要効果

　円高の経済への影響には、以上のような相対価格変動に伴うルートのほかに、資本移動による経路が考えられる。

　主要国が採用している変動相場制の下では、為替レートは基本的に市場における需給によって決定される。そして為替市場の需給関係は、経常取引から資本取引まで含む広義の内外資本移動とほぼ対応しているはずである。広義の資本移動とは、国際収支項目（第3節で詳述）のうち、財・サービスの取引である経常収支（貿易、サービス、所得、経常移転各収支）のほか、資本取引に区分される直接投資、証券投資（債券投資、株式投資）などから成る。円高が進むということは、これらの資本流入が流出より超過することとほぼ同義である。資本移動とは、国境を越えた経済取引であり、言い換えれば購買力の国際間移動である。資本移動がどのように国内経済に関わるかを考えてみよう。経常取引のうち、たとえば輸出（資本流入の一項目）は海外からの国内の財・サービスに対する購入である。所得収支、経常移転収支は、国境を越える所得の流入である。直接投資、証券投資の流入は、国内の実物資産、金融資産に対する海外からの購入である、と解釈できる。輸出は国内の財市場に追加需要をもたら

し、証券投資は株式、債券市場の需要を拡大、直接投資は実物資産投資を促進する。

いずれにせよ、資本の流入は、国内の財・サービス、実物資産、金融資産に対する需要を追加、国内市場、経済活動に対し拡張的に作用するはずだ[11]。そして資本流入は一方で為替市場における需給を変化させ、円高と並行して進む。こうして、円高進展時に国内需要が喚起される。これが、円高と景気回復の時期が一致するというパズルに対する解答であると考える。

為替変動の経済効果には、すでに見た相対価格変化による影響のほか、この資本移動の直接効果の2つのルートがあると考えられる。資本移動効果は、円高の進展と並行して起きるもので、極めて短期的な効果である。以上を総合し、時間軸で経済効果を区分けしてみよう。

まず、為替が変動している最中、およびその後一定期間（たとえば1年半～2年程度）は、経済、景気変動に対して円高は促進的に働くと考えられる。これは、金融市場、内需拡大に作用するためである。次に、一定期間経過後は円高の貿易調整効果により外需が抑えられ、一方で内需に対するさらなる刺激は止まり、経済に縮小圧力が働く。輸出入に対する直接効果だけでなく、内外価格差を背景にした製造部門の海外移転など、経済全般に調整圧力が及ぶ。つまり、為替レートの上昇は、その進行過程、およびその後一定期間はマクロ経済変動にプラス、一定期間経過後はマイナスと、時期によって反対の効果を経済に及ぼすと考えられる。

(5) 為替市場介入の効果

政府（外国為替資金特別会計）は、為替市場の行き過ぎ（オーバーシューテ

---

[11] 国際収支統計は複式簿記で計上され、すべての取引を合計するとゼロとなり、資本移動を見るには主導的・自律的取引の抽出が必要だ。たとえば、経常収支＋証券投資収支＋直接投資収支を見るのもその1つの方法だ。また、自律的な資本移動に対して、銀行部門の取引が事後的にファイナンスすると仮定すると、銀行のバランスシートから資本流入を測ることができる。この場合、銀行の対外資産変化は、マネーサプライの供給ルートの1つであり、銀行が資本流入をファイナンスすることでマネーサプライの増加をもたらしていると解釈できる（第9章）。

ィング)、為替レートの乱高下を防止するため日本銀行を代理人として、時折為替市場に介入する(平衡介入)。たとえば、過去最大の介入は2003年から2004年にかけての円高阻止を目的とした円売り・ドル買い介入で、2003年年間で20兆4,000億円、2004年1～3月だけで15兆2,000億円という、非常な規模の円売り・外貨買い介入を実施した。

介入の第1の目的は、円レートの上昇を抑えることにある[12]。円高は、輸出産業、輸入競合産業の生産縮小に働くし、国内物価を押し下げるため、経済が「デフレ」状況にある場合円高阻止(さらには円安誘導)が政策課題とされる。介入があれば必ず円高が阻止されるわけではないが、少なくとも介入額だけは市場の需給関係を変えているわけであり、また政策当局が相場誘導に動いたというアナウンスメント効果もあり、相応の効果は出ている。

為替市場介入のもう1つの効果に、金融緩和効果がある。介入に際して、実施主体の政府(外国為替資金特別会計)は、必要な円資金を調達するため、政府短期証券(為券)を発行、これを日銀が直接引き受ける。外為特会が市場から外貨を購入するのに支払う円資金は日銀から供給されることになり、いわゆるベースマネーの供給ルートとなる。外為資金を金融調節によって吸収せず放置する(「非不胎化」)だけで、相当量の資金供給が可能になる。

第3に、国際資本移動の面から介入の意味を考えると、当局の市場介入は、流入した資本に対応する資本の流出の1項目である。他の資本流出との違いは主体が公的当局であること、および資金が日銀から供給されているため、国内の既存金融資産の減少、購買力流出を伴わないことである。つまり、円高圧力に対して市場介入で応じることは、円の上昇を止めるだけでなく、資本流入の金融市場、内需に対する刺激効果を(資本流出で相殺せず)そのまま発揮させることにつながると解釈できる。

以上のように、当局による為替市場介入は①円高の阻止②金融市場への資金供給③資本流入の国内市場刺激効果の維持——の各面で、多面的に効果を発揮する[13]。しかし介入は、不十分で円高を止められなければ所期の目標が達成でき

---

12) 円安の進行を止めるための介入もあるが、まれである。

ないし、逆に行き過ぎて市場の流れを円安に転換させてしまうと資本流入が逆転し、内需にはマイナスとなる。本来、コントロールが非常に難しい政策である。

2．構造変化の波に洗われる輸出入

(1) 統計

1) 金額と数量、実質

　財（モノ）の対外取引である輸出・輸入は、かなり正確で、詳細な統計が作成できる。なぜなら、海外との取引はすべて税関の窓口を通さねばならず、その際情報を把握できるからである。その通関情報をまとめたのが「貿易統計」（財務省）であり、月次で主要相手国別、主要商品別に金額と、数量・価格の指数が発表される[14]。

　輸出入統計で注意を要するのは、金額、数量のどのベースで見るかということである。

　　通関輸出金額＝輸出数量×輸出価格
　　通関輸入金額＝輸入数量×輸入価格

という関係があるが、第1節で指摘したように、輸出入価格は為替レートの動向によって激しく変動し、金額と数量の動きが食い違うことが多い（図表2-4）。

　たとえば輸出企業の収益への影響や、マクロの国民所得との関係を考えるには金額ベースがふさわしい。これに対して、国内生産との関係で輸出入の実勢を見たいのなら、数量ベースの方が適当だろう。新聞報道でも金額の伸びと数量の伸びが併記されることがあり、判断の参考になる。

---

13) さらに、市場介入は、当局による外貨資産（現預金、証券など）の購入であり、資本流入が日本の市場に対してそうであるように、外貨資産市場において拡張的に作用する。介入額は、外貨準備としてその相当部分が米国債で運用されていると見られる。近年は、民間の証券投資が米国から流出傾向にあるなかで、日本や中国のアジア諸国の外貨準備運用増加が米国債市場を支え、金利上昇を抑制する役割を果たしている。
14) 輸出入の総額とそのバランスについては、10日ごとに上旬、中旬値として公表される。

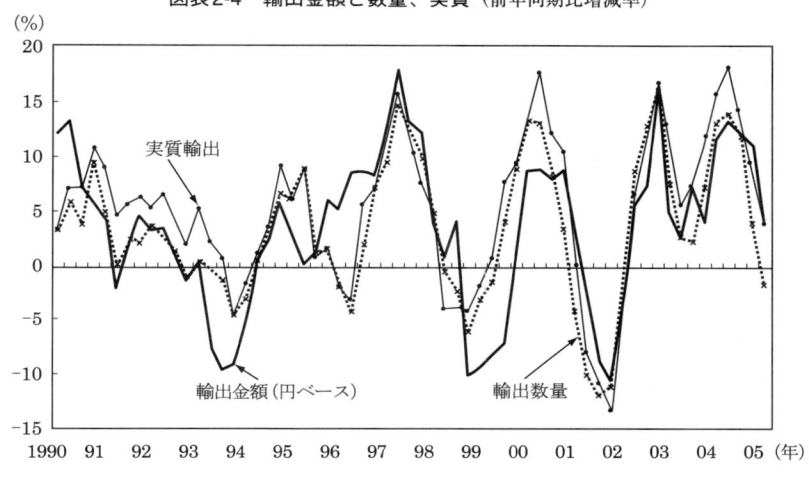

図表2-4　輸出金額と数量、実質（前年同期比増減率）

資料：財務省「貿易統計」、日本銀行「金融経済統計月報」

　ただ、数量ベースにも問題がある。数量とは自動車なら台数、鉄鋼ならｔという単位で集計し、全品目を合成したもの。しかし同じ自動車1台でも小型車と高級車では価値は大きく異なる。このように数量ベースには、製品のレベル、品質などの違いが反映されない。そのため、品質向上などの要素も含めて実勢を測るには「実質ベース」[15]が望ましい。財務省の公式統計には、この実質ベース系列はないが、日本銀行が独自に計算、ホームページ上などに掲載している。

２）国際収支統計、ＳＮＡ統計

　「貿易統計」は極めて有用性が高いが、税関当局の集計であり、国際収支の定義の上で厳密にはいくつかの問題がある。たとえば、貿易統計は通関段階の把握であるから輸入は運賃・保険料を含むＣＩＦベースで計上される。運賃・保険料は、財ではなくサービスの輸入であり、財の輸入を見るには除かなければならない。また、本来の輸出入取引は所有権移転が基準になるべきだが、通関輸

---

[15] 数量指数は、金額を単価指数である価格指数で除して得るが、実質指数は金額を本来の物価水準を示す輸出物価指数、輸入物価指数で除して求める。

出入にはそれ以外も混在すると同時に漏れている取引もある[16]。

これらの「貿易統計」の問題を調整して作成されるのが、国際収支統計であり、毎月、財務省・日本銀行が発表する。その中で、輸出、輸入とその差額である貿易収支、さらにサービス貿易の収支である「サービス収支」が計上される。サービス貿易は、輸送（運賃など）、旅行、その他サービス（特許使用料など）の3項目から成り、受取から支払を引いた差額が収支となる。

貿易収支、サービス収支を合計したのが「貿易・サービス収支」であり、海外との財・サービス（生産活動の成果）との取引が集約された重要な項目である。この「貿易・サービス収支」は、ＧＤＰ（国内総生産）統計における「財貨・サービスの純輸出」（外需）に対応する。

(2) 変動要因

輸出入の変動を考えるには、価格の変化と数量（あるいは実質）ベースの変化を分けて分析するのが理解しやすい。その場合、価格要因が数量の変化に影響するので、価格要因を先に取り上げたい。

1）価格
① 輸出

輸出価格の決定要因の第1は国内価格であり、第2は為替レートである。コストアップなどで国内価格が上がれば輸出価格も押し上げられ、また為替レートが変化すれば外貨建て、円建て価格のどちらか（あるいは両方）が変化する。国内価格のレベル、変化ついては、国内企業物価（日本銀行が作成、公表）が目安となる。

為替レートが変化（上昇）した時、どれだけ外貨建て価格が上昇するかを輸出価格転嫁率と呼び、

　　輸出価格転嫁率＝外貨建て輸出価格上昇率／
　　　　　　　　　（為替レート上昇率×国内卸売物価上昇率）

---

[16] たとえば所有権が移転しているのに貿易統計に計上されない取引には、購入したが海外で運行する航空機、海外に保管する非貨幣用金などが、逆に通関しても所有権が移転しないものには、賃貸借契約用物品、美術展示品、興行用動物などがある。

で示される。価格転嫁率が高ければ、円高が進展しても輸出価格はあまり下落しない（輸出企業の手取り収入が減少しない）で済むことになる。価格転嫁率の大小は、当初は輸出契約がどの通貨によるかに依存するが、一定期間以降は製品の非価格競争力、海外市場の需給状況などで決まってくる。

② 輸入

輸入の場合は、第1に海外価格、第2に為替レートが要因として働く。海外価格は、海外輸出企業の製造価格とともに、我が国の輸入に占める素原材料、食料の比重が大きいことから鉱物、食料など1次産品の市況が強く関係する。たとえば原油価格市況が高騰すれば、輸入価格が上昇し、輸入額が増加することは、過去に何回も経験している。

為替レートが変化（ここでは上昇）した場合、円建て輸入価格がどれだけ下落するかを輸入価格転嫁率と呼び、

輸入価格転嫁率＝輸入価格下落率／（為替レート上昇率＊海外物価上昇率）

で示す。輸入価格転嫁率が高ければ、円高のメリットをそれだけ享受できることになる。この転嫁率は、輸入契約通貨のほか、海外の輸出企業の戦略、製品の競争力などによって変わると考えられる。

すでに述べたように、我が国では輸出価格転嫁率、輸入価格転嫁率ともに高く、そのため円高進展時に対外交易条件（輸出価格／輸入価格）が上昇（改善）することが多い。

2）数量・実質

輸出は、海外への販売であり、輸入は海外からの購買であり、両者の変動要因は対照的に異なる。ほとんどの経済変数に共通であるが、数量・実質ベース変動の基本は所得（需要）要因と価格要因であり、この点は輸出入とも変わりはない。

① 輸出

輸出にとっての所得要因とは海外からの需要の強さであり、世界各国の輸入、海外市場の動向で決まってくる。世界の輸入動向を見るには、ＩＭＦ（国際通貨基金）の作成する「実質世界輸入」の系列があるが、速報性に欠ける。我が

国の輸出については、米国やアジア諸国の比重が高いことから、これらの国々の景気をウォッチすることで、輸出市場の動向を推し測ることができる。たとえば米国の経済成長が高まれば、日本の輸出の増加要因として働く。

海外市場が拡大したとき日本からの輸出数量がどれだけ増加するかの比率（輸出数量増加率／実質世界輸入増加率）を輸出数量の所得弾性値と呼ぶ。所得弾性値は、製造業の海外移転、新興国の成長と日本製品の相対的競争力低下などから長期的には低下傾向にあると見られる[17]。

一方、価格要因は、現地市場における我が国の製品価格と外国製品との競争関係を示すもので、相対価格で示される。すなわち、

相対価格要因＝外貨建て輸出物価／世界（工業品）物価

となり、上昇すれば輸出にマイナスに効く。円高で日本の輸出物価が上昇しても、世界物価が下落しても日本の輸出を減少させる効果を持つことになる。

輸出の変動要因には以上の所得、価格要因の他様々考えられるが、比較的重要なものに対外直接投資と、輸出ドライブがある。

対外直接投資は、次節で見るように製造業の海外現地生産などの形で増加傾向にあるが、輸出にどのように影響するかは一概に言えない。それは、影響が複数の経路をたどり、総合してどうかの検証が困難なためである。以下、影響経路を製造業の現地生産の場合で考えたい。

第1に輸出誘発効果がある。これは、たとえば現地に工場を建設する際必要な設備、現地で生産するのに必要な部品、中間製品などを日本から輸出することで、直接投資に伴って輸出が増加する効果である。

第2には輸出代替効果がある。これは、従来当該国あるいは第3国向けに日本から輸出していたのが現地生産品に置き換わることで、輸出が減少する効果である。

第3に、国内生産縮小に伴い、そのための輸入が減少する輸入転換効果があ

---

[17] ただ、2002年からの景気上昇局面では、アジアを中心に世界的に素材製品の需給が逼迫したこと、デジタル家電製品などの分野で日本企業の競争力が復活したことなどから、輸出の所得弾性値が上昇に転じたとみられる。

る。

　次に、輸出ドライブ要因とは、国内に供給過剰が生じ輸出が「押し出される」ように増加する効果だ。国内の需給、あるいはそれを示す在庫率が輸出の変動要因の1つとして機能するわけで、一方で、供給が不足し輸出ができなくなる場合もあり得る。輸出ドライブは不況期にかかりやすく、かつては「失業の輸出」と非難されたが、近年は中国などアジア地域主導の世界的な成長の高まりで、国内でも一部財で需給が逼迫し輸出が抑えられる事態も起きている。

② 輸入

　輸入の場合、輸出とは逆に所得要因となるのは国内の所得、市場動向である。国内景気が良くなり内需が増加すれば、輸入の増加に働く。指標としては、実質ＧＤＰ、あるいは実質内需の動きを所得要因と捉えたい。

　価格要因は、輸入物価と国内物価の相対価格であり、

　　　相対価格要因＝円建て輸入物価／国内卸売物価

で示される。輸入物価が下落して国内物価に比べ割安となれば、輸入を増加させる力が働く。円高の進展により輸入が増加するのはこの価格要因がプラスに働くためである。

　所得、価格以外の輸入変動要因としては、絶対的内外価格差の存在[18]、輸入障壁とされる規制、商慣行などの存在とその改革、輸入品に対する選好度などの構造的要因も指摘される。以前、我が国は「輸入の入りにくい」経済構造とされていたが、徐々に構造変化が進み、輸入押し上げ要因として働いてきている。国内所得の増加率に対してどれだけ輸入（数量）が増加するかが、輸入の所得弾性値であり、言い換えると、輸入の所得弾性値は上昇傾向にある。

(3) 輸出入変動の構造変化

　景気変動との関係を中心に、近年の輸出入を取り巻く構造変化を整理してみたい。

---

18) 輸入物価が下落しなくても、構造的に海外物価の方が低ければ、水が高きから低きに流れるように、常に輸入増加圧力がかかることになる。

1）輸出
① 対アジアのウエート上昇

　日本の輸出の地域別構成では、近年対アジア輸出比率の上昇が著しい（図表2-5）。アジアの比率は1980年代までは30％以下だったが、その後急上昇、2004年度には48.5％に達した。21世紀入り後は特に中国の上昇が目立ち、2004年度の比率は13.1％を占める。これに対して、対米国の比率は1980年代は30％を超していたのが、2004年度は22.5％まで低下している。アジアのシェア拡大の背景には、アジア経済の成長とともに、日本企業によるアジア地域における現地生産の拡大で産業内（水平貿易）、企業内の貿易が拡大していることがある。

　以前は日本経済の対米依存が高く、「米国がくしゃみをすると日本が風邪を引く」と言われたこともあったが、近年はそれ以上にアジア諸国経済動向が日本の輸出、景気動向に影響する度合いが強まっていることになる。

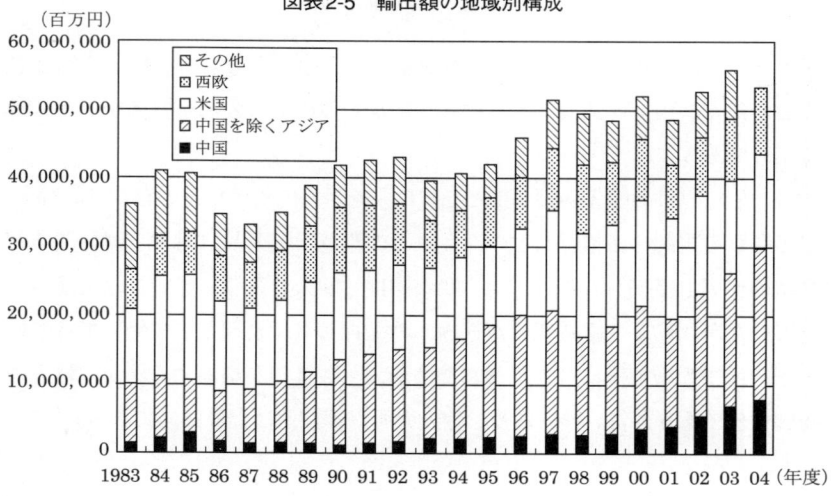

図表2-5　輸出額の地域別構成

資料：財務省「貿易統計」

② 電子部品・デバイスの増加

　商品別に見た我が国輸出構造の特徴は、機械類の比重が高いこと[19]であるが、近年はその中でも電子部品・デバイス類がシェアを高め、主力輸出商品となっ

ている。たとえば、半導体等電子部品だけで輸出シェアは7.1％（2004年度）もある。これは、加工組み立て型の製造業が新興工業国でも参入が比較的容易で海外移転が進んだのに対し、部品類の方が技術集約度が高く、我が国の比較優位が維持できていることと、海外生産向けの部品供給の増加という背景がある。このため、我が国の輸出はいわゆるＩＴ（情報技術）製品を含む電子関連の世界的生産動向の影響を受けやすくなっている。

２）輸入

① 輸入浸透度の上昇

国内の需要は、国産品か輸入品のいずれかで満たされる。そのうち輸入の比率を輸入浸透度と呼ぶ。経済省の「鉱工業総供給表」で輸入浸透度（輸入／総供給）を見ると（図表2-6）、特に1990年代以降急上昇している。これはすでに指摘したように、円高傾向の下で内外価格差が恒常的に存在していること、輸入品の流通・市場面の障壁解消、国内のデフレ的状況、需要鈍化の中で企業が輸

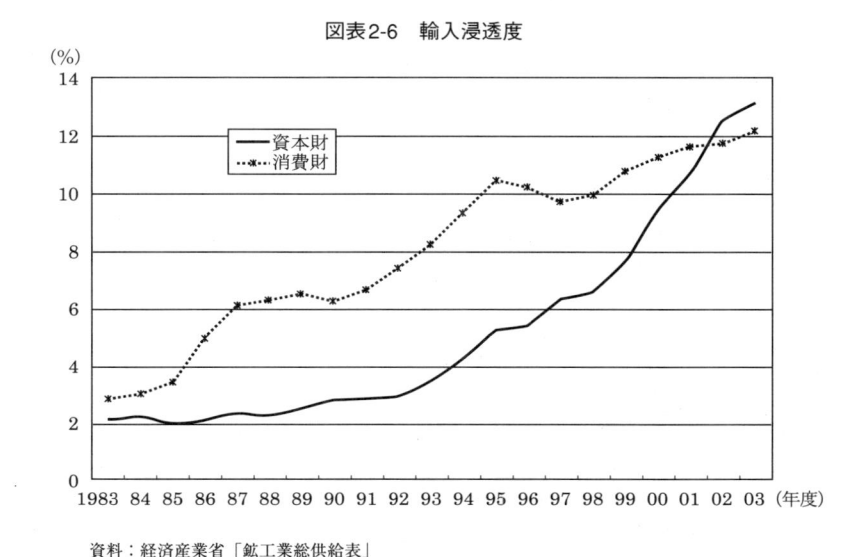

図表2-6　輸入浸透度

資料：経済産業省「鉱工業総供給表」

---

19) 一般機械、電機機器、輸送用機器、科学光学機器を合わせると、輸出総額に占める比率は2004年度で70.9％に達する。

入品の調達に努めたこと、海外現地生産の拡大で逆輸入が増加したこと、などが背景にある。

輸入浸透度の上昇は、一面では対外均衡に資するとともに、日本経済の輸入依存度が高まり、また輸入の影響を受けやすくなったことを意味する。たとえば、海外で供給制約が起きたり、物価が上昇したりすると、経済の各面に支障が生じる。

② 製品輸入の拡大

輸入を商品別に見ると、製品輸入の拡大が顕著である。我が国は、以前は原材料を輸入し加工、工業製品を輸出する貿易構造であり、輸入品は原油など原燃料、食料がほとんどを占めていた（1980年度で76.9％）。しかし1980年代半ば以降、一次産品価格の低迷、産業構造の省資源・省エネルギー型への移行、先に見た製品分野における輸入浸透度の上昇によって製品輸入が拡大、近年では製品輸入の方が圧倒的に多くなっている（2003年度の製品輸入比率は62.3％、図表2-7）。

製品輸入の拡大は、アジアとの水平分業（同じ産業、製品分野における相互貿易）の進展と並行しており、輸入相手地域ではアジアからの輸入の比重が高

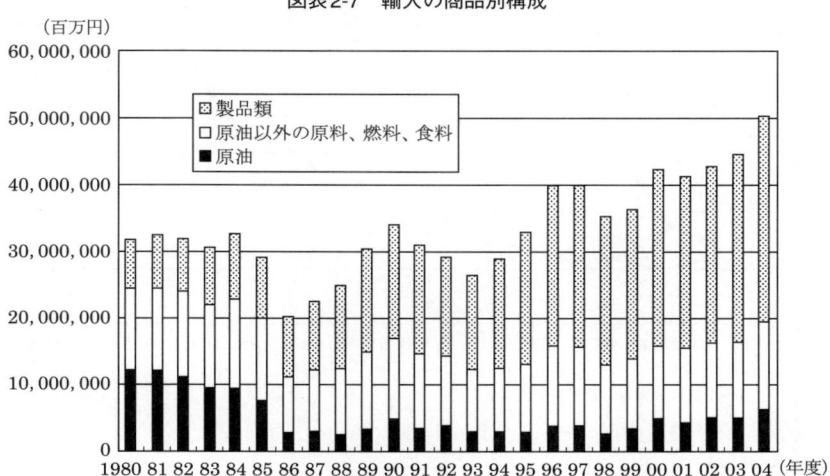

図表2-7 輸入の商品別構成

資料：財務省「貿易統計」

まっている[20]。

(4) 輸出入と景気

1) 輸出と景気

日本の景気変動、経済成長にはしばしば輸出が大きな役割を果たしている（「輸出主導型景気」、「輸出依存型成長」）。たとえば、1983～84年の景気上昇はレーガン政権下の米国の経済成長に牽引され輸出が大幅に増えたことによる典型的な輸出主導型景気回復であった。2002年に始まる景気回復も、米国および中国を中心とするアジア地域の高成長で輸出が増加したことが主要因であった。このほかにも、輸出が景気局面をリードしたと考えられる例は多く見られる[21]（図表2-8）。

輸出はＧＤＰの１割程度（名目財貨サービス輸出比率は2004年度で13.3％）

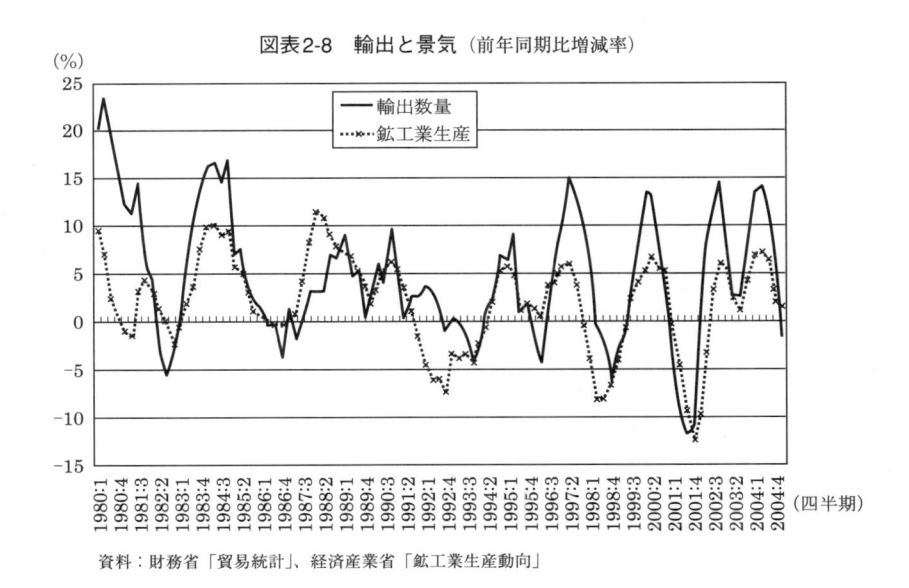

図表2-8　輸出と景気（前年同期比増減率）

資料：財務省「貿易統計」、経済産業省「鉱工業生産動向」

---

20) 2004年度で45.4％はアジアからの輸入である。
21) ただ、輸出動向と景気局面が連動したからといって、景気変動のリード役が輸出であるとは限らない。たとえば、近年は世界景気が連動する傾向が強まっており、日本の景気上昇期に海外景気も上向き輸出が増加することも考えられる。

に過ぎないにもかかわらず、景気変動への影響力が大きいとすれば、それはなぜだろうか。

第1に、輸出はすべて製造業に対する需要であることがある。製造業だけで取れば、輸出依存度はより高い。第1章で指摘したように、景気変動は主に製造業で形成されるので、景気との関連が強まることになる。さらに、輸出産業は電気機械、自動車など製造業の中でも基幹、先端産業であり、多分野への波及も大きい。

第2に、輸出は国内経済の外部からの外生的需要であることがある。外生的要因であるから、国内景気の変化とは異なったベクトルを有する。たとえば、国内景気が後退局面にあるとき国内経済主体はおしなべて弱気に傾き、流れを食い止める行動は起こしにくいが、輸出は独立して変化し、方向転換をリードし得るわけだ。また、国民経済の外部からの需要であるため、国内の所得に影響を与えない。内需であればその支出に伴い他の支出が削減されることがあり得るが、輸出の場合はそっくり需要が追加される[22]。

2）輸出と輸入の関係

輸出と輸入の変動要因はまったく別である。所得要因は輸出については海外需要、輸入については国内需要であり、価格要因は輸出入ではプラスマイナス逆に働く。ところが、輸出入の伸びを比較すると、○両者はほぼ連動している、○輸入の変動がおおむね先行している時期がある（1970年以降では1985～87年、1992～94年、1998年など、図表2-9）。

輸出が国内景気に影響、内需の変動が輸入を増減させるという因果関係はわかりやすい。また、輸出生産のための素原材料、中間製品輸入が誘発されるという関係もあろう。だが、輸入が先行している時期はどう理解すべきだろうか。パズルではあるが、1つの有力な仮説は、日本の景気回復、輸入拡大が海外経済、特にアジア地域の景気を持ち上げ、日本の輸出増加につながるというルートである。1998年度後半から円高が進行する中で、日本の景気が回復、当時ア

---

[22] これを資本移動の面から見ると、第1章で述べたように輸出は資本流入の1項目である。また、国内の所得、既存の金融資産に影響を与えないということは、対外信用供与によってマネーサプライが供給されていることを意味する（第9章）。

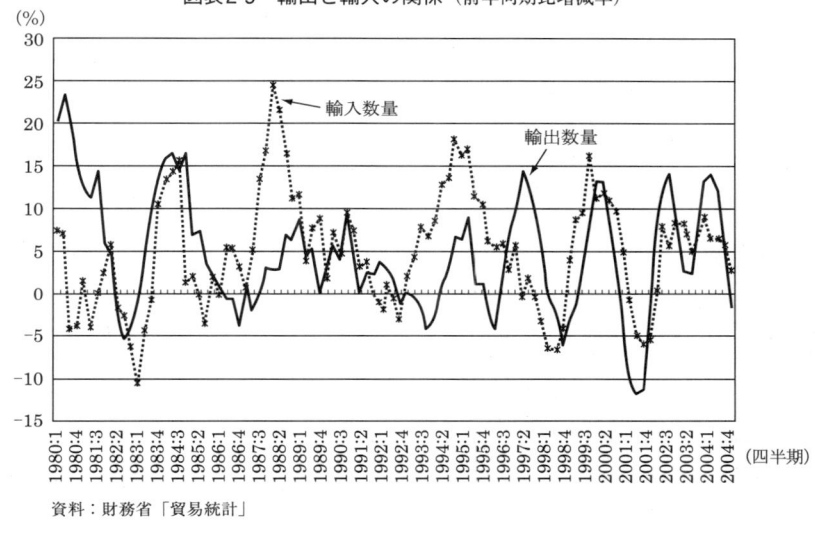

図表2-9　輸出と輸入の関係（前年同期比増減率）

資料：財務省「貿易統計」

ジア通貨危機後で落ち込んでいたアジア経済が底を打ち、輸出も回復に向かったこともそうしたメカニズムの存在をうかがわせる。世界第2位のGDP大国である我が国は、海外経済に対して受身ではなく、逆にリードする場合があることに留意しなければならない。

3）貿易収支

第1章で述べたように、景気変動との関係では、「外需」（輸出－輸入）よりも輸出だけで見た方が正しい判断につながる。ただ、輸出から輸入を差し引いた貿易収支には別の意味がある。それは、経常収支を構成する最大項目として対外バランスを決定するとともに、産業の対外競争力の指標である。輸出は基本的には海外市場、輸入は国内市場における外国製品との競争の結果決まり、貿易収支には価格面、非価格面の競争力が集約されると考えられる[23]。

日本の貿易黒字はGDP比で過去のピークは1986年度で4.6％に達した。その後は円高傾向、新興工業国の成長、製造業の海外移転、輸入の増加などで縮小

---

23) ただ、輸出入額は、為替レートや国際商品市況の変化などに伴い価格変化によっても大きく変動する。そのため、競争力の実勢を見るには、輸出入それぞれを輸出物価、輸入物価で割った実質の輸出入の差額（実質貿易収支）を見るのが望ましい。

に向かい、1997年度にはＧＤＰ比は1.7％、2001年度にも1.8％まで低下、いずれ赤字転落かと言われた。ところが2002年度からは輸出回復で貿易黒字も再び増加に向かっている。

3．資本取引─景気変動に重要な役割

(1) 直接投資
1) 統計

資本取引とは、海外との（財・サービスでなく）資産売買あるいは金融の取引である。そのうち直接投資とは、○海外小会社・関連会社・支店などへの出資、貸付など○海外の不動産の取得─から成る。つまり、海外に小会社を設立して現地生産を始めたり、土地や建物を購入したりすることが含まれる[24]。

統計としては、国際収支統計の「投資収支」の一項目に対外直接投資、対内直接投資があり、月々、円ベースの金額が計上される。また、これとは別に財務省が作成する「対外及び対内直接投資状況」という統計があったが、2005年度から廃止、国際収支統計に一本化された[25]。

2) 対外直接投資の変動要因

対外直接投資の変動には、主に以下の要因が働くと考えられる。

第1に、海外の資産、生産要素価格と国内との相対関係である。この関係を動かす1つの要因は為替レートであり、円高になれば、海外の資産価格が相対的に割安になる。この点は輸入と共通している。だが、為替が変動しなくても、たとえば中国の賃金水準が日本より圧倒的に低い例など、絶対レベルが異なれば投資のインセンチブとなる。

---

[24] 国際収支統計では、他の国の企業に対して永続的権益を取得した場合に直接投資と定義、その基準として株式の10％以上の取得を定めている。また、投資先企業が上げた収益のうちそのまま企業内にとどまる分は、一度投資家に配分された後再投資されたと解釈、直接投資に含まれる（再投資収益）。

[25] 「対外及び対内直接投資状況」は、再投資収益を含まないなど国際収支ベースと定義が若干異なるほか、業種別の調査があるなど違いがあった。移管に伴い新しい国際収支統計には業種別計数も設けられた。

第2に企業収益である。対外直接投資は、間接的には設備投資の一部である。企業にとって、資金負担が伴うわけで、資金調達環境、市場の成長性などが関係してくる。第5章で見るように、因果関係は必ずしも明らかでないが、企業収益と設備投資は連動しており、同様の関係が海外投資にも成立すると考えられる。

 第3に、特に製造業の場合であるが、生産要素、中でも労働力の確保である。1980年代後半に海外直接投資が増加した一因は、国内の労働力不足であった。近年でも、いわゆる「3K」職場など労働者の確保が困難な企業には海外移転が課題となっている。

 第4に、事業活動の収益性がある。現地の経済が高成長していたり、不動産価格が上昇していることは、促進要因になる。

 このほかにも、先方の誘致姿勢、貿易摩擦の有無なども関係してくる。

 直接投資の過去の推移を見ると(図表2-10)、対外直接投資の場合、1980年代の後半に急増した後、1992-93年にかけ減少したが、その後再び増加トレンドにある[26]。増加に2つの波があるが、要因は異なっている。1980年代後半は、「バ

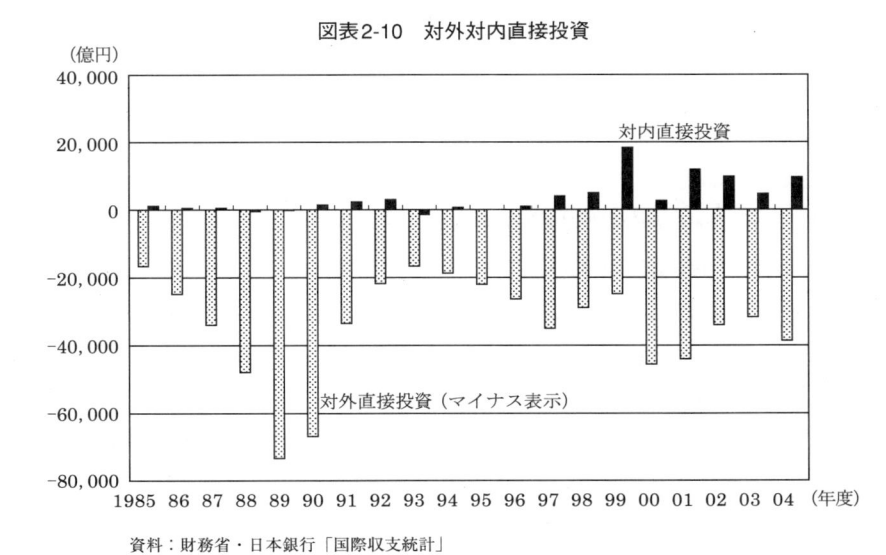

図表2-10　対外対内直接投資

資料：財務省・日本銀行「国際収支統計」

---

26) 1998、1999年は1997年のアジア通貨危機の影響で減少した。

ブル」を背景に不動産、金融・保険など非製造業が欧米向け大型投資を実施したこと、製造業が貿易摩擦対策として欧米での現地生産を拡大したことが主因だった。これに対して1990年代は、製造業が東南アジアや中国向けに、コスト削減、現地市場開拓を目的とした生産移転を進めていることが主たるパターンとなっている。

3）対内直接投資

我が国の場合、図表2-10からも明らかなように、対内直接投資は非常な低レベルにとどまり、対外投資とのアンバランスが著しかった。これには、高地価、系列取引など強固な伝統的企業関係、厳しい企業間競争など、外資の参入しにくい経済構造があったとされる。

それが1997－98年頃を境に、以前よりは対内投資のレベルが上がってきている。これは地価下落、円レートの安定、規制緩和などにより参入が容易化したこととともに、金融・自動車・通信などの分野における世界的事業再編が進み、また経営不振に陥った企業がリストラで事業を売却したり、外資に救済を求める例が頻発し、M＆A（合併・買収）型の資本進出が増えたことが反映している。

4）経済効果

直接投資は、すでに示したように、貿易に対しては、輸出誘発、輸出代替、逆輸入、輸入転換など複合的な効果を及ぼす。

直接投資はまた、出資・融資を介するが、設備投資と同等である。海外直投の増加で、製造業の海外設備投資比率（海外での設備投資/国内設備投資）は上昇傾向にあり、特に加工・組み立て型業種では非常に高い比率に達している[27]。海外直接投資は投資先国の設備投資を増加させ、生産力となり、雇用を生み出す。もし、製造業の海外移転によって、それまでの国内生産、雇用がそっくり失われ、それを埋める産業がなければ、いわゆる「空洞化」に至る。

海外直接投資が、仮に国内投資の移転であると見れば、その限りでは国民経済にマイナスであることは確かだ。しかし、総合してどう影響するかは、以下の

---

[27] 経済産業省の海外事業活動調査によると、製造業の海外設備投資比率は2002年度で26.5％、海外生産比率（現地法人売上高/国内法人売上高、国内全法人ベース）は2003年度見込みで18.0％に達している。

要因を考慮しなければならない。

　第1に、当該企業にとって製造部門の海外移転は競争力の維持、あるいは新たな市場の開拓につながり、もし移転しなかった場合に比べ、生産、雇用が確保されているのかもしれない。

　第2に、当該企業、産業にとって、製造部門の海外移転で、残された経営資源をより高度、高付加価値の事業に投入することができれば、事業規模は縮小しない。製造業の加工組立工程が海外に移転され、企画・商品開発、基幹部品の製造部門は国内に残り、国内と海外で生産プロセスの分業体制が形成されるケース（図表2-11）が多いが、この場合は企業にとっても国民経済的にもマイナスではないと言える。

　第3に、当該産業の国内生産は縮小しても、それを埋め合わせる新産業（たとえばサービス業など内需型産業）が興れば、産業構造の変化、内需主導型経済への移行と解釈できる。

　第4に、対外直接投資と同等の対内投資の流入があれば、それだけで対外のマイナス効果をカバーしていることになる。

5）空洞化論

　国内経済の「空洞化」現象として、製造業の海外生産の増加、製品輸入の拡大などがあげられる。ただ、対外直接投資の貿易への影響は錯綜し、また上記

図表2-11　製造業海外移転に伴う国内との分業体制の例
（デジタルカメラ組立の中国移転）

		マーケティング・商品企画	商品開発	部品生産	製品組立	販売
自社内分業	日　本（本国）	本社（企画開発）	本社（商品開発・設計）	国内関連会社	自社現地法人	販売本部（逆輸入）
	進出国（中国）			自社現地法人		現地法人および現地流通
	第三国	欧米現地法人				欧米等全世界
外部				中国内日系部品メーカー		
				中国地場部品メーカー		
				中国内台湾系部品メーカー		
				中国以外の製造委託会社		

資料：経済産業省「通商白書」

のような総合的なメカニズムも働く。日本経済が総体として「空洞化」しているのかどうかは、以下のような基準で判断されるべきである。

第1に、日本企業の競争力低下、海外移転の結果として、貿易収支、経常収支が大幅な悪化をたどっているかどうかである。特に製造業の海外移転によって国内の生産基盤が失われれば、輸出が減少、輸入が増加し、貿易収支黒字が減少から赤字に転落するのが成り行きである。その場合は、「空洞化」という事態に近づいていると判断されるべきである。

しかし、一部産業が海外に移転しても、より競争力が強く高付加価値な産業の国内生産基盤が維持・拡大されれば、輸出の減少、輸入の増加も限定的で貿易収支が大幅に悪化することはない。この場合は、世界的に見て最も有利な地域で生産を行う事業活動のグローバル化の進展であり、また現地生産拠点、及び現地企業と我が国の間で比較優位のある製品の貿易を行う、相互依存の水平分業体制への移行と捉えることができる。

第2に、第1の点と関連しているが、海外移転の結果として、国内の生産、雇用レベルが構造的に低下したかどうかである。

日本経済の近年の推移を見ると、1990年代から2001年頃までは、貿易黒字が縮小傾向、また景気も低迷基調から脱け出せなかった。以前は日本企業が世界を席捲していた家電製品も海外生産が増加、輸入超過に陥り[28]、先端のＩＴ機器（事務用機器、通信機器）でも輸出が伸び悩み、失業率も上昇、「空洞化」の兆しが見えていた。しかしその後2002年に始まる景気回復期においては、中国向けを中心に輸出が大幅に増加、貿易黒字も拡大、また電機、自動車関連など日本企業の国際的プレゼンスが再上昇している。設備投資の国内回帰の例も多く見られ、失業率も改善に向かい、「空洞化」論は影をひそめた。これまでの推移からは、「空洞化」は杞憂にとどまっていると言えよう。

ただ、以上の議論はあくまで総体としての日本経済に関してである。技術集約度の低いローテク産業の場合は、海外移転、輸入急増で壊滅的な打撃を受け

---

28) 1994年にカラーテレビは輸入が輸出を上回り、ＶＴＲは海外生産が国内生産を超過した。また、米国おける自動車現地生産台数は1993年から輸出を超えた。

ている産業、企業も少なくない。産業が淘汰されることで、地域の雇用、伝承型技術が失われるなど、一部には「空洞化」現象が起きていることには留意しなければならない。

(2) 証券投資

1) 統計

証券投資は、海外との資本取引のうち有価証券を売買する取引であり、債券投資と株式投資から成る。対外証券投資は居住者が海外の債券や株を購入する取引であり、対内証券投資は海外からの日本の債券・株式への投資である。

統計としては、国際収支統計の「投資収支」の一項目に債券と株式に分けて計上される[29]。資産側が対外投資、負債側が対内投資であり、月々、円ベースの金額が公表される。また、これとは別に財務省が作成する「対外及び対内証券投資状況」という統計があったが、直接投資統計と同様、2005年度から廃止、国際収支統計に一本化された。

2) 証券投資と景気

証券投資は以前は、主に経常収支の黒字・赤字を調整する経路として位置づけられていたが、近年は国際資本移動の拡大で、金額、その変動幅とも格段に大きくなり、各国の為替、金融市場、実体経済への影響度も大きくなっている。

証券投資の変動要因、影響はまだ分析の対象になることが少ない[30]。だが、第1節で述べたように、資本移動は、相手先国の財・サービス、実物資産、金融資産に対する需要を追加、金融市場、経済活動に対し拡張的に作用するはずである。証券投資の場合は、債券市場、株式市場の需給に影響する。それを最も明白に示すのが、近年の我が国の株式市場である。バブル崩壊後、国内投資家のリスク回避志向が強まり、投資姿勢が構造的に弱気化する中で、株式価値を客観的データに基づいて評価、戦略的な売買で相場をリードしているのは外

---

[29] 国際収支統計の証券投資には、カラ売りや担保繰りなどのため債券を一時的に借り入れる証券貸借取引が含まれ、実勢を見るのに撹乱要因となるため、それを除いた系列も作成されている。
[30] 本章第1節で見た為替レートの決定理論は、間接的には証券投資を主体とする資本収支の変動要因を分析していることになるが、明示的に証券投資を扱ってはいない。

図表2-12 対内株式投資と株価

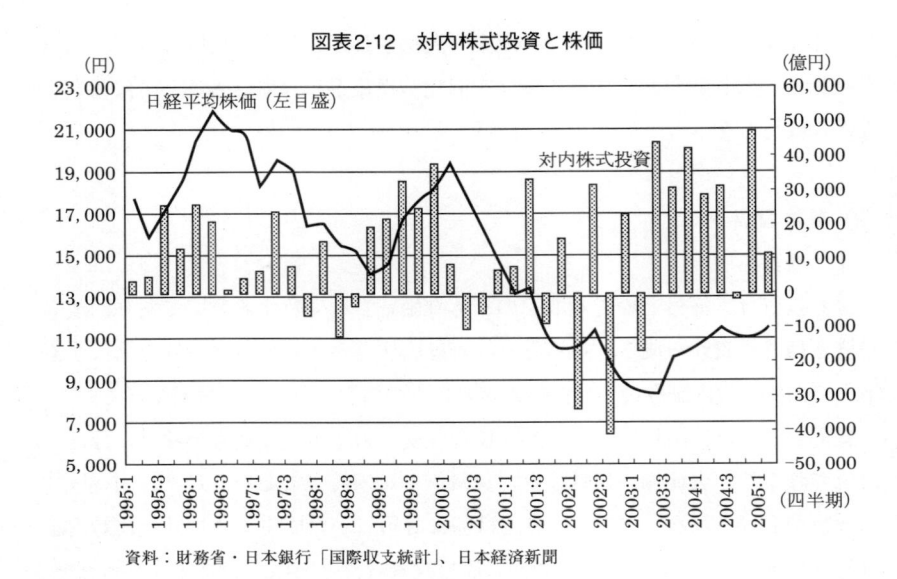

国人投資家、言い換えると、対内株式投資である。最近では、2003年から2004年にかけての株価上昇も対内株式投資に主導されている（図表2-12）。

4．国際収支

(1) 統計のしくみ

　輸出入、直接投資、証券投資など海外との取引を包括的に集計、整理した表が国際収支統計で、財務省・日本銀行から毎月公表される（図表2-13）。この統計は情報量が多く、有用性が高い。

　国際収支は以下の取引項目から構成されている。

　　国際収支＝経常収支＋資本収支＋外貨準備増減＋誤差脱漏
　　経常収支＝貿易サービス収支(貿易収支＋サービス収支)＋所得収支
　　　　　　＋経常移転収支
　　資本収支＝投資収支(直接投資＋証券投資＋金融派生商品＋その他投資)
　　　　　　＋その他資本収支

第2章　対外取引と景気　53

図表2-13　国際収支統計　　　　　　　　　　(億円)

項目				2004年	2003年	増減
経常収支				185,908	157,668	28,240
	貿易・サービス収支			101,565	83,553	18,012
		貿易収支		143,108	122,596	20,511
			輸出	583,060	519,342	63,717
			輸入	439,952	396,746	43,206
		サービス収支		− 41,542	− 39,043	− 2,499
	所得収支			92,733	82,812	9,921
	経常移転収支			− 8,390	− 8,697	307
資本収支				14,915	77,341	− 62,427
	投資収支			19,882	82,014	− 62,131
		直接投資		− 24,893	− 26,058	1,164
		証券投資		21,895	− 114,731	136,626
			(証券貸借取引を除く)	− 19,118	(− 88,632)	− 107,750
		金融派生商品		2,611	6,074	− 3,464
		その他投資		20,270	216,728	− 196,458
			(証券貸借取引を除く)	− 23,386	− 190,063	(− 166,677)
	その他資本収支			− 4,968	− 4,672	− 295
外貨準備増減				− 172,675	− 215,288	42,613
誤差脱漏				− 28,148	− 19,722	− 8,426

資料：財務省・日銀

　すでに第2節で見たように、貿易サービス収支は、輸出入の差である貿易収支とサービス貿易の収支の合計額である。所得収支は、外国人労働者（あるいは海外で働く日本人）の賃金など「雇用者報酬」と、直接投資や証券投資の成果である利子・配当の受払いである「投資収益」から成る。経常移転収支は、経済援助や家族への送金など贈与的な資金の受払いが計上される。

　資本収支のうち、直接投資、証券投資はすでに述べた通り。「その他投資」は、直接投資、証券投資に含まれないすべての金融的取引が含まれ、具体的には貸付・借り入れ、貿易信用、現預金、雑投資に区分される。「その他資本収支」には主に国境を越えた不動産の贈与などが含まれる。「外貨準備増減」は、政府と中央銀行が保有する対外資産のうち「外貨準備」とされているものの増減で、主

に政府の外国為替市場への介入によって変化する。

　各取引で収支を計算する上で、何がプラス（黒字要因）で何がマイナス（赤字要因）で計上されるのか。基準は、実物資産・金融資産の減少＋金融負債の増加が貸記（プラス）、実物資産・金融資産の増加＋金融負債の減少が借記（マイナス）と定められている。この基準に従い、輸出は実物資産の減少でプラスで輸入はマイナス、資本収支の場合は、たとえば対外直接投資、対外証券投資の増加は対外金融資産の増加でマイナス計上される。ただ、この基準は直観的にわかりにくく、資金が海外から入ってくる取引はプラス計上、出て行く取引はマイナス計上と理解すればよいだろう（輸出はモノが出てゆきおカネが流入すると解釈する）。

(2) 複式簿記計上と主導的取引の抽出

　国際収支統計が扱いにくい最大の理由は、複式簿記の原理に従い、あらゆる取引が両建てで記録されることである。たとえば、輸出は実物資産の減少であり「貿易収支（輸出）」項目にプラス計上されるが、輸出に伴い輸出企業は海外から代金を受け取り対外金融資産（預金）が増加、これを「その他投資収支」にマイナスで計上する。つまり、輸出自体は収支の黒字要因であるものの、投資収支に同額のマイナスが計上されることで、国際収支全体に対してはプラスでもマイナスでもない。同様にすべての取引がプラス、マイナス両建てで記録されるため、国際収支は

　　経常収支＋資本収支＋外貨準備増減＋誤差脱漏＝0

と、全体では必ずゼロになってしまう。

　それでは、何をもって国際収支の黒字、赤字を議論すべきであろうか。収支を見るためには、コアとなる取引、あるいは自律的・主導的取引を抽出する必要がある。

　第1に、最も注目されるのは経常収支である。経常収支は第1章で見たように、生産活動の成果である財・サービスの海外との取引であり、国内総生産（GDP）、国民所得に直結する項目である。資本収支は金融的取引であり、それ自

体は、生産や所得の増減にはつながらない[31]。また、経常収支尻こそが、対外純資産残高の増減をもたらす要因である[32]。

第2に、資本収支を自律的取引とそれ以外に分ける考え方がある。つまり、あらゆる取引が両建てで計上されると言っても、主たる取引は1つ（たとえば輸出）で他方（対外金融資産の増加）は付随的、ファイナンス的取引である。資本収支のうち主たる自律的取引だけ取り出し、経常収支と合計すれば、それが国の対外取引の実勢と見ることができるかもしれない。

付随的、ファイナンス的取引はほとんどが「その他投資収支」に計上される[33]。

また、外貨準備増減は公的当局によるファイナンス的取引である。そのため、

　　経常収支＋直接投資＋証券投資＋その他資本収支
　　　　＝その他投資収支＋外貨準備増減＋誤差脱漏

とし、左辺から金額の小さい「その他資本収支」を除いた「経常収支＋直接投資＋証券投資」をコアの自律的取引と位置づける考え方もある[34]。

（3）経常収支構造の変化

通常は、財・サービス取引と所得収支などを加えた経常収支を、一国の対外収支を示すコア指標として用いることが多い。すでに指摘したように貿易収支は製造業の対外競争力を示すが、経常収支は経済の総合的な対外競争力を示すと言える。経常収支が黒字であるということは海外から所得を得ていることを意

---

31) 1980年代後半から1990年にかけて、海外で金を購入し現地に預け収益だけ手にするしくみの金投資口座という金融商品が登場、人気を博した。当時、金は通関はしないが輸入とみなされ、一方で在庫投資でも個人消費でもなく対応する内需項目がないため、ＧＤＰの押し下げ要因となった。その後1996年に統計が改訂され、投資収支に計上されることになり、ＧＤＰに影響がなくなった。
32) 対外純資産は基本的に年々の経常収支が累積したものだが、為替レートや金融資産価格の変化などによっても変動する。
33) ただ、「その他投資」にも自律的取引が含まれ、すべてが付随的取引ではなく、その区分けは困難である。
34) 第1節で述べた為替レート変動に関わり、内需増減に寄与する広義の資本流入は、この経常収支＋直接投資＋証券投資で捉えるのも1つの方法である。

味し、対外取引が国内生産を増加させ、経済成長に寄与していることになる。ただ、黒字国があれば必ず同額の赤字国がある。経常収支は国家間の取引による得失のバランスを表すとも解釈できる。ある国の経常収支が大幅な黒字であるということは経済の強さを示すが、その不均衡は国際協調上は好ましくないことになる。

我が国の経常収支は、1980年代半ばに黒字が急増し、1986年度には14兆9,000億円、GDPの4.4％に達し（図表2-14）、対外摩擦が激化した。その後黒字は減少、GDP比は90年度は1.2％、1996年度には1.4％まで低下したが、1997年度から再拡大、2003年度には過去最大の18兆2,924億円、GDP比は3.5％に上昇した。GDP比から見て対外摩擦発生の危険水域に達している。

ただ、1990年代後半以降は経常収支黒字の中身が以前と異なってきている。以前は貿易黒字主体の経常収支黒字だったが、1990年代後半からは、○海外からの利子・配当の受け取りなど所得収支の黒字が拡大、○特許等使用料収支の改善・旅行収支マイナスの縮小などからサービス収支の赤字が減少、していることが黒字増加の要因となっている。このうち所得収支は、すでに絶対金額で貿易黒字に近い水準になってきている。

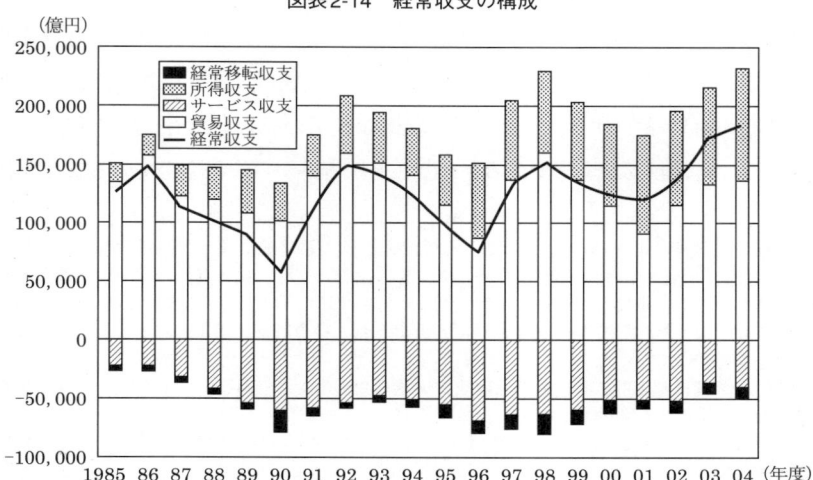

図表2-14　経常収支の構成

資料：財務省・日本銀行「国際収支統計」

所得収支は過去の経常黒字の結果として蓄積した対外資産からのリターンである。現状の日本は、貿易収支も所得収支も黒字という、黒字国際収支発展段階[35]の第4段階にあると見られる。

(4) アブソープション・アプローチ

第1章で説明したように、貿易サービス収支はGDPの項目としての外需（財貨・サービスの純輸出）と一致する。そして、GDPに所得収支を加えた値が国民総生産（GNP）[36]である。

$$国民総生産 = 内需 + 外需（貿易サービス収支） + 所得収支$$
$$国民総生産 - 内需 = 貿易サービス収支 + 所得収支$$

もし、GNPの規模が先に決まるとすれば、内需が減ると貿易サービス収支＋所得収支が増加することになる。また、内需が不変とすればGNPが増加すると、貿易サービス収支＋所得収支が拡大する。このように、総生産（総所得）と内需の関係で、対外収支が結果的に決まるという考え方をアブソープションアプローチという。

このアプローチをさらに進めたのが、貯蓄投資（IS）バランスによる経常収支決定論である。SNA（国民経済計算）統計において貯蓄（S）とは、可処分所得から消費を引いた値で、貯蓄から投資（I、家計の場合なら住宅投資など）を除いた残りが貯蓄投資差額（ISバランス）である。各部門ごとにISバランスはまちまちだが、国民経済全体では必ずISバランスはゼロになる。なぜなら、もしIとSが一致しなければ生産された財・サービスで何も需要がない部分が存在するか、需要が生産を上回る[37]というおかしなことになる。つまり、

---

[35] 国際収支発展段階説では、経済は①貿易収支も所得収支も赤字②貿易収支黒字化・所得収支赤字、経常収支赤字③貿易収支黒字拡大・所得収支赤字、経常収支黒字化④貿易収支黒字・所得収支黒字化、経常黒字拡大⑤貿易黒字赤字化・所得収支黒字、経常収支黒字維持⑥貿易赤字拡大・所得収支黒字、経常収支赤字化──の6段階をたどる。我が国は、一時は近い将来第5段階に移行すると説が有力だったが、2000年代前半では第4段階にある。
[36] GDPに貿易サービス収支、所得収支と経常移転収支、すなわち経常収支を加えた値を総国民可処分所得と呼び、国全体の所得を示す。
[37] あるいは所得面から見ると、総所得と総支出（消費＋投資）が一致しなくなる。

企業部門ＩＳ＋家計部門ＩＳ＋政府部門ＩＳ＋海外部門ＩＳ＝０

　ここで、海外部門ＩＳとは経常収支尻の逆符号である。たとえば、経常収支黒字の場合はマイナス、投資超過となる。つまり、

　　経常収支＝国内ＩＳバランス
　　　　　　＝国内総貯蓄－国内総投資

　これから、国内の貯蓄と投資の関係から経常収支が決定されることになる。たとえば、国内で投資が低迷して貯蓄超過が拡大すると経常収支黒字が増えるということになる。

　以上のアブソープションアプローチの現実適合性は、経済学界でも論争点である。著者自身は、アブソープションアプローチが部分的に機能する時期もあるが、主たる因果は、まず輸出入を始めそれぞれの要因で経常収支が決まり、結果としてＧＤＰが形成される、と考えている。

第3章 消費需要は景気を動かすか

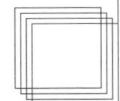

1．所得の決まり方

(1) 雇用

1）就業者数と雇用者数

　個人消費など家計需要の決まり方を考えると、先立つものはまずおカネ（所得）である。そして、所得にはいろいろな種類があるが、やはり労働から得られる所得が主だ。それでは労働から得る所得はどう決まるか。個人個人にとっては自分の所得が関心事だが、マクロ的には働く人の数も関係してくる。すなわち、働く人の数×1人当たり所得＝就労による家計所得、であるから、まず働く人の数、就業者数がどうなるかが、問題となる。

　就業動向に関しては総務省統計局の「労働力調査」（月次調査）で把握できる[1]。この調査では、

　　　就業者＝雇用者＋その他就業者

---

[1] 就業者のうち雇用者については、厚生労働省の「毎月勤労統計調査」でも常用労働者、パートタイム労働者について調査している。この調査は、主な産業の事業所ベースで調査しており、「労働力調査」より範囲がやや狭い。

と分けられる。雇用者は、いわゆるサラリーマンであり[2]、「その他就業者」は自営業主とその家族である。

第1次産業の縮小、小規模店舗（いわゆる「パパママストア」）数の減少などから、自営業者数は趨勢的に減少しており、統計上雇用者へのシフトが進んできている。以前は、好景気時は雇用者へのシフトが進んでも不況期には自営業に戻り、自営業が過剰雇用の受け皿として機能する傾向があったが、近年は景気後退期にも自営業者数の減少が続いている。2004年度の就業者数は全国で6,332万人に上るが、そのうち雇用者が84.6％を占める。まさに、「1億総サラリーマン化」が進んでいる状況である。

2）雇用需要と景気変動

働きたくても、企業が採用してくれなければどうしようもない。雇用者数は基本的には企業の雇用需要によって決まる。そして雇用需要は、生産活動のレベルに依存する。つまり、景気が良くなり、売上げ・生産が増加すれば、企業は人を増やそうとする。そのため、雇用者数は景気変動の結果である面がある。

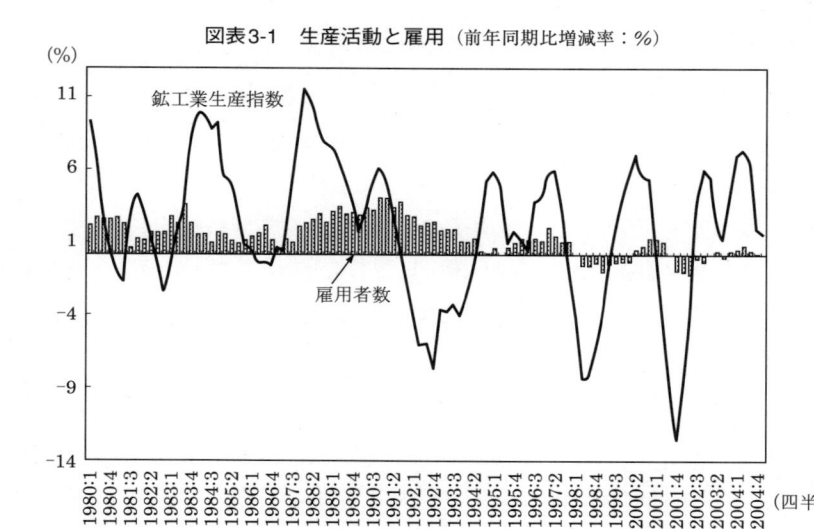

図表3-1　生産活動と雇用（前年同期比増減率：％）

資料：経済産業省「鉱工業指数」、総務省「労働力調査」

2）企業や団体の役員、公務員も雇用者に含まれる。

ただ、企業は生産が増加しても、○当初は既存労働者の所定外労働（残業）増加などで対応する、○求人を始めても実際に採用するまでには時間がかかる——などから採用はやや遅れる。そのため、一般に景気変動に対し雇用者数の増減はややラグを置いて変動することが多い（図表3-1）。また、増加しても、採用もまず臨時工・パート、派遣労働者などから着手するため、常用労働者はさらに遅れるということになる。

3）雇用調整と過剰雇用

企業は生産動向に応じて、雇用者の数を調整しようとする。これを雇用調整という[3]。企業は、生産が減れば雇用調整を図るわけだが、①急激な経済の落ち込みに対しては調整が追いつかない、②企業は基本的には中長期的な雇用の必要性を勘案して人員を確保しようとするのであり、短期的な景気変動にはすべて対応しない、③終身雇用制など日本型雇用慣行の下で解雇などドラスチックな調整は控える傾向にあり[4]大幅な雇用調整が難しい——などから、調整は多くの場合不十分にとどまる。その結果として、企業は当面の生産活動にとっては必ずしも必要のない雇用者、いわゆる過剰雇用を抱えることになる[5]。

仮に経済全体で過剰雇用が存在すると、不断に雇用調整圧力がかかり、雇用・賃金水準が下押しされる。この場合は、生産活動が増加しても新規の雇用増は限定されることになる。以上が1990年代の実際の経験だった[6]。

しかし、もちろん、経済は常に過剰雇用の状態にあるわけではない。1980年代後半のバブル期には、労働者の不足状況が現出した。今後も、景気動向によ

3）「調整」という用語は、本来は増やす場合も減らす場合も用いるべきである。ただ、実際は雇用調整は雇用を削減するケースに使われることが多い。「ストック調整」「在庫調整」など、他の場合でも同様である。
4）厚生労働省の「労働経済動向調査」によると、雇用調整の方法の第1は残業規制であり、以下配置転換、休日の振替・休日休暇の増加、出向、中途採用の削減・停止と続き、希望退職の募集・解雇の比率は低い。
5）マクロ的に過剰雇用がどれだけあるかの計測は困難だが、日本銀行「短期経済観測」における雇用人員判断ＤＩ（企業が人員が過剰か不足かを回答）、財務省「法人企業統計」における売上高人件費比率、労働分配率＝人件費／（人件費＋経常利益＋支払い利息・割引料＋減価償却費）などのレベルが目安になる。
6）1990年代の人件費比率の上昇で見た過剰雇用の増加の背景には、生産の減少のほか、物価の下落があった。物価の下落に比べ賃金が安定的に推移したことで、実質賃金が上昇、人件費比率を押し上げた。

っては生産活動に必要な雇用が調達できない、未充足雇用の状況が起きる可能性もある。

　4）雇用の構造変化

　雇用動向には、近年いくつかの構造的と見られる変化が見られ、景気との関係も従来と異なってきている。

① 就業形態の多様化

　近年、特に1990年代後半以降、パート、アルバイトなど、正規雇用者以外の非正規雇用者の比重が拡大、就業形態の多様化が進んでいる[7]。この背景には、〇女性や高齢者の場合、非正規雇用の方が就業しやすい、〇フリーターに見られるように特に若年層の価値観の変化で非正規雇用を希望する若者も増えている―など労働者側の要因とともに、企業がリストラを進める中で、〇人件費が割安、〇雇用調整が容易―などの点を評価する企業側の要因の両面が働いている。

② 労働時間短縮、移動の増加

　就業形態多様化に伴い、平均労働時間が短縮、また終身雇用など日本型雇用慣行の見直し、就業者の意識変化も加わり転職など労働移動が拡大する傾向にある。いわば、雇用の流動化が進んでいる。

③ 雇用の調整速度の上昇

　上記の2つの変化の結果として、生産活動に応じた雇用量の調整が以前より容易になり迅速化している。人件費は企業の費用項目の中では、生産活動に応じて上下しない固定費とされているが、近年は「人件費の変動費化」が進展しているとの指摘もある。

(2) 労働需給

　1）労働供給

　労働需給とは、労働の需要と供給のバランスで、具体的にはその差は失業と

---

[7] 厚生労働省「就業形態の多様化に関する総合実態調査」(2003年)によると、雇用者のうち正社員の比率は65.9％で残りの34.1％は非正社員。その内訳は、パートタイム(22.5％)、契約社員(2.4％)、派遣社員(2.1％)などとなっている。非正社員比率は女性、年齢別では若年と高齢層で高い。

なって表れる。失業を考えるには、労働の需要、供給の両方を見なければならない。需要は基本的に生産活動のレベルに依存するが、労働供給はどのように決まるのだろうか。

就業者数などを調査する総務省「労働力調査」統計では、就業する能力があるかどうか、就業しているかどうかなどに応じて人口を以下のように区分している（図表3-2）。

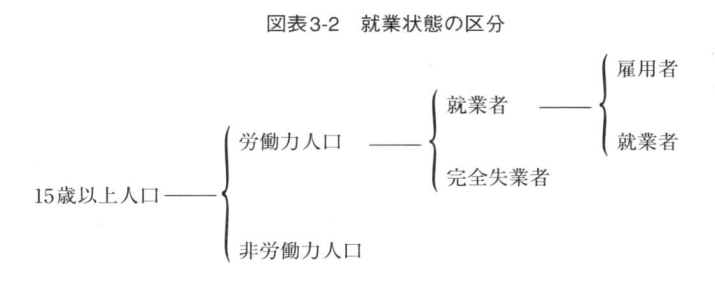

図表3-2　就業状態の区分

15歳以上人口 ── ┬ 労働力人口 ── ┬ 就業者 ── ┬ 雇用者
　　　　　　　　│　　　　　　　　│　　　　　　│ 就業者
　　　　　　　　│　　　　　　　　└ 完全失業者
　　　　　　　　└ 非労働力人口

すなわち、15歳以上人口のうち、働く意思と能力のある人を労働力人口と区分し、労働力供給とみなす。15歳以上人口でも労働力人口に区分されない人は、非労働力人口であり、学生、専業主婦、高齢者（で仕事のできない人）、病人などが含まれる[8]。労働力人口のうち、実際に働いている人（休業も含む）が就業者で、職を探しても見つからない人が完全失業者である。

労働力人口＝15歳以上人口×労働力率

の関係から、労働供給、すなわち労働力人口の決定要因は、第1に15歳以上人口の増減であり、第2に15歳以上人口のうち労働力人口の比率（労働力率）である。

少子化の進展で15歳以上人口の伸びは低下してきているが、短期間で大幅に

---

[8] もちろんどのような年齢でも、健康で働く能力と時間があっても、働く意思がなければ非労働力人口とみなされる。2005年4月の「労働力調査」によると、15〜34歳の非労働力人口は1,108万人だが、そのうち通学・家事従事以外の無業者が62万人おり、「ニート」と呼ばれる。

図表3-3 労働力の推移

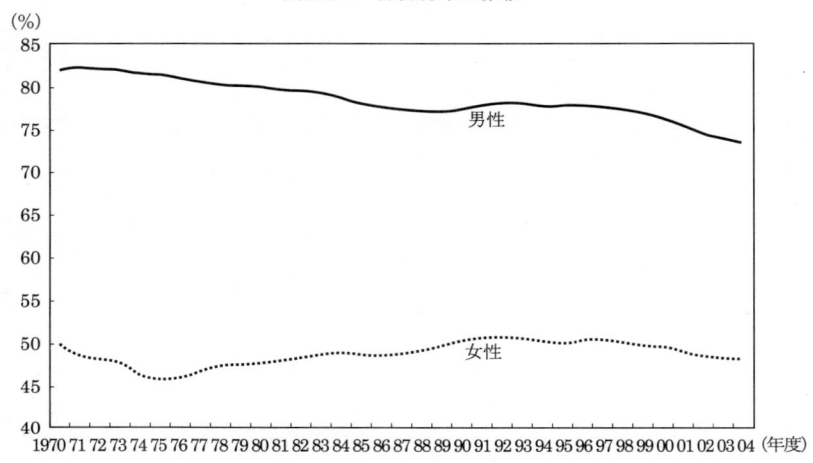

資料:総務省「労働力調査」

変化することはない。労働力人口を増減させるのは主に労働力率の変化である。

労働力率の推移を見ると(図表3-3)、男性の場合、1970年代以降農業など第1次産業就業の縮小に伴い趨勢的に低下してきた。1980年代末から1990年代半ばにかけて下げ止まったが、その後再び低下傾向に移っている。女性の場合は1970年代半ばから主に主婦の職場進出を背景に上昇してきたが、同じく1990年代後半から頭打ち、低下に向かっている。

労働力率の変化要因としては、進学率、主婦の労働力率、高齢者の就業率[9]などが、カギになるが、同時に景気(=労働需要)要因も働く。すなわち、たとえば景気が悪化して求人が減少したり雇用条件が不利化すると、退職したり職探しをあきらめて労働市場から退出してしまう人が増える。これを、勤労意欲喪失者(discouraged worker)と呼ぶ。1990年代後半以降の労働力率低下には、高齢化の進展と、景気低迷に伴うディスカレッジドワーカー増加の両方が

---

9) 我が国の高齢者の就業率は国際的にみて高く、また定年退職後も就労を希望する元気な高齢者も増加しており、今後就業率は上昇する可能性がある。ただ、高齢者の比率の急上昇は全体の労働力率を引き下げることに変わりない。特に、1947〜49年生まれの「団塊の世代」が定年退職する2007年以降マクロの就業率は低下に向かうと見られる。

第3章　消費需要は景気を動かすか　65

関係していると見られる。

　2）失業

　労働需給を示す指標が、1つは完全失業率であり、やはり総務省「労働力調査」の1項目として毎月発表される。完全失業者とは、働く意思と能力があり（労働力人口）ながら[10]、職のない人であり、労働力人口から就業者数を引いた残りである。完全失業率は、失業者数の労働力人口に対する比率だ。

　　完全失業者数＝労働力人口－就業者数
　　完全失業率＝完全失業者数／労働力人口×100

　また、もう1つの需給指標として有効求人倍率がある。これは、全国の公共職業安定所（ハローワーク）における求人と求職の比率である[11]。厚生労働省「職業安定業務統計」として毎月公表される。

　　有効求人倍率＝有効求人数／有効求職数

　職が得られるかどうかは人生の一大事であり、完全失業率、有効求人倍率などの労働需給指標は、経済状態の良し悪しを示す重要なメルクマールであり、経済運営の目標の1つである。

　すでに述べたように、失業や求人倍率は、労働需要と供給の両面の影響で変動するが、短期的に主導するのは需要要因であり、景気変動との連動性が高い（図表3-4）。景気上昇期には、失業率が低下、有効求人倍率は上昇、景気後退期は逆になる。変化のタイミングは、労働需要が企業の生産活動からやや遅れて変動するため、需給指標も景気の遅行指標である。

　3）需給のミスマッチと構造的・摩擦的失業率

　失業率など労働需給は基本的には景気要因で決まる。しかしながら、図表3-4

---

10) 働く「意思」の証明として、調査では期間中に求職活動をすることを失業の要件としている。
11) 有効求人倍率の「有効」とは、求人、求職とも提出日の翌月まで有効であることから、前月からの繰り返し分を含めて計算していることを示す。これに対し、当月分だけの求人、求職数の比が、新規求人倍率である。両倍率とも、景気が回復して求人が増えると数値は上昇する。失業率は低下が改善を意味し、上下が逆である。

図表3-4　労働需給

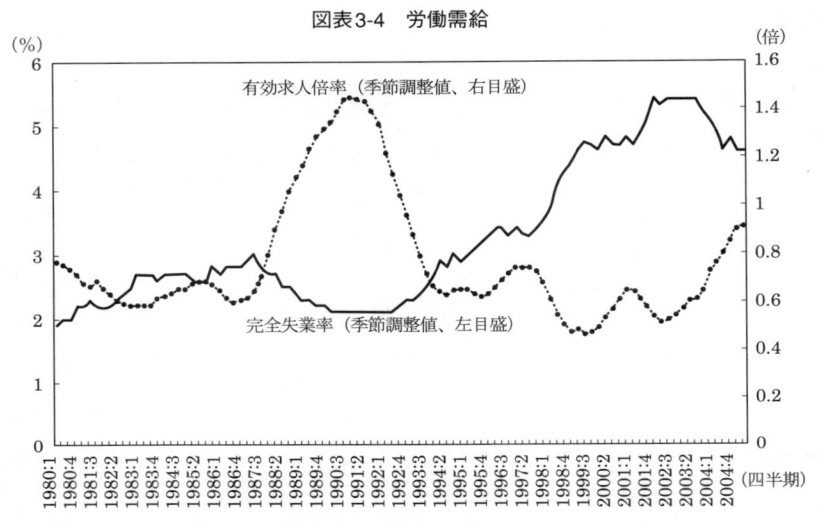

資料：総務省「労働力調査」、厚生労働省「職業安定業務統計」

　で、完全失業率は1992年頃まで2％そこそこだったのが、その後2000年代には5％台に達するまで趨勢的に上昇している。失業率レベルの大幅シフトは景気悪化だけでは説明できない。第1に失業者には、会社などを辞めざるを得なかった人だけでなく自らの事情で退職し新たな職探しをしている人が相当含まれる[12]。第2に、第1の点とも関係するが、業種・職種・技術、待遇、年齢、勤務地などの点で、求人と織り合わない（ミスマッチ）ために離職、あるいは失業者にとどまっている人が多い。第3に、雇用の流動化で転職者が増えると、求職期間中は失業者と認定されるため、失業率を押し上げる。これらの要因による失業を「構造的・摩擦的失業」と呼ぶ。ＵＶ分析[13]という推計法によると、1990年代に入り構造的・摩擦的失業率は急上昇、2001年から5％台に乗った失業率のうち4％程度はこの構造的・摩擦的失業率になる[14]。

---

[12]「労働力調査」によると、2004年度の完全失業者308万人のうち「自発的な離職」による者が107万人いる。また、「非自発的離職」112万人のうち30万人は定年退職であり、「勤め先や事業の都合」による離職者は81万人と全体の3分の1以下である。
[13] 失業率（Ｕ）と企業の欠員率（Ｖ）を調べ、欠員率と一致した状態における失業率を構造的・摩擦的失業率とする分析手法。欠員＝雇用需要はあるのにミスマッチなどで就職できないと解釈する。

それ以外の景気要因による失業率(「需要不足失業率」と呼ぶ場合もある)については、景気上昇によって改善できるが、構造的・摩擦的失業は景気だけでは解消できない。職業教育、企業の雇用慣行、労働市場など様々な構造改革が必要となる。

(3) 労働時間

　雇用者所得は、雇用者の数に加えて労働時間が関係する。また、経済全体で見てどれだけの労働がなされたか(労働投入量)は、

　　労働投入量＝雇用者数×総労働時間

で示され、やはり労働時間が決定要因の1つである。

　労働時間については、厚生労働省が毎月作成する「毎月勤労統計」で、

　　総実労働時間＝所定内労働時間＋所定外労働時間

として把握できる。このうち、所定内労働時間は休日数、法定労働時間、企業の就業規則など、制度要因によって決まってくる。我が国の所定内労働時間は減少傾向にあり、特に1990年代後半に大幅に落ちた。これは労働基準法で1997年より全面週40時間制が定められ完全週休2日制が普及したこと、祝日が増加したことなどが関係している。一方、所定外労働時間はいわゆる残業であり、企業活動の繁閑によって変動するため、景気とほぼ連動している。

　所定内労働時間の低下によって、わが国の労働時間数は2004年度で1,808時間(パートを含む、所定内1,685時間、所定外124時間)と、英国や米国とほぼ同レベルになっている。労働時間から見た「働き過ぎの日本人」の評価は、現状では当てはまらなくなってきている。

---

14) たとえば「厚生労働白書」によると、2002年7－9月期の完全失業率5.43％のうち4.10％は構造的・摩擦的失業率である。

(4) 賃金

1) 賃金の決定要因

　雇用者所得を決定するのは、働く人の頭数（雇用者数）と、1人当たりの賃金水準である。特に賃金水準は、個人個人の最大関心であるだけでなく、マクロの消費支出を決める主要因として注目される。

　賃金については、労働時間と同様、厚生労働省の「毎月勤労統計」において、1人当たり名目賃金が

　　名目賃金（現金給与総額）＝所定内給与＋所定外給与＋特別給与

として把握できる（図表3-5）。所定内給与は所定内労働に対応した給与で、所定外給与はいわゆる残業代、特別給与は主にボーナスから成る。

　このうち所定内給与は企業ごとに1年間は固定されるのが通例であり、多くの企業で春闘、あるいは春季賃上げを経て決定される。春季賃上げ交渉では、通常、企業収益、物価上昇率、労働需給（失業率など）が、参考情報として勘案される慣例となっており、これらがマクロ的にも所定内給与の決定要因になっている。所定外給与は、所定外労働時間が景気に依存して変動することから、同様に生産活動に敏感に反応する。特別給与は、その時々の企業収益動向で決ま

図表3-5　1人当たり現金給与総額（名目賃金、5人以上事業所、月間）　　（円）

年度	現金給与総額	前年比(%)	内訳					
			所定内給与	前年比(%)	所定外給与	前年比(%)	特別給与	前年比(%)
1995	362,825	0.9	264,428	1.4	18,157	3.0	80,240	▲0.9
1996	367,928	1.4	266,899	0.9	19,092	5.1	81,938	2.1
1997	371,234	0.9	269,435	1.0	19,342	1.3	82,458	0.6
1998	363,481	▲2.1	268,078	▲0.5	17,917	▲7.4	77,486	▲6.0
1999	354,028	▲2.6	263,977	▲1.5	18,144	1.3	71,907	▲7.2
2000	355,387	0.4	264,698	0.3	18,841	3.8	71,848	▲0.1
2001	349,852	▲1.6	263,271	▲0.5	17,731	▲5.9	68,849	▲4.2
2002	342,693	▲2.0	260,734	▲1.0	18,104	2.1	63,855	▲7.3
2003	339,265	▲1.0	258,590	▲0.8	18,684	3.2	61,991	▲2.9
2004	332,593	▲2.0	252,877	▲2.2	19,000	1.7	60,717	▲2.1

資料：厚生労働省「毎月勤労統計」

る度合いが大きく、変動が相対的に大きい。

2）賃金決定メカニズムの構造変化

名目賃金の推移を見ると（図表3-6）、1970年代後半以降賃金増加率は低下トレンドにあり、特に1998年度以降はかつて経験しなかった前年比マイナスに落ち込むという姿になっている。いわゆる「賃下げ」である。これにはもちろん、景気低迷、物価下落（デフレ）などが関係しているわけだが、たとえば1999、2000、2003、2004年度と企業収益が大幅増益を達成するなかで「賃下げ」が起きている。賃上げの決定要因の1つである企業収益が従来ほど寄与しなくなっているわけで、賃金決定パターンに変化がうかがわれる。背景には以下のような構造変化が、想定される。

① 企業は、経済の長期低迷で高まった過剰な人件費負担を引き下げることで収益力を強化し、また国際競争力を確保しようとする志向を従来以上に強めている。そうした中で、雇用よりも比較的調整が容易な賃金を一段と抑制しようとしている。

② 上記の企業側の事情に加えて、労働組合の組織率低下など組合交渉力の低下も相俟って、全国統一で、マクロ経済環境に見合った賃上げを獲得すると

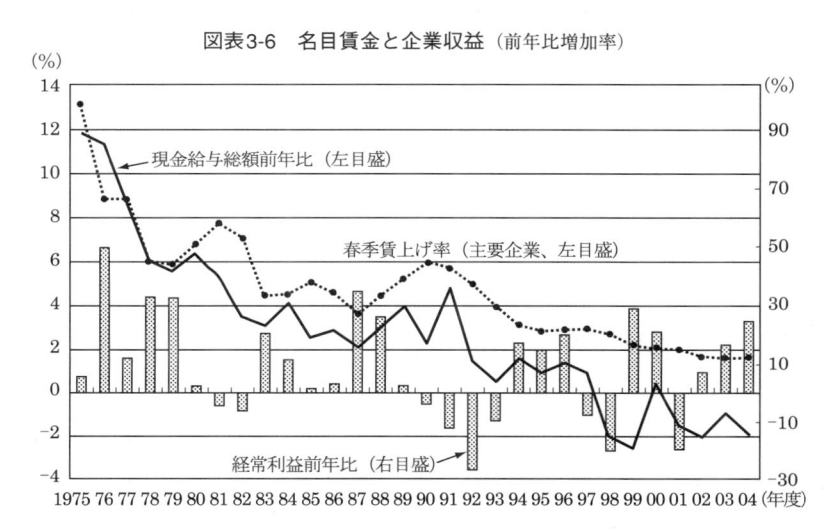

図表3-6 名目賃金と企業収益（前年比増加率）

資料：厚生労働省「毎月勤労統計」、「主要企業春期賃上げ状況」、財務省「法人企業統計」

いう旧来型の春闘の形骸化が進んでいる。
③　就業形態の多様化で、パートタイムなど賃金水準の低い非正規雇用者の比率が上昇、平均賃金引下げに働いている。

　以上のような構造変化によって、賃金決定における企業収益要因の効き方が弱まっている。今後、景気が本格的に回復すれば賃金は増加に向かうであろうが、その場合でも、その果実の多くは企業内にとどめられ、家計所得に及ぶ度合いが低下することになるだろう。

(5) 雇用者所得と労働分配率

　雇用者数に1人当たり名目賃金をかけたのが、マクロ的な雇用者所得となる。雇用者所得は、SNA（国民経済計算）統計で、国民所得統計速報（QE）の一項目として四半期ごとに公表される[15]。四半期値があることは有用であるが、それでも足元の所得動向を見るには限界があり、景気観測では月次で発表される雇用者数や名目賃金を合わせて見ることで判断することが多い。

　雇用者所得は、その増減とともに国民所得に対する比率、労働分配率[16]に注目したい。分配率は、経済活動の果実（生産された付加価値＝所得）が、企業と家計のどちらに分配されているかを示す。労働分配率は一般に景気上昇期に低下し、景気後退期に上昇する傾向がある。雇用者所得に比べて企業所得の変動幅が大きいためだ。

　前項で指摘したように、近年は企業は収益の増加に比して賃上げを抑制する傾向があるが、そのことは労働分配率引き下げに作用する。賃金抑制は家計に犠牲を強いているわけで、経済厚生の観点からは好ましくないという判断もなされよう。しかし、企業には利益がそれだけ多く配分されていることになる。景気あるいは経済成長という観点からは、所得を企業と家計のどちらに配分した方が次の需要増加につながるかという基準で判断するべきであろう。たとえば、

---

15) SNA（国民経済計算）統計では、雇用者所得（雇用者報酬）には、現金給与のほか、年金保険料・健康保険などの企業負担分、退職金、通勤定期券など現物支給なども含まれる。
16) 労働分配率はSNAベースでもいくつかの定義があり、また「法人企業統計」で「人件費／付加価値額（経常利益＋人件費＋減価償却費＋支払利息等」として計算する場合もある。

2002～2004年にかけての「賃下げ」は企業収益の大幅増益、設備投資の回復につながったことから、景気にとってはプラスであったとの評価も可能である。賃金を上げないと消費が増加せず景気の本格回復が実現しない、などとする議論がある。確かに個人消費は賃上げがないと回復しにくいが、マクロ的には企業部門との相対関係で判断するべきである。

(6) 家計の所得は賃金だけではない

就業者のサラリーマン化の進展もあり家計所得の最大項目は雇用者所得であるが、それだけではない。

1) 個人事業主の所得

まず、サラリーマン（雇用者）でない自営業者の所得がある。その動向は、総務省「個人企業経済調査」（四半期調査）などが資料になるが、なかなかつかみにくい。家計の収入と支出を調べる「家計調査」でも、収入は勤労者（サラリーマン）世帯だけが調査対象となっている。ＳＮＡ統計では、家計の所得のうち、「営業余剰・混合所得」[17]として計上される。四半期ベースの数値もあるが、発表が国民経済計算確報として翌年度12月と遅く、足元動向を見ることはでき

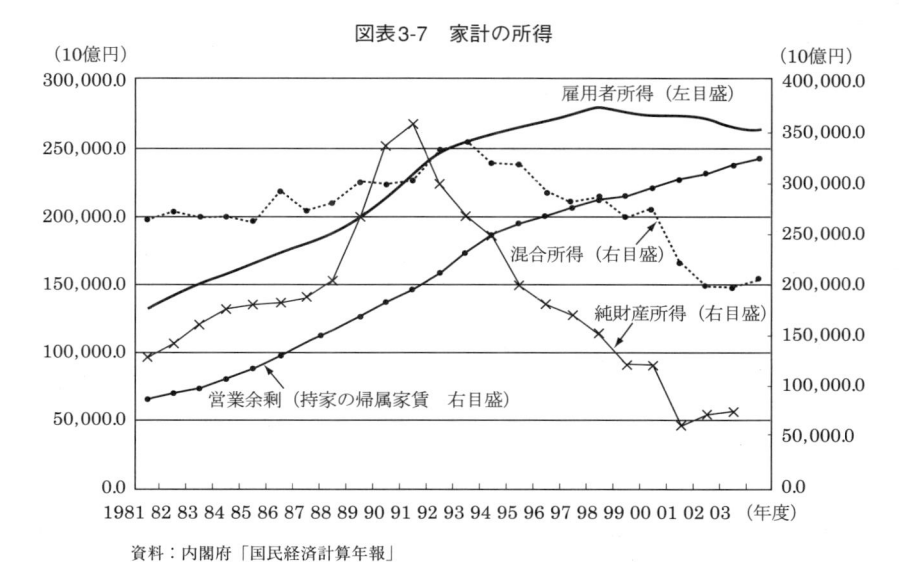

図表3-7　家計の所得

資料：内閣府「国民経済計算年報」

ない。過去の推移を見ると（図表3-7）、営業余剰（持家の帰属家賃）は堅調に増加を続けているが、個人事業の所得である混合所得は1990年代以降、個人事業者数の減少、景気の低迷を背景に大幅に減少している。

　２）財産所得

　財産所得とは、利子・配当、賃貸料[18]の受取から支払いを引いた残りだ。個人事業主所得と同様、ＳＮＡ（国民経済計算）統計の家計の所得の一部として作成されるが、発表が遅いため足元の動きはわからない。ただ、財産所得の大半は利子所得であり、金利動向に応じて変動する面が大きい。図表3-7からわかるように、家計の財産所得は1991年度の約36兆円をピークに、金利低下に伴い減少傾向をたどり、2000年代初めには約７兆円前後と５分の１まで激減している。この財産所得の激減は、当然個人消費にも大きな影響を及ぼしたが、逆に金利が上昇傾向に移れば財産所得が増加、消費押し上げに働くことになる。

(7) 可処分所得と税・社会保障負担

　ここまでの説明で、家計の所得は得られた。しかし、家計は所得をすべて自由に使えるわけではない。それは、政府部門との間のおカネのやり取りがあるからである。サラリーマンであれば給与から税や年金保険料、医療保険料などが差し引かれ、手取り収入は少なくなる。ただ、一方で政府部門から年金や医療費、生活保護費などとして給付を受け取る。現ＳＮＡ統計では政府部門への支払を社会負担、受取を社会給付と呼ぶ。

　社会負担と社会給付は、関わる主体が同じではないが、家計部門をまとめて考えると、所得に「社会給付－社会負担」を加えた額が、自由に使途を決められるという意味の「可処分所得」となる。可処分所得も公式統計はＳＮＡ統計確報で家計の所得支出勘定として作成され、利用に制約がある。そのため、月々の動向は、総務省「家計調査」で把握する。同調査には、勤労者世帯の実収入

---

17) 個人事業主の所得は労働報酬としての性格もあるという意味で「混合所得」に区分される。「営業余剰」は、第１章で見た持家の帰属家賃であり、貸家の利益であるとの擬制から、営業余剰＝帰属家賃－修繕費－資本減耗－固定資産税として計算される。
18) この場合の賃貸料はほとんど土地（再生産不可能資産）代である。建物の賃貸料（家賃）は、消費支出と定義されている。

の一部に社会保障給付があり、実支出の一部に「非消費支出」（税＋社会保障負担）が区分されており、実収入——非消費支出を可処分所得として計上している。

　可処分所得は家計の原資であり、消費支出を大枠を決めるという意味で、経済変動の流れの中で重要な指標である。可処分所得を決定するのは、第1には収入（所得）であるが、第2に税・社会保障負担と給付の動向である。たとえば減税は税負担を下げることで可処分所得増加につながり、増税は可処分所得を減少させる。

　税・社会保障負担は、以上のように可処分所得の増減という形で、家計、あるいは消費支出に影響するわけだが、それだけではない。①家計への心理的影響、②制度変更のタイミングによる購買の繰上げ・引き延ばし——などの形で、消費支出に直接影響する場合もある。

2．消費支出のとらえ方

(1) 統計

　家計の消費は、ＳＮＡ統計ではＧＤＰの1項目として「家計最終消費支出」として示される[19]。その金額は、2003年度で277兆円、ＧＤＰの55.3％を占める最大項目であり、需要面から景気変動への影響力は大きい。しかし、ＧＤＰベースの消費支出は、①国民所得統計速報（ＱＥ）として発表されるが、四半期ベースであり、速報性に欠ける、②帰属計算など実勢とは言えない部分を含む——などから、景気指標としては難点がある。

　そのため、消費動向を早期に把握するには、様々な指標を総合的に判断しなければならない。以下に主な消費統計を示す（図表3-8）。

　1）「家計調査」による消費支出

　総務省「家計調査」（月次）は、ちょうど家計簿を記入するように、家計の収入・支出の詳細を調べる。収入[20]については、その種類別に、支出はたとえば、

---

[19] 家計最終消費支出に、対家計民間非営利団体消費支出（私立学校、宗教団体、政党など営利を目的としない団体の支出）を加えたのが、民間最終消費支出である。

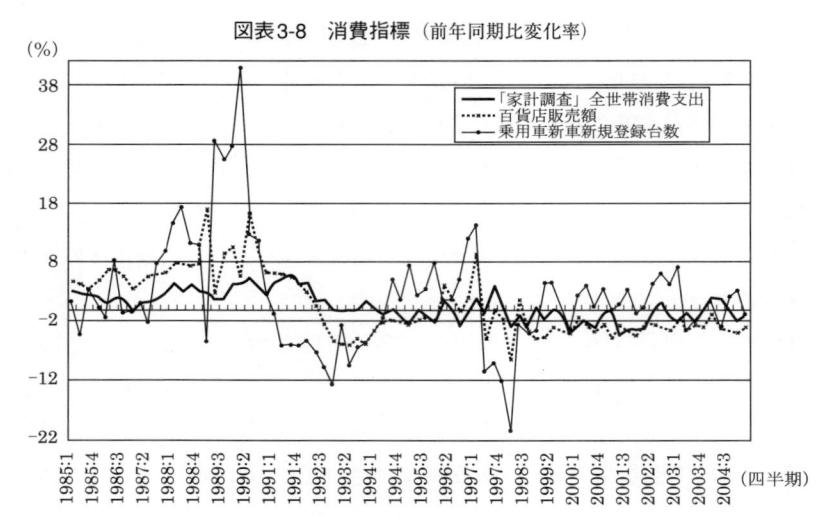

図表3-8 消費指標（前年同期比変化率）

資料：総務省「家計調査報告」、経済産業省「商業動態統計」、日本自動車販売協会連合会「自動車登録統計情報」

みかんの購入金額、理髪代金までわかる。また地域別、所得階層別、年齢別など様々なグループごとの分析もできる。非常に有用な統計であるが、①調査項目が詳細なため拒否世帯が多く、対象にバイアスがある、②世帯調査のため、主人や子供の小遣いがはっきりつかめないなど記入洩れが多い、③高額品などの購入が十分に反映されていない、などが指摘され、全面的には信頼できないのが実情である[21]。

2）供給側統計

① 大型小売店（百貨店、スーパー）販売統計

供給側の統計として、経済産業省の発表する「大型小売店販売統計」があり、百貨店とスーパーに分けられる[22]。同統計は、速報性があり、また買い回り品

---

20) 勤労者（サラリーマン）世帯だけであるが、収入、所得が調査されていることから、消費性向、貯蓄率も把握できる。
21)「家計調査」を補完するため、総務省は2001年より「家計消費状況調査」を開始した。これは、ＩＴ関連の商品・サービス、高額品について詳細に消費状況を調べるもので、たとえば月々携帯電話使用料、ネット接続料などまでつかめる。
22) 経済産業省統計の他、業界団体である日本百貨店協会、日本チェーンストア協会も、会員各社の売上高を調査、発表している。

主体で景気に敏感に変動し、以前は重要な景気指標だった。しかし、サービス消費を含まず、また近年は、安売り店、専門店など新業態の成長で、代表性が低下している（第1章参照）。

② 自動車販売（乗用車新車登録台数）

自動車は家計にとって最大の消費財であり、その購買動向は景気動向に応じ振幅が大きい。日本自動車販売協会連合会の公表する新車新規登録台数は、速報性もあり、消費動向をすばやくキャッチするのに有用である。

③ 他の販売統計

コンビニエンスストア販売額（経済産業省「商業販売額」）、家電販売額（日本電気大型店協会＝2005年8月解散）などがある。

④ サービス消費

大手旅行会社扱い高（国土交通省「旅行取り扱い状況」）、外食産業売上高（外食総研、日本フードサービス協会「外食産業市場動向調査」）など。

3）マクロ的消費指標

① 消費財総供給

経済産業省の「鉱工業指数」における、消費財の総供給（国内向け出荷＋輸入）を、消費指標として見る。モノに限るが、生産・供給面からかなり正確に消費をとらえられるはずだ。

② 新規開発指標

全体の消費動向を正しく捉えるという課題に対して、新規指標の開発の試みがある。消費総合指数（内閣府）、月次消費インデックス（日本経済研究センター）などがある。

(2) 消費の区分

消費動向を見るには、消費を分類した方が特徴、変化などを理解しやすい。消費支出を詳細に区分けできる統計は、「家計調査」（総務省）である。

1）財とサービス

消費支出の最も基本の分類は、財（商品）とサービスである。全世帯消費に占める比率は、2004年で財が57.7％、サービスが42.3％と、過半は財である。

ただ、サービスの比率は1975年には28.3%、1985年34.8%、1995年39.8%であり、傾向としてサービス化が進展している。消費のサービス化は、それ自体としては景気変動との関連を弱める作用をすると考えられる。

  2）変動の激しい選択的支出

　消費支出のうち、食品[23]、家賃、光熱費、保険医療サービスなどを基礎的支出[24]、それ以外の教育費、教養娯楽費などを選択的支出と分類している。所得が高まるほど選択的支出が増加するため、趨勢としては選択的支出比率が上昇しているが、景気局面により同比率は上下する。すなわち景気上昇期は選択的支出の増加が大きく消費拡大をリードするが、景気後退期や所得低迷期には逆に落ち込みが大きい。

3．消費支出の変動

(1) 消費支出変化とその要因

  1）消費性向と貯蓄率

　消費支出を決定する第1の要因は、第1節で見たように、所得（可処分所得）である。しかし、可処分所得が決まっても消費が一義的に導かれるわけではない。それは、消費性向が変化するからである。すなわち、

　　消費支出＝可処分所得×消費性向／100

であり、第2のステップとして消費性向の変動を分析することが必要となる。

　なお、可処分所得から消費支出を引いた残りが貯蓄であり、

　　消費性向＋貯蓄率＝100

となる。このため、消費性向を分析することはすなわち貯蓄率の分析と同じこ

---

23) 消費支出に占める食費の比率がエンゲル係数であり、傾向的に低下しており、2004年は23.0%となっている。
24) 「家計調査」では、支出弾力性（全体の支出変化率との比）が1未満を基礎的支出、1以上を選択的支出と定義している。

とである。

　消費性向（あるいは貯蓄率）は、SNA（国民経済計算）統計において、家計の所得支出勘定に掲載される[25]。これが、公式の消費性向統計であるが、所得支出勘定の公表は翌年度の12月まで待たねばならず、景気観測指標としては速報性に欠ける。消費性向（貯蓄率）は、「家計調査」でも勤労者世帯について得ることができ、こちらは月次統計で速報性がある[26]。ただ、SNAベース、「家計調査」ベースでは消費性向の動きが様々な理由から異なり[27]、それぞれの特性をわきまえた上で使い分けが求められる。

　消費性向の推移を見ると（図表3-9）、年々上下しながら、SNAベースでは1990年代以降緩やかな上昇傾向をたどり、2003年度では92.3％に達している。

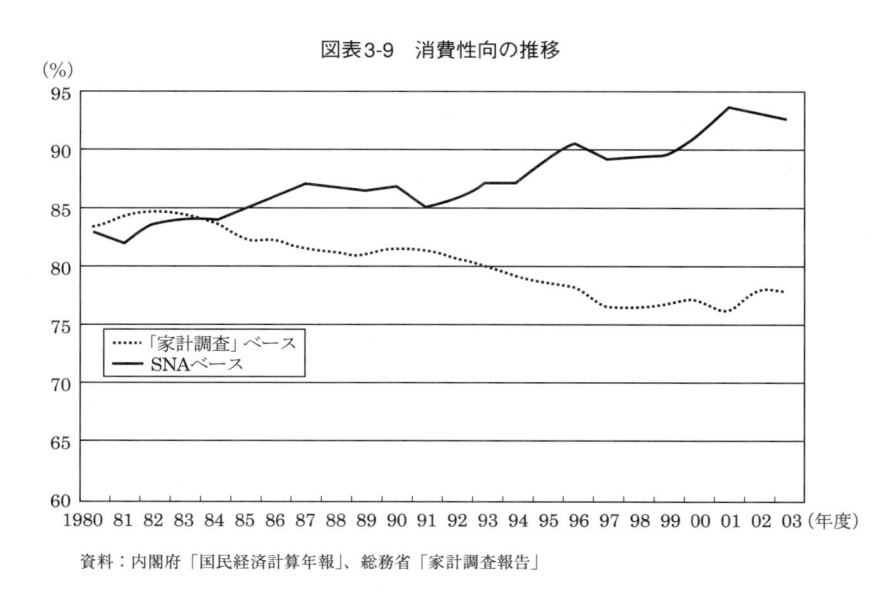

図表3-9　消費性向の推移

資料：内閣府「国民経済計算年報」、総務省「家計調査報告」

25）SNA統計における貯蓄率は、貯蓄／（可処分所得＋年金基金準備金の変動）×100と定義される。これは、年金基金（企業年金）積み立てを貯蓄に含めることによる。
26）月次、あるいは四半期ベースの消費性向（貯蓄率）には、非常に大きな季節性がある。たとえばボーナス月は貯蓄が多くなり消費性向が下がるなどだ。そのため、実勢を見るには季節調整をするか、前年との差をとるなど工夫が必要になる。
27）理由としては、①「家計調査」は勤労者世帯だけが対象、②消費支出の範囲が、SNAベースは帰属計算を含むなど異なる、③「家計調査」にバイアスがある、などが想定される。

これを貯蓄率の側から見るとかつては20％近くのレベルにあったのが、近年は7％前後まで低下している。消費性向の上昇、貯蓄率の低下は、消費の押し上げ要因ではあるが、資本蓄積の減少を招くなど日本経済にとって極めて重要な問題である。

　2）消費支出変化の分解

　家計の消費支出は、可処分所得と消費性向の積であるから、変動も両要因の変化によって説明できる。また、実質消費支出を見る場合は、

　　実質消費支出＝名目消費支出／消費者物価指数（消費デフレーター）

の関係から、その変動は名目消費と消費者物価の変化に分解できる。

　つまり、実質消費支出の変化は、その定義から

① 　可処分所得要因
② 　消費性向要因
③ 　消費者物価要因

の3つの要因で分解して考えることができる。

　図表3-10は、ＳＮＡベース家計最終消費の増加率を可処分所得と消費性向の寄与に分けてみたものである。1991年度までは消費の伸びはほとんど可処分所

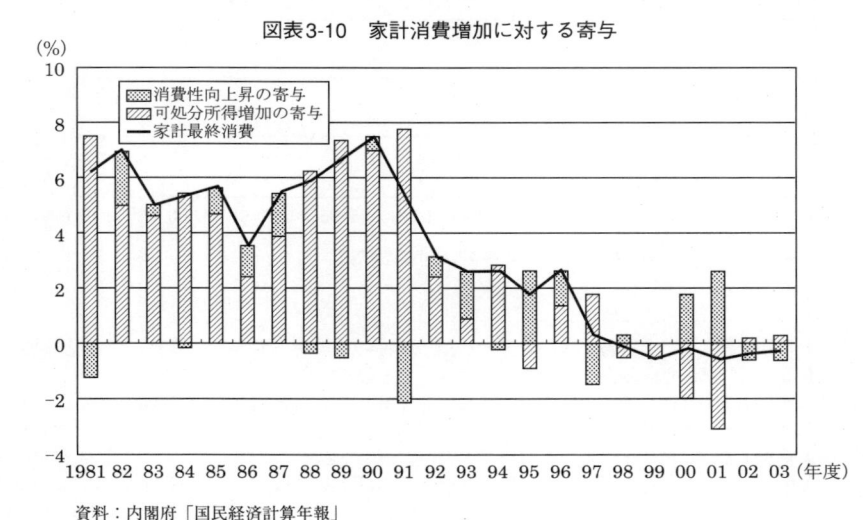

図表3-10　家計消費増加に対する寄与

資料：内閣府「国民経済計算年報」

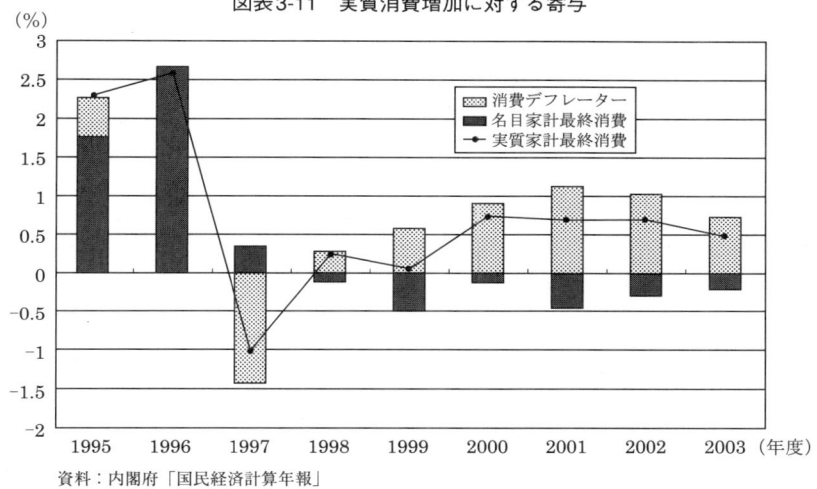

図表3-11 実質消費増加に対する寄与

資料：内閣府「国民経済計算年報」

得で決定されていたが、それ以降所得の伸びが低下する過程で消費性向変化の寄与が相対的に大きくなっている。特に、2000、2001年度の場合可処分所得が大幅に減少する一方で消費性向の上昇がかろうじて消費を支えるパターンとなっている。

次に実質消費の伸び率を名目消費と消費デフレーターの寄与に分解してみたのが図表3-11である。名目消費が増加するがデフレーターの上昇分だけ実質消費の伸びが低くなるというのが通常の経済だが、1997年度以降は、名目消費が減少するなかでデフレーター下落によって実質消費が増加するという異例のパターンになっている。「デフレ」は、その限りでは実質消費を支える。

(2) 消費理論

個人消費の変動に関しては、経済学において様々な業績がある。そのうちのいくつかを整理してみたい。

① ケインズの消費関数

ジョン・メイナード・ケインズの考えた消費は、基本的に当期の可処分所得に依存するというモデルである。

$C = a + cY \quad a > 0、0 < c < 1$

C：消費、a：定数（自発的消費）、Y：可処分所得　c：限界消費性向

　自発的消費は所得がゼロでも支出される基礎的部分で、他の消費は所得に比例する。平均消費性向は（C/Y）は所得が増大するほど低下する。

② アービング・フィッシャーのモデル

　合理的な消費者は、将来を含む異時点間の消費・貯蓄の選択をすると仮定したもの。消費は、消費者が生涯にわたり得ると予想する所得に依存し、それを異時点間にどう振り分けるかは利子率で決まる。すなわち、利子率が上昇すると2期目の消費は1期目に比べ相対的に安価となり、2期の消費を増やすことになる。

③ ライフサイクル仮説

　フランコ・モディリアニのライフサイクル仮説は、人々が退職後も消費水準を維持するために貯蓄することを想定したモデルである。消費は資産と所得に依存するが、長生きが想定されるほど消費レベルが低くなる。

$C = (W + RY) / T$
$\quad = (1/T) W + (R/T) Y$

T：今後生きる年数、W：保有資産、R：退職までの年数、Y：退職までの所得

④ ミルトン・フリードマンの恒常所得仮説

　所得は、恒常所得（生涯続くと予想する所得、平均所得）と変動所得（永続しないと予想する所得）に分けられ、消費は主として恒常所得に依存するとする。変動所得は一時的にとどまる可能性が高いからそれで消費を増やしたりせず貯蓄に回る可能性が高いことになる。日本において、ボーナスの貯蓄率が高いことの説明になる。

(3) 消費性向の変動要因は何か

　消費支出は、可処分所得＊消費性向で決まる。可処分所得の変化で消費変動

を説明できればわかりやすいが、現実には消費性向も大きく上下する。そして消費性向の変動要因は多くの場合不可解である。消費性向の変動要因を明らかにすることが、すなわち消費変動を解明することであると言ってよい。以下でいくつかの論点を挙げてみたい。

1）消費の構成、増加率

所得はもちろんそれ自体が、消費を決定する第1の要素だが、所得の金額、レベルだけでなく、その構成、変化が消費性向にも関わってくる。第1に、前に見たフィッシャーのモデルで所得は将来を含めた所得の合計額に依存するとされており、そうであれば現在の所得だけでなく将来の期待所得がどうなるかで変わってくる。すなわち、人々が経済の先行きに関して楽観的で期待所得が高まれば現在の消費も押し上げられる。

第2に、フリードマンの恒常所得仮説に従えば、変動所得の消費性向は低くなる。そうであれば、所得の構成が変わることで、消費性向は変化する。近年日本企業は、賃金のベースアップを抑える一方で収益が増加した際ボーナスで従業員に報いる姿勢を強めており、このことは変動所得の比率を上げ、消費性向低下に作用する可能性がある。

第3に所得の増加率が問題となる。生活というものはある程度習慣化するから、所得が急に増えても生活レベルが追いつかないし、所得が急減しても生活レベルを落とすことはできない。そのため、所得増加率が高いと消費性向が低下、所得が低迷あるいは減少すると消費性向が上昇する傾向がある。これを、ラチェット（歯止め）効果と呼ぶ。類似の効果は、所得の変化が大きい時のほか、所得増減が意識されない時にも起きる。典型的には利子所得の増減で、元加利子でキャッシュの入金がないと家計は所得増減を認知せず消費も変化しない。しかし統計上は利子所得（財産所得）が変化しており、消費性向が変化することになる。

2）資産価格、取引

株価や地価など資産価格の変化は、消費に影響する。資産価格が上昇すると消費が増加する効果を資産効果（資産価格下落の場合は逆資産効果）と呼ぶ。この資産効果は、通常ライフサイクル仮説で説明されている。すなわち、ライフサイクル仮説によれば、保有資産を今後の生存年数で割った金額が毎年消費支

図表3-12　家計の資産額

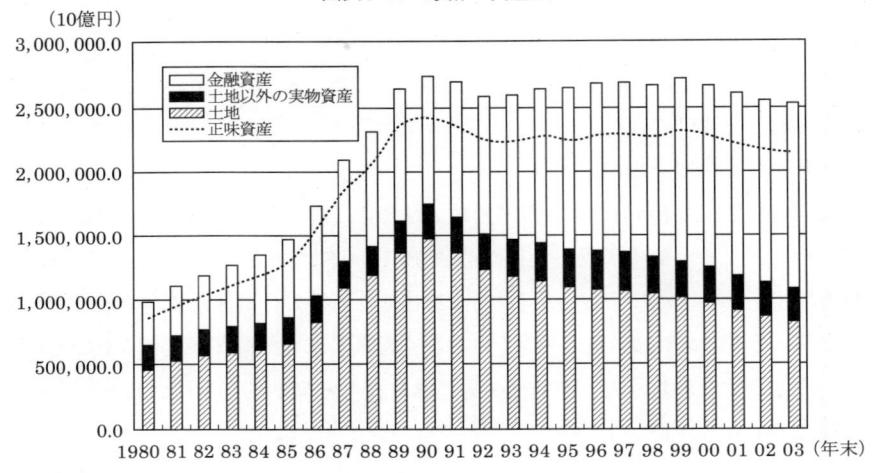

（10億円）

凡例：
- 金融資産
- 土地以外の実物資産
- 土地
- 正味資産

資料：内閣府「国民経済計算年報」

出に向けられるわけであり、地価や株価が上昇して保有資産額が増加すれば所得に関わりなく消費を押し上げる効果があることになる[28]。

　家計の資産額の推移を見ると（図表3-12）、1980年代後半のバブル期に大幅に増加した後、1990年代以降は地価の下落、株価の低迷でほぼ横ばいにとどまっており、消費の抑制要因として働いている。

　価格上昇効果とは別に、資産の売買自体も消費に影響する。株や土地を売却すると、それにより利益（キャピタルゲイン）を得ているかどうかにかかわらず、売主はキャッシュを得る。このように資産を売買しただけでは、保有する資産の形態が変化しただけであり、経済活動に対しては中立である。しかしながら、これまで土地や株式など流動性の低い資産を持っていた人がキャッシュを手にしたら、それが金融資産・土地以外の購買行動につながる可能性はかなりある。特にバブル期のように資産価格が上昇し、キャピタルゲインを伴う場合は支

---

[28] ライフサイクル仮説以外でも、資産価格上昇の効果は説明できる。土地・住宅価格の上昇は、資金調達の増加を通じて消費支出を押し上げる効果もある。特に米国では、住宅を担保に借り入れる「ホームエクィティローン」と呼ぶ消費者金融が普及しており、住宅価格上昇が消費を拡大させる効果を持つことが指摘されている。また、株価上昇は単に人々の景況感、将来期待を高め、消費性向に影響するのかもしれない。

出性向が高まるとみられる[29]。資産売却収入が消費支出に回ると、消費は増加するが可処分所得は変化しない。なぜなら資産売却収入は従来から保有している資産の形態の変化に過ぎず、新たな所得ではないからである。そのため、消費性向を急上昇させる効果がある。バブル期の消費増と、バブル崩壊後の消費低迷には、資産取引の増減が強く関わっていると考えられる。

3）消費者心理

消費行動、中でも所得のうちどの程度を消費に向けるか（消費性向）の決定には、当然家計の置かれた心的状況が影響する。これを消費者マインドとか、消費者心理、消費者コンフィデンスなどと呼び、政府など各機関の調査がある[30]。過去の推移を見ると（図表3-13）、消費性向の変化を説明できる時期がある。

消費者心理は何よって形成されるのだろうか。主に３つのルートがあると想定される。第１は、景気情勢によって雇用、生活不安が上下することである。この場合は、景気変動の結果として心理が変化、それが景気変動をさらに増幅することになる。特に雇用情勢は、心理状況に強く影響するとされる。第２に、何らかのショックである。たとえば、近年では1995年の阪神大震災、1997年の山一證券初め金融機関の大型破綻、2001年の米国の同時多発テロなど大きな事件の後は消費者心理が冷え込んだ。第３に消費者心理は多くの場合景気変動に先駆けて変化する。心理変化が景気変動の結果でなく、原因になることがあるわけだ。株価と消費者心理の連動も見られるが、心理変化が何によってもたらされるかはまだ十分に解明できていない。この辺に、景気変動の謎を解くカギがありそうである。

4）リード商品、ブーム、駆け込み

商品やサービスの側に、購買される強い誘引が働く場合、消費性向は高まる。

---

[29] バブル期の1989年度の場合、個人（家計）は37兆7,000億円の土地売却収入を得たが、そのうち金融資産（預貯金、有価証券）に向けられたのは６兆8,000億円で、他は実物資産購入（８兆7,000億円）、借入金返済・生計費（14兆円）、その他（８兆2,000億円）となっており、相当金額が消費、住宅建設などに回ったと見られる（政府資料による）。

[30] 内閣府の消費者態度指数（「消費動向調査」による）、日本リサーチ総合研究所の生活不安度指数（「消費者心理調査」）、日経産業消費研究所の日経消費予測指数、電通の電通消費マインド指数（「電通消費実感調査」）など。

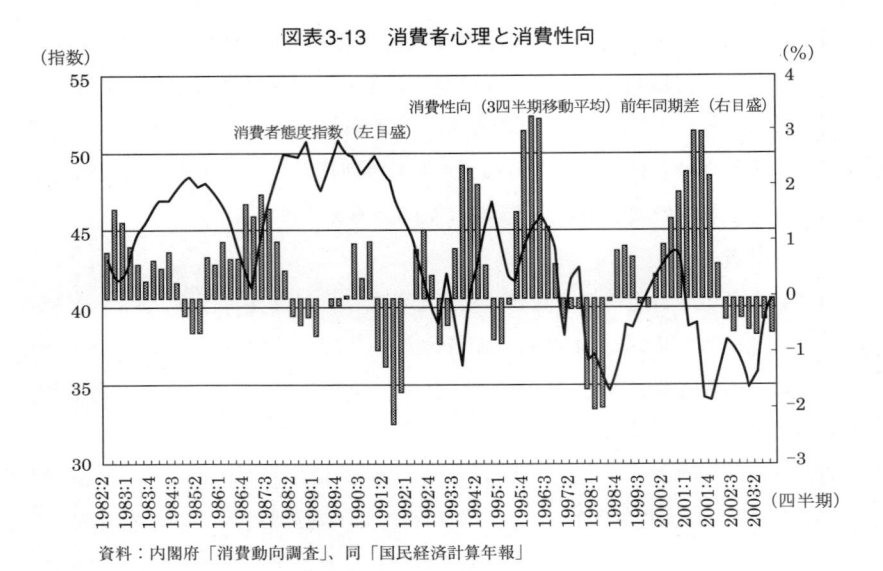

図表3-13　消費者心理と消費性向

資料：内閣府「消費動向調査」、同「国民経済計算年報」

　1つは、消費全体を牽引できるようなリード商品の存在だ。かつての高度成長期には、カラーテレビ、冷蔵庫、エアコンが消費の「3種の神器」と言われた。最近では2004年頃の景気上昇期には、デジカメ、DVDレコーダー、薄型テレビが「新3種の神器」とされ、販売が増加した。近年は、パソコン、携帯電話、カーナビなどを加えたIT、デジタル関連製品が消費を牽引している。今後も大型商品が登場すれば消費拡大に寄与するだろう。

　第2に、価格面などで購買のインセンチブが働く場合で、その代表例が値上げ前の駆け込みだ。1997年4月から消費税率が2％引き上げられた際には、1996年度に大規模な駆け込み需要が発生[31]、景気を押し上げたが、4月以降はその反動で需要が急減し景気後退の一因となった。他でも2001年4月の家電リサイクル法施行前、たばこ税値上げ前など、制度変更期の駆け込みの例は多くある。

31）耐久財を中心とする消費支出だけでなく住宅投資、企業の設備投資にまで駆け込みが起きた。1997年度の景気落ち込みは一般に、消費税引き上げ、減税打ち切り、医療費引き上げなど家計負担の増加によるとされているが、それ以上に影響が大きかったのは実は駆け込みの反動であった。

第3が、天候と季節商品の関係だ。たとえば、夏が暑ければ、ビールやエアコンなど夏物商品の売上げが増加する。四季の変化が明確になるほど、時々の季節商品の販売には好都合となり、逆に冷夏や暖冬など異変はマイナスに働くことになる。

5）住宅投資

住宅投資と消費の関係については、一般には派生需要が指摘される。つまり、住宅を新築すれば、新しい家具、備品などが必要となり、消費増加に寄与するというものだ。確かにこうした効果は存在するが、関係はこれだけではない。

住宅投資は資産の購入であり、家計にとって貯蓄の一部である（後述）。もし、所得から住宅購入資金を支払えばそのまま貯蓄率上昇、消費性向低下になる。ただ、もちろん現実にはその年の所得から住宅を購入できる家計はほとんどなく借入金（住宅ローン）で手当てする。借入金で住宅を建設した場合、それだけでは所得・消費・貯蓄の関係に影響を与えない。しかし、借入金は返済しなければならない。返済が始まると、所得が向けられるわけで、借入金返済は貯蓄の一部となり、消費性向低下要因となる。

実際に、住宅ローンを返済している家計の消費性向を見ると（図表3-14）、返

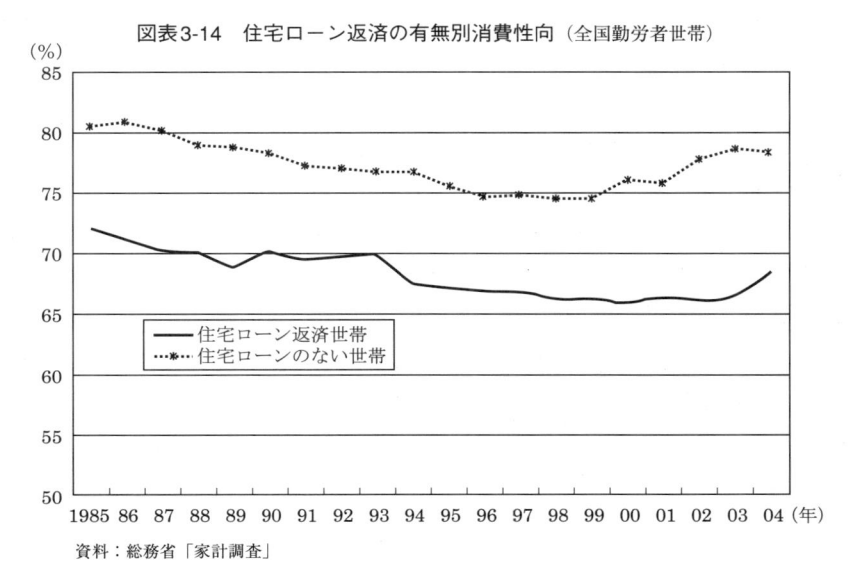

図表3-14　住宅ローン返済の有無別消費性向（全国勤労者世帯）

資料：総務省「家計調査」

済していない家計に比べておおむね10％前後低くなっており、住宅ローンの存在は極めて大きな影響を与えている。勤労者（サラリーマン）世帯のうち住宅ローンを抱える世帯の比率は上昇傾向にあり（2004年で35.5％）、また抱える世帯の家計では、可処分所得が伸び悩む中で返済額の割合が特に1990年代後半から上昇している。住宅ローン要因は、全体の消費性向をかなりの程度下押ししていると考えられる。

6）高齢化

ライフサイクル仮説によれば、家計は保有資産及び生涯の所得を老後期間を含めて均等に消費に向けていくわけで、所得のなくなる老後期間においては　資産（貯蓄）の取り崩しで消費をまかなうことになる。貯蓄の取り崩しとは、所得がなくして（あるいは年金所得だけで）消費が行われるわけで、消費性向は100％を超すはずだ。

「家計調査」で高齢無職世帯の家計収支を見ると（図表3-15）、社会保障給付を主として月20万円を超える収入があるが、そこから非消費支出（税・社会保障負担）を差し引き、さらに25万円余りの消費支出があり、月6万円弱程度の不足（赤字）という構造になっている。消費性向を計算すると2004年で129.2％

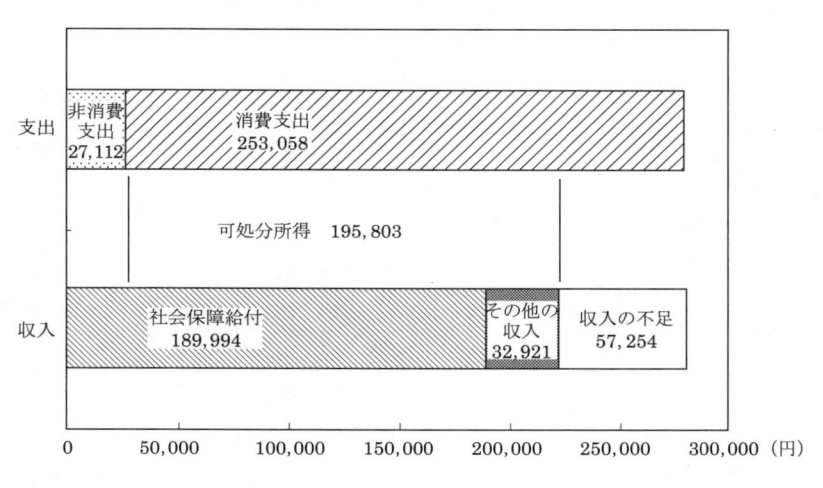

図表3-15　高齢無職世帯の収入と支出（2004年、月平均）

支出	非消費支出 27,112	消費支出 253,058
	可処分所得 195,803	
収入	社会保障給付 189,994	その他の収入 32,921	収入の不足 57,254

資料：総務省「家計調査」

と、やはり100％を上回っている。この高齢無職世帯の比率は人口の高齢化に伴い上昇傾向にあり（2004年で全世帯の23.2％）、全体の消費性向押し上げに作用している。今後我が国で訪れる本格的な高齢化社会では、消費性向が一段と上昇し、貯蓄の確保が課題になることも想定される。

7）物価上昇率

すでに見たように、「名目消費／物価（デフレーター）＝実質消費」であり、物価は実質消費の水準を決定する要因であるが、それだけでなく消費性向変化にも関わる。物価上昇と消費性向との関係は、いくつかの経路が想定される。

① 不安心理

物価が大きく変化する時期、特にインフレ期には、消費者が不安にかられ、消費意欲が冷え込むことがある。たとえば、1973－74年の第一次石油危機時には、激しいインフレから消費性向が急低下、「消費不況」とも言われた。

② 実質金融資産残高効果

物価は実質所得を変化させるだけでなく、保有する資産の実質価値も変化させる。特に流動性のある金融資産の実質価値の変化は、ライフサイクル仮説からも消費を変動させる要因となる。デフレ期の消費性向の上昇をこの効果から説明する説もある。

③ 購買行動の先延ばし、繰上げ

物価が上昇している時は、早く購入した方が有利であり、逆に下落時は先延ばしで利益を得る。デフレ時には、この効果で消費を始め需要が減少し、さらにデフレが加速することが起こり得る。

8）その他

このほかにも、消費性向変化を通じて消費を変動させる要因には様々ある。

① 金利

金利水準は、消費者金融の金利変化を通じて消費支出に影響する。米国では、自動車を始め耐久財のローンによる購入が一般的なのに加え、ホームエクィティローンと呼ぶ住宅担保貸付が普及しており、金利情勢に消費が敏感に反応する。

② ストック調整

耐久財の場合、一度購入すると次の買い替えまで一定の期間がある。そのた

め、何らかの理由である時期に多くの家計で購入が集中すると、その後しばらくその商品あるいは耐久財全般の販売が落ち込み、買い替え時期になるとまた販売が増えることがある[32]。このような買い替えサイクルに伴う需要の増減は、設備ストックなどと同様の、一種のストック調整であると解釈できる。

③ 余暇

すでに見たように、消費支出の中身ではサービス消費の比率が傾向的に上昇している。サービス消費は、消費者の行動と消費が一致しており、必ずそのために時間が割かれなければ成立しない。旅行をするには休暇が必要である。こうしたことから、サービス消費は「時間消費型消費」とも区分される。「時間消費型消費」であるとすると、その拡大のためには時間が増加しなければならない。休日の増加など労働時間の短縮は、「時間消費型消費」を刺激、消費支出を増加させる効果を持つ。

4．消費支出変動と景気

個人消費（民間最終消費）は、GDPの過半（2003年度で56.7％）を占める最大の需要項目である。本来であれば、消費動向がマクロ経済の成長、景気変動を決定してもおかしくない。しかし、消費支出の実際の動きをGDPと比べると（図表3-16）、消費支出変動の方が振幅が小さく、かつGDPに対して変動がやや遅れることが多い。これから、我が国において消費支出は、一般に景気の遅行指標として位置づけられる。

すでに指摘したように、雇用動向や家計所得は主に景気変動の結果として決まる。消費支出が所得だけに依存して変動するなら、景気の遅行指標となるであろう。言い換えると、消費支出には所得から独立して自律的に変動することは少なく、自ら景気変動を引き起こすこともないことになる。

しかしながら、消費変動は常に景気の後追いであるわけではない。たとえば、

---

[32] 買い替えサイクルの典型例は乗用車で、実際に需要予測の重要な要素となっている。乗用車の場合、耐久性の向上、利用者の高齢化、複数保有の増加などで以前よりサイクルが延びているとされる。

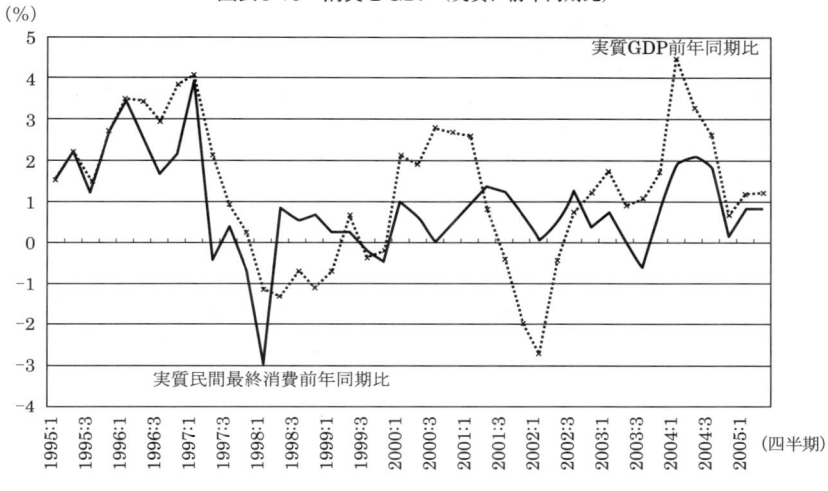

図表3-16　消費とGDP（実質、前年同期比）

資料：内閣府「国民経済計算年報」

　近年では、1997年から1999年にかけての経験がある。1997年秋、山一證券など金融機関の大型破綻が相次ぎ、消費者心理に強いショックとなり、一斉に財布の紐を締め、これが深刻な景気後退の引き金となった。その後公的資金注入などで金融システム不安が緩和、消費者心理の萎縮も1998年後半を底に回復に向かった。そして1999年からの景気回復を主にリードしたのは個人消費であった。それは、所得環境は悪化する中で消費性向が上昇することによる、自律反転と言うべき回復である。

　このように、過去にも消費が自律的に変動して景気を主導することはあったが、近年は消費変動の自律性は構造的に高まってきていると見られる。それは、①家計の資産が蓄積され、資産価格変動などにより消費が左右される度合いが強まっている、②消費支出のうち選択的支出の比重が上昇している、③消費者金融の普及で金利情勢が消費に影響しやすくなっている―などによる。

　消費支出は、景気変動の上で依然「わき役」であることに変わりはないが、徐々に主役の座に近づいている。消費が原因となる景気変動も十分起こり得ることに留意しておく必要がある。

第4章
住宅投資——内需を先導

1．住宅投資をどう捉えるか

(1) 指標

1) 基礎統計としての住宅着工統計

　住宅投資は、民間が行う民間住宅投資と、自治体・公社公団が行う公的住宅投資に分けられる。ともに固定資本形成として、ＧＤＰを構成する最終需要項目の一部である。公的住宅投資は金額も小さいので、景気変動との関連ではもっぱら民間住宅投資が議論される。

　民間住宅投資は、2003年度で17兆8,092億円（ＧＤＰの3.5％）と比重は高くない。だが、それにもかかわらず、後述するように景気の変動に対し非常に大きな役割を果たしている。景気をウオッチする上で、住宅投資の動向から目を離すことはできない。

　住宅投資の基礎統計となっているのが、国土交通省から毎月発表される[1]「住宅着工統計」であり、そのうち「新設住宅着工戸数」[2]が主に景気指標として使

---

1) 建築基準法により住宅を含む建築物は都道府県知事に届け出る義務が課せられている。住宅着工統計は、その届出を集計したもので、数ある統計の中でも、全数調査で正確、速報性もあり、有用性が高い。

われる。戸数は、総数のほか、利用関係別、資金別、建築工法・建て方別、地域別など様々な区分で示されるが、注目されるのは利用関係別の戸数である。利用関係別とは、以下の4種類から成る。

　　持　　家：建築主が自分で居住
　　貸　　家：賃貸目的
　　給与住宅：社宅など
　　分譲住宅（1戸建、共同建）：建売、分譲など販売が目的

　このうち、持家は家計が建設するが、貸家は家計の場合もあるが企業の場合もあり、給与住宅は企業や政府、分譲はデベロッパー企業が建築主となる。そのため、民間住宅投資とはいえすべて家計が投資主体ではない。ただ、分譲住宅の場合、結局は家計が購入するわけで購入の段階で家計の住宅投資にカウントされる。また、住宅投資は利用関係別によって建設目的が異なるわけで、変動要因も違う。分析も別個に行われることが多い。

2）着工戸数とGDPベース投資額

　住宅着工戸数は住宅投資を見る上でベースとなる指標だが、戸数だけでは投資規模が正確に把握できない。同じ家でも大きな家も小さな家もあり、またお金のかけ方もピンからキリまであるからである。

$$総工事費 = 着工戸数 \times 1戸当たり床面積 \times 1m^2 当たり工事費$$

の関係があり、戸数のほか、戸当たり面積、平米当たり工事費なども投資規模を考える際の注目点となる[3]。

　また、着工とは工事に着手しただけであり、投資額を測るには実際にどの程度工事が進んだかをつかまなくてはいけない。着工総工事費を進捗率を勘案して実際の工事量ベースで捉えたのが、GDPベースの名目民間住宅投資であり、公式な投資額に当たる。そして名目住宅投資を住宅投資に関わる物価、住宅投

2）「新設」というのは「戸」が増えることで、増改築であっても「戸」が増えれば新設と定義する。
3）住宅着工統計には、着工戸数のほか、着工床面積も計上されている。また、住宅着工を含む建築着工統計に、工事費予定額の調査がある。

資デフレーターで割ることで実質住宅投資が求められる。

　　　実質住宅投資＝名目住宅投資／住宅投資デフレーター

　ここで、住宅投資デフレーターは、物価水準であり、建設資材価格や建設労働者の賃金で決定される。一方、平米当たり工事費（単価）は同じく資材や賃金水準も関係はするがそれだけではない。なぜなら、物価だけでなく、高級な材料を使うかどうかなど、住宅の「レベル」、「質」が工事費に影響するからである。そこで、m²当たり工事費とデフレーターの比をとれば、住宅のレベルを表すと考え、

　　　高付加価値化要因＝１m²当たり工事費／住宅投資デフレーター

と定式化、付加価値要因を定量化することができる。

　3）市場動向

　住宅投資関係の統計は、住宅着工統計でほぼ尽きるが、マンション市場動向に関しては、首都圏・近畿圏の「マンション市場動向調査」が㈱不動産経済研究所から毎月発表される。分譲マンションの新規供給戸数、売却戸数、契約率などの計数が得られる。契約率、在庫戸数などは着工に先行するとされ、住宅の市場動向を早期に把握するのに使われる。

　また、住宅金融公庫の融資申し込み受理戸数も、着工の先行指標として注目されていた[4]。

(2) 住宅投資の推移

　過去の住宅着工戸数を振り返ると（図表4-1）、1960年代から1970年代初めにかけて世帯増、都市への集中などを背景に建設が急増、住宅ブームの様相を呈し、ピークの1972年度には186万戸を記録した。その後1980年代前半まで減少したが、1980年代後半のバブル期には貸家を中心に170万戸前後の着工が続い

4）行政改革で、住宅金融公庫の直接の住宅資金融資からの撤退が決定して以降、住宅金融に占める公庫シェアが急低下し、申し込み受理戸数の先行指標としての有用性は低下している。

第4章 住宅投資－内需を先導　93

図表4-1　新設住宅着工戸数（利用関係別）

資料：国土交通省「住宅着工統計」

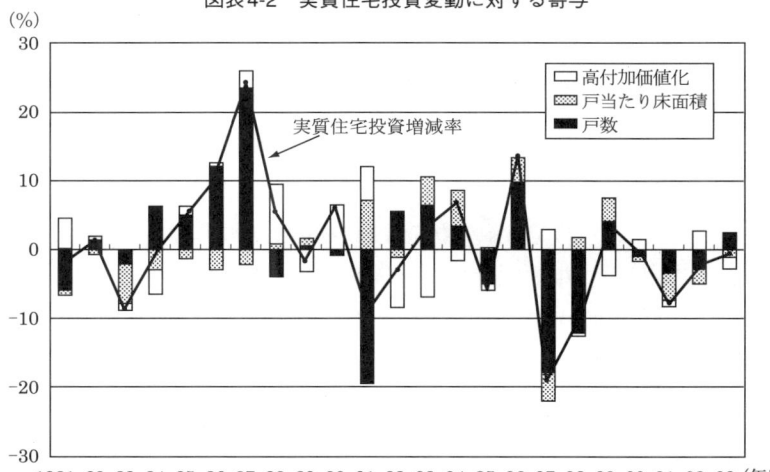

図表4-2　実質住宅投資変動に対する寄与

資料：国土交通省「住宅着工統計」、内閣府「国民経済計算年報」

た。1990年代前半も比較的高レベルを保ち、特に1996年度は消費税率引き上げ前の駆け込み着工で160万戸を超したが、それ以降は逓減傾向にある。ただ、マンションを中心とした分譲住宅だけは近年も、1970年代、あるいはバブル期に

匹敵する高レベルの着工戸数を維持している。

次に実質住宅投資の変動を戸数要因、戸当たり面積要因、高付加価値化要因に分解して見ると（図表4-2）、全体を主導する要因は戸数だが、他の2要因もそれぞれ一定の寄与をしている。特に、1980年代後半から1990年代にかけてのバブル期には住宅のデラックス化が進み、高付加価値化要因が大きかったことがわかる。

2．住宅投資の変動

(1) 持家系（持家、分譲住宅）

1) 住宅投資と消費の違い

持家は家計が自ら居住するために自らが建設する。また、分譲は開発企業が建設するが、家計が自らの居住用に購入する。そのため、住宅投資は家計行動の一部であり、消費支出の意思決定と共通の面がある[5]。ただ、消費支出とは以下の点で異なっている。

第1に、基本的には1世帯に1戸あればよく、また投資時期がライフステージで決まることが多いため、人口・世帯数、その年齢構成、移動など人口要因に依存する面があることである。

第2に、高額の買い物であるためローンの利用が一般的であることだ。言い換えると、資金は主に外部調達され、家計の所得、流動性（預金、現金）などに依存する度合いが低い（流動性制約が小さい）。

第3に、戸建住宅の場合、土地の保有・取得が前提となる。

第4に、住宅・土地は資産であり、2次（中古）市場が存在し、買い替えという購入形態があることだ。

第5に、資産であることから一定期間は使用でき、既存のストックが十分であ

---

5) 企業が建設する分譲住宅も家計が購入した段階では家計の投資である。また、分譲住宅の建設は企業行動に注目すると、市況（契約率、在庫）、供給力（土地取得、施工能力、資金調達力）なども関係してくる。しかし、市況要因は基本的には家計の需要で決定され、家計行動の結果として企業の建設活動が変動している面が大きい。

れば新規投資は抑えられ、いわゆるストック調整原理が働く可能性があることである。

2）住宅取得能力

消費の場合、まず先立つものは所得であり、所得が第一の決定要因である。住宅の購入の場合、家計の取得能力は何によって決まるのだろうか。取得能力を測る指標として、住宅取得能力指数という分析ツールがある。すなわち、

　　住宅取得能力指数＝資金調達能力／住宅価格

とし、資金調達額の住宅価格（＝建設費＋宅地費）に対する比率をとる。すなわち、当期の所得ではなく、借り入れなどどれだけの資金を調達できるかが、取得力を決めるという考え方である。

資金調達能力とは、手持ち貯蓄のほか、金融機関にどれだけのローンを借り入れることができるかを示す値である。従来であれば、まず住宅金融公庫の融資を受け、不足分を民間金融機関から借り入れるというパターンが一般的だったため[6]、

　　資金調達能力＝住宅金融公庫借入可能額＋民間金融機関借入可能額＋貯蓄

という構成になる。

住宅金融公庫借入可能額は所得と融資上限制度などで決まり、民間金融機関からの借入可能額は、収入の25％をローン返済の上限と考えると、

　　民間金融機関借入可能額＝（実収入×0.25－公庫借入額×公庫年賦率）／
　　　　　　　　　　　　　　民間住宅ローン年賦率

として示される。

このように定式化すると、住宅取得能力は実収入（所得）も関係するが、それ以上に金利水準で変動する度合いが大きい。実収入自体が急激に変動するこ

---

[6] 住宅金融公庫は2006年度に独立行政法人に移行し、住宅ローンの直接融資から撤退し、証券化業務に特化することが決定しており、その段階では公庫要因ははずし民間金融機関の借入可能額だけで決定されることになる。

とはまれだが、金利は景気情勢などで大幅に上下するからである。

　なお、以上の取得能力は初めて住宅を取得する層（1次取得者）を念頭に置いている。買い替え層（2次取得者）の場合は、資金源は借り入れのほか既存住宅の売却代金が加わってくる。そこで、資金調達能力に中古住宅価格要因を加えて同様の計算をする、「2次取得者の住宅取得能力指数」を作成する試みもある。たとえば、1980年代後半のバブル期は住宅価格の急騰でこの2次取得者の住宅取得能力指数が上昇し、買い替え需要が盛り上がった。バブル崩壊後は、地価・住宅価格の下落で保有者にむしろ含み損が生じ、取得能力は低下、買い替え需要抑制に働いている。

(2) 貸家採算

　貸家（賃貸住宅）は、家計と企業の両方が建設主たり得るが、家計の場合でも賃貸業というビジネスを経営するわけで、自己居住用の住宅建設とは動機が異なっている。その点で、企業の設備投資と共通の要因に支配されていると言える。

　貸家の建設を決める要因には、第1に需要動向、すなわち入居者が見込めることが条件となる。個々の物件については、需要は立地、建物の設計なども関係するが、マクロ的には世帯数とその構成、婚姻・移動状況、既存ストックなどが決定要因となる。需要に比べて供給が行き過ぎて空家が増加すれば、当然貸家建設にはマイナスに働くことになる。

　第2に、貸家経営の採算がとれなければならない。貸家建設の要因分析として、貸家採算指数の考え方がある。これは、すでに土地の手当てがあり建築費を借り入れた場合の採算がどうなるかを示すもので、以下で示される。

　　貸家採算指数＝家賃／貸家建築費負担
　　貸家建築費負担＝1m^{2}当たり工事費＊年賦率

　すなわち、主に家賃水準、年賦率を決める金利水準によって貸家採算が変化し、貸家建設を決定する要因となる[7]。家賃が上昇したり、金利が低下すれば貸

---

7) 投資用にアパートを購入する場合などは、所得税の節税が目的とされることもある。また、バブル期など住宅価格が上昇している場合は、転売によるキャピタルゲイン狙いの購入もある。

家建設が促進される。
　第3に、家計が貸家を建設する場合、土地の有効活用という目的が関係することが多い。そのため、遊休地の供給、土地保有にからむ税制[8]などが建設意思決定要因に加わってくる。

(3) 金利

　住宅取得能力、意思を持つ世帯も、実際の取得時期についてはある程度の幅を持って計画していることが多い。一生に何度もない高額の買い物であるから、できるだけ良い物件を、最も有利なタイミングで購入しようとする。また、明確な意思決定まで至っておらず、条件、経済環境などによって購入に傾いたり購入計画を取りやめる、いわば浮動層に属する世帯も相当数存在するであろう。そのため、実際に顕在化する住宅需要は、潜在的な取得能力のほか、購買のインセンチブとなる要因にも相当程度左右されると考えられる。
　一般に家計が住宅の購入時期を決めるのに勘案されるのは、第1に住宅ローン金利、取得に関わる税金など制度的・外生的要因（の変化）である。特に、従来は資金調達コストに強く影響する金利動向に短期的な住宅投資動向が左右されてきたと想定される。
　金利水準は、持家系については取得能力に関係し、貸家については採算を通じて、住宅建設に関係する。すなわち一般的には、住宅ローン金利は資金調達コストであり、上昇→住宅建設減少、低下→住宅建設増加の関係があるといえる。実際、ローン金利が上昇すると着工が減少に向かい、低下すると増加する傾向がある（図表4-3-1）。
　ただ、図表4-3-1でも、金利が上昇を始めた直後はむしろ着工が増えていることが観察できる。金利の反転上昇は当初は着工増加と並行し、同様に、金利の反転低下は当初は減少と重なる。特に1997年以降の金利水準が低下した期間においては、金利低下→着工減少、金利上昇→着工増加の形で、順相関の関係が

---

8) たとえば1991年に生産緑地法が改正となり、3大都市圏の特定市の市街化区域内農地で、生産緑地指定を受けていない農地は基本的に宅地並みの課税がなされることになった。この法改正によって農地転用が増加、1992年度の貸家建設は大幅に増加した。

図表4-3-1　金利と住宅着工　その1

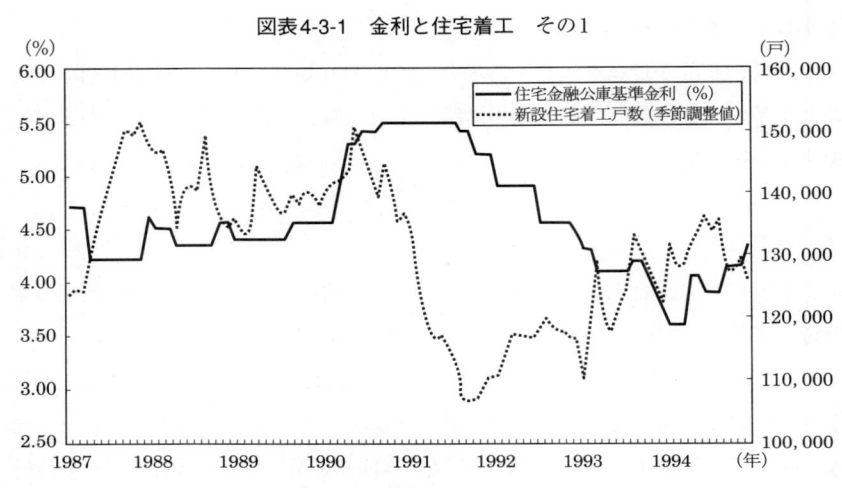

資料：国土交通省「住宅着工統計」、住宅金融公庫

図表4-3-2　金利と住宅着工　その2

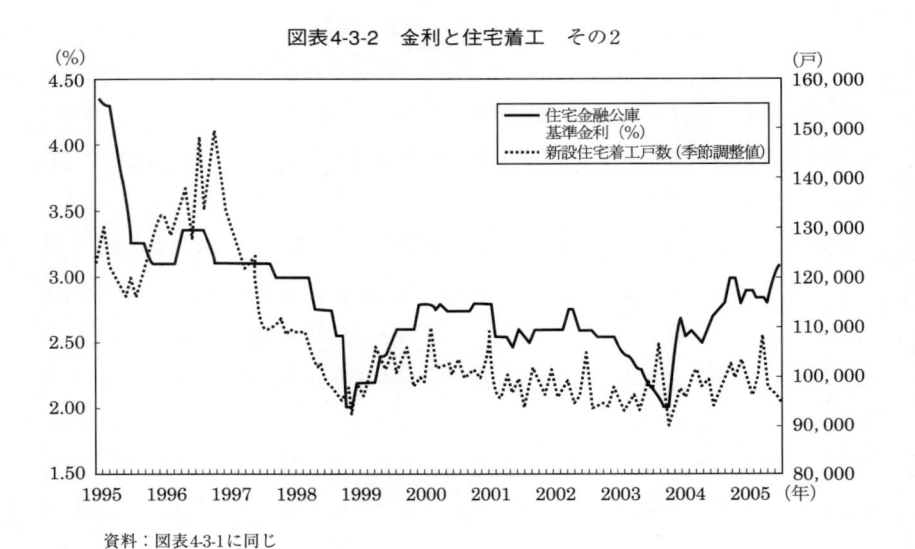

資料：図表4-3-1に同じ

成立している（図表4-3-2）。これは、超低金利の継続で、家計は低金利自体に反応するのでなく、金利上昇期待→駆け込みという行動パターンに変わったためと見られる。

　家計にとって住宅購入の最も有利なタイミングが、金利が底値の時点である。

そのため、金利に関し、①水準が低い、②これ以上は下がらない、との判断がなされる局面が、住宅建設に対し強く作用することになる。

(4) 税制など

　金利以外にも、住宅建設の短期的なインセンチブとなる要因がある。

　第1に税制である。税についても、それ自体が住宅取得、あるいは保有にかかるコストとして建設に影響するほか、住宅取得に係る税制の変更[9]、消費税率の変更など制度変更に伴う駆け込みが大きい。特に、1997年4月からの消費税率引き上げを前に1996年度の住宅着工は駆け込み需要により大幅に押し上げられ[10]、1997年度以降はその反動で着工レベルが低下した。ただ、制度要因は特定時期に限られる。

　第2に住宅価格の変化も、購買のタイミングに影響する。住宅の建設費や地価などが上昇が見込まれれば、建設、購買を繰り上げるであろうし、近年のように住宅価格、地価とも下落のトレンドにある局面では住宅投資はそれだけ抑制される。

　第3の需要顕在化要因としては、いわゆる消費者マインドがあり得る。ある程度の期間持続する恒常的な所得水準は取得能力に関わるが、家計の所得、雇用動向をめぐる環境は短期的にも変化する。景気後退期に、所得の伸びが低下し、失業率が高まれば、先行きの期待所得が低下し、生活の不安感が高まる。こうした消費者心理の変動は、消費支出だけでなく住宅投資にも当然影響し、心理状況によって取得時期が遅れたり早められたりするであろう。

---

9) 1999年に導入され、2001年7月に延長となった住宅ローン利子控除制度は最高控除が500万（当初は587.5万円）の大型減税で、導入時、終了（予定）時に住宅取得に大きな影響を与える。同制度は2003年12月が期限切れとされ、駆け込み着工も起きたが、その後2005年度から規模を縮小する形で延長されている。
10) たとえば1996年10月の住宅着工戸数は年率183万戸と、1970年代高度成長期の住宅ブームに匹敵するレベルに達した。

3．近年の住宅投資をめぐる構造変化

(1) 中長期的変化—増加する空き家

　住宅投資をめぐる中長期的変化の第1は、供給が増加する一方で需要の伸びが鈍化、結果として空き家が増加していることである。

　少子高齢化が進展している一方で、1世帯当たり人員が減少しているため、世帯数はまだ増加を続けている(2004年で前年比1.2％増)。また、セカンドハウスなど住宅を複数保有する世帯の比率も拡大している。しかし、住宅の供給がそれ以上に多く、2003年の総住宅数は5,387万戸で5年前に比べ7.2％増えた（総務省「住宅・土地統計調査」による、図表4-4)。2003年の空き家数は660万戸、総住宅数に占める比率は12.2％と過去最高に達した。このような空き家の増加は、当然のことながら新規の建設(特に賃貸住宅)に対してはマイナスに働く。

　第2に、住宅投資の決定要因である人口要因のうち、移動数が減少傾向、婚姻件数は頭打ち傾向にあることだ（図表4-5)。移動数の減少には、経済活動のほか、人口の高齢化なども関係していると見られる。全体の移動数が減少する中で、東京圏については1990年代後半以降転入超過数が増加しており、人口移

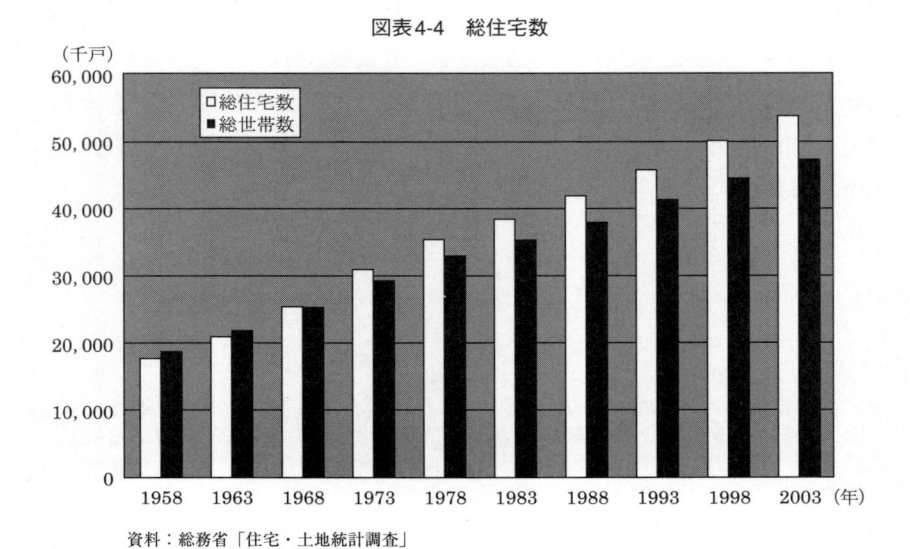

図表4-4　総住宅数

資料：総務省「住宅・土地統計調査」

図表4-5　人口動態

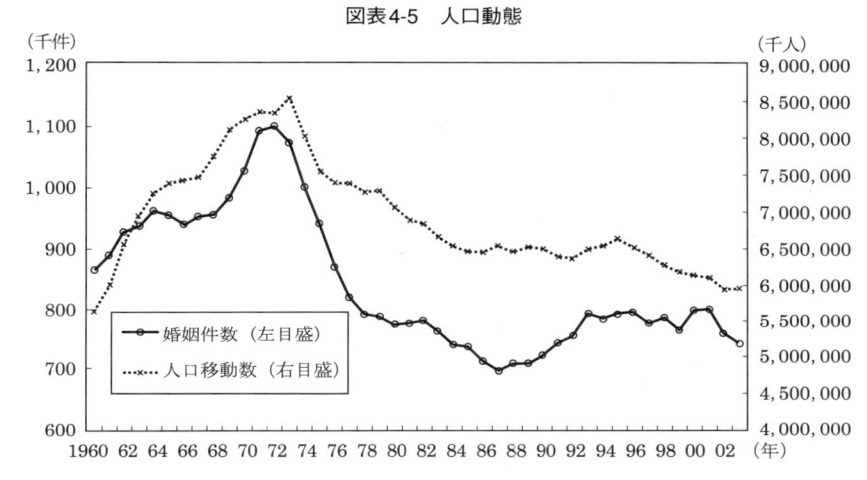

資料：厚生労働省「人口動態調査」、総務省「住民基本台帳移動報告」

動の東京一極集中が進んでいる。婚姻件数は団塊2世（1971～74生まれ）が適齢期だったことから1990年代は高レベルだった。団塊2世世代が、持家取得年代にさしかかっている。

(2) 取得層の広がり

「バブル崩壊」で地価、住宅価格が低下したことは、住宅投資のパターンに大きな変化をもたらした。

第1に、住宅を買い替える2次取得層は、含み損を抱えることになり、需要が低迷する一方で、初めて取得する1次取得者層主体の市場になった。値上がり益を期待した投機的な住宅投資はかげをひそめた。

第2に、1次取得層のなかでもより所得の低い層まで投資層が広がったことである。たとえば1990年時点で勤労者年収の8.0倍だった首都圏マンション平均価格は、1990年代後半には5倍前後まで低下し、所得の制約が緩和した。こうした住宅価格下落に加えて、住宅ローン金利が史上最低レベルまで低下したこと、大型の住宅ローン利子控除制度の導入が家計の取得能力を高めた。

結果として、低所得層を含めて持ち家率が上昇、またローン返済世帯が増えた（図表4-6）。取得層の広がりは、もちろん多くの家計が住宅を持てるようにな

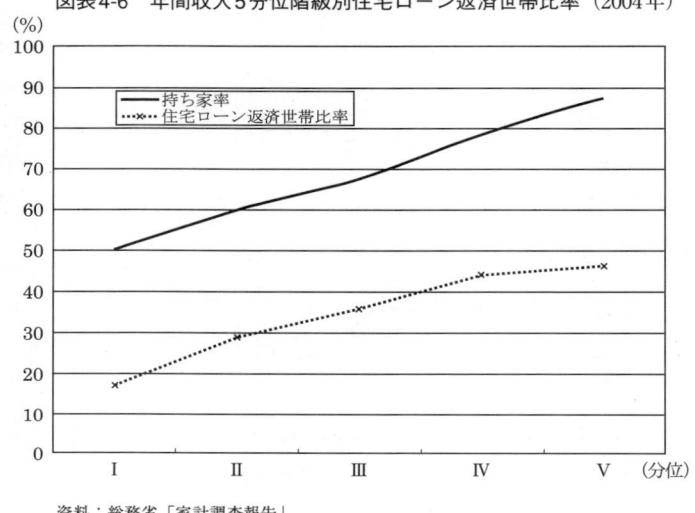

図表4-6　年間収入5分位階級別住宅ローン返済世帯比率（2004年）

資料：総務省「家計調査報告」

ったという意味で喜ぶべきことではあるが、景気変動の観点からは、多分に潜在需要の先食いが起きたため今後反動が見込まれること、ローン返済が今後かなりの期間家計を圧迫すること、に留意しなくてはならない。

(3) マンションブーム、都心回帰

　近年の住宅需要の変化に、マンションブームとその都心立地の増加がある。マンションの供給は1990年代初めには首都圏で2万戸台まで低下していたが、1994年から急増、8万戸前後の大量供給が続いている（図表4-7）。この背景には、価格の低下に加え、不況で社宅・工場など企業用地の売却が増加したことから優良立地物件が増えたことなどから、熟年を中心にマンションを選択する層が増加したことがあると見られる。マンションのうちでも特に増加が目立つのが、大規模高層物件と都心立地の増加だ。2003年の首都圏のマンション供給に占める東京23区内立地の比率は43.1％と、1985年以来では初めて40％を超した。

　マンションブームは、住宅投資に関しては、所得、金利などの経済変数に加えて、立地、設計など供給側の要因、人々のライフスタイルなどがその動向に強く関係することを示す。

図表4-7 マンションの販売戸数

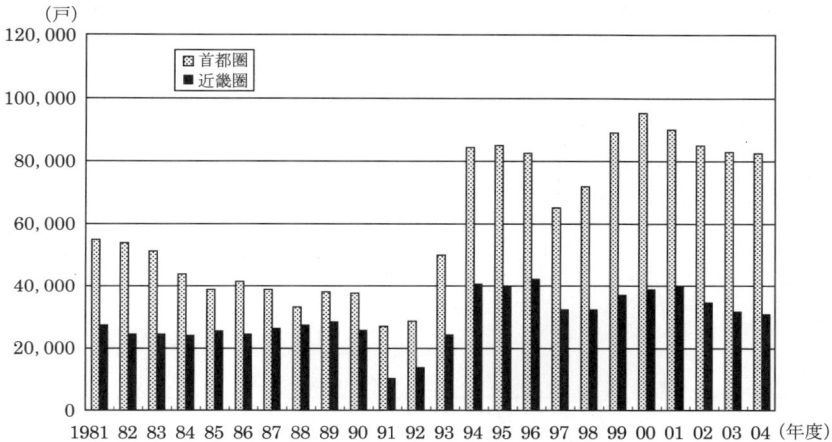

資料：不動産経済研究所

4．住宅投資と景気

(1) 住宅着工は景気の先行指標

　住宅着工を、代表的景気指標である鉱工業生産の変動と比較すると、少なくとも1990年代までは住宅着工が先行する形で連動している（図表4-8）。こうしたことから、新設住宅着工床面積は、景気局面を判定するための景気動向指数（ＤＩ）の先行系列の１つに採用されている。着工というタイミングが、工事の進捗ベースに先行することも、景気に先行する理由の１つであろう。しかし、進捗段階でとらえるＧＤＰ（国内総生産＝国内総支出）ベース住宅投資を見ても、他項目より明白に先行している。

　国民経済の総需要は海外からの需要（輸出等）と内需（国内需要）から成り、内需は企業や家計の民間需要と公的需要に分けられる。我が国では、国内民間需要のうち、個人消費は主に家計所得に依存し、設備投資は総需要や企業収益に反応、ともに主にマクロ景気動向を受けて変動する側面が強い。住宅投資も家計需要の一部であるから当然、家計所得や雇用環境など景気動向の影響も受

図表4-8 住宅建設と景気

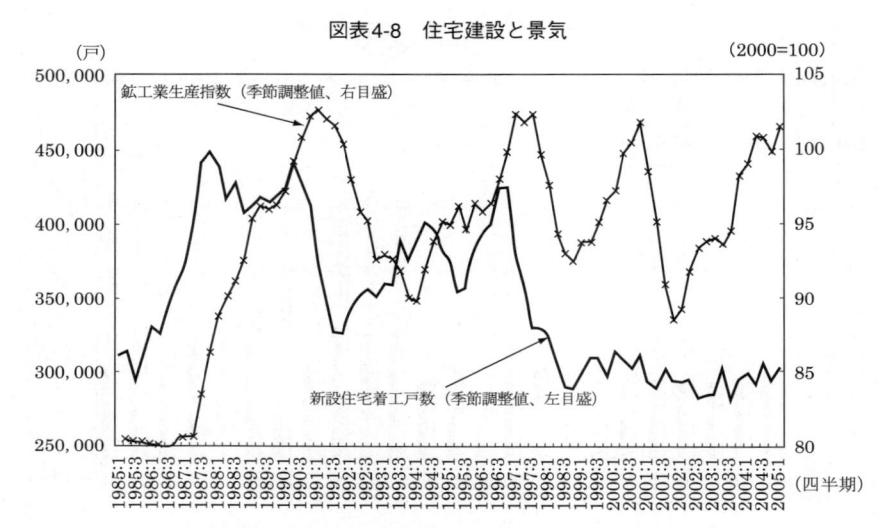

資料：国土交通省「住宅着工統計」、経済産業省「鉱工業生産動向」

ける。それにもかかわらず、住宅着工が景気に先駆けて増減するとすれば、以下の2つの可能性がある。

第1は、住宅投資が、景気変動を引き起こす独立的な要因の影響を他の項目より早く受けるということ。

第2は、住宅投資の変動がマクロ景気に波及するということ。

それぞれについて、以下で検証してみたい。

(2) 住宅の潜在有効需要とその顕在化要因

住宅建設が、マクロ景気に先行する理由が、景気変動要因に敏感に反応することによるという仮説を考えてみたい。

第2節で示したように、住宅需要には、人口・世帯数増減とその移動、ライフスタイル、既存ストック動向などが関わる。これと、地価・住宅価格と所得・資産、資金調達コストの関係などから決まる取得能力を加えると、潜在有効需要が形成され、住宅投資の中長期的趨勢はこの潜在有効需要に依存するところが大きいと考えられる。しかし、実際に顕在化する住宅需要は、潜在有効需要のほか、購買のインセンチブとなる短期的要因に相当程度左右されると考えられる。

図表4-9 利用関係別住宅着工戸数（前年同期比、%）

資料：国土交通省「住宅着工統計」

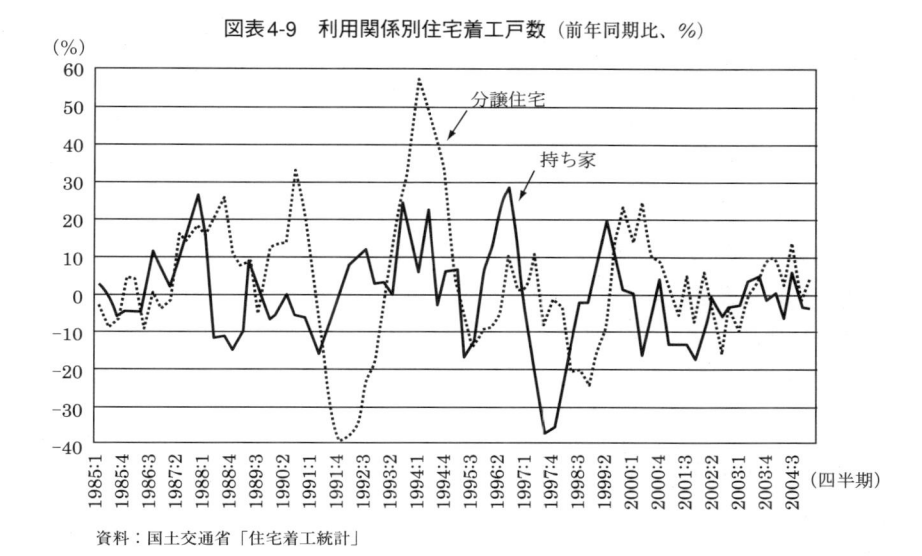

　住宅着工のうちでも、家計でなくデベロッパー企業が建設主体の分譲住宅の着工は、様々な供給（企業）側要因が関わる。しかし、総体としてマンション着工を見ると、その変動は、供給と需要の関係を示す在庫率に反応している姿が見て取れる。すなわち、販売側が建設する分譲住宅も、需要動向、その結果としての市況バランスを受けて着工が変動する要素が強い。住宅着工の建築主体を個人と会社に分けて見ると、個人の方が、利用関係別に見ると、持ち家が分譲住宅に明確に先行している（図表4-9）。

　個人が経済情勢などを勘案してまず持家などを建設、分譲住宅を購入、この需要変化を受け分譲マンションなど企業による建設が着手されるという関係にあると見られる。そこで、景気変動との関係において問題となるのは短期的な住宅需要の顕在化を引き起こす要因は何かということである。

　マクロ景気に先駆けて住宅需要を刺激し、顕在化させる要因としては、第2節で示した以下の項目が考えられる。

　1）金利

　一般に家計の住宅の取得能力とともに、購入時期の決定に最も重要と見られるのは、住宅ローン金利である。住宅着工と金利の関係は、第2節で見たよう

に、過去において金利の反転上昇は当初は着工増加と並行し、同様に、金利の反転低下は当初は減少と重なる。金利低下→着工減少、金利上昇→着工増加の形で、順相関の関係が成立している。これは、短期的には金利上昇期待→駆け込みという行動パターンが主であることによる。

2）住宅価格

住宅価格の変化も、購買のタイミングに影響する。住宅の建設費や地価などが上昇が見込まれれば、建設、購買を繰り上げるであろうし、近年のように住宅価格、地価とも下落のトレンドにある局面では住宅投資はそれだけ抑制される。

3）消費者マインド

需要顕在化要因としては、いわゆる消費者マインドがあり得る。ある程度の期間持続する恒常的な所得水準は潜在需要に関わるが、家計の所得、雇用動向をめぐる環境は短期的にも変化する。景気後退期に、所得の伸びが低下し、失業率が高まれば、先行きの期待所得が低下し、生活の不安感が高まる。こうした消費者心理の変動は、消費支出だけでなく住宅投資にも当然影響し、心理状況によって取得時期が遅れたり早められたりするであろう。

以上のように、住宅投資の短期的変化が、①金利・税制、②住宅・土地価格、③消費者マインドなどの需要顕在化要因に依存するとした場合、マクロ景気の潮目が変化する時に金利、住宅価格、マインドなどがいち早く変化、それが住宅投資を動かすことが想定される。

(3) 住宅投資の需要創出効果

住宅投資が景気に先行する理由として考えられる第2の仮説は、住宅投資は経済の各分野への波及力が大きく、住宅投資変動が景気変動を引き起こすということである。波及のルートとしては以下が考えられる。

1）派生需要

住宅を新築すれば、新しい家具、備品などが必要となり、これら派生需要が消費増加に寄与するというものだ[11]。

2）土地取引

　住宅投資は、一般に土地取引を伴う。土地の売買は、経済に資産売却収入、あるいは地価が上昇傾向にある場合ならキャピタルゲインを生み、新たな需要創出につながる可能性がある。

3）マネーサプライの増加

　住宅投資は通常、資金の大半が借入金でまかなわれる。我が国では、企業、家計を含めて最も借入比率の高い経済活動であろう。借り入れでまかなわれるということは、住宅投資はその実施段階では、家計の消費性向を下げることなく、投資を拡大する（すなわち家計部門の資金余剰を縮小する）という効果がある。同時に、民間金融機関による住宅ローン供与はその時点ではマネーサプライを増やし[12]、経済に対しネットの需要創出効果を及ぼす。実際、過去の住宅信用額はマネーサプライ増加に対して大きな比重を示している（図表4-10）。たとえば、2003年の場合、マネーサプライ（Ｍ２＋ＣＤ）は11兆3,000億円増加

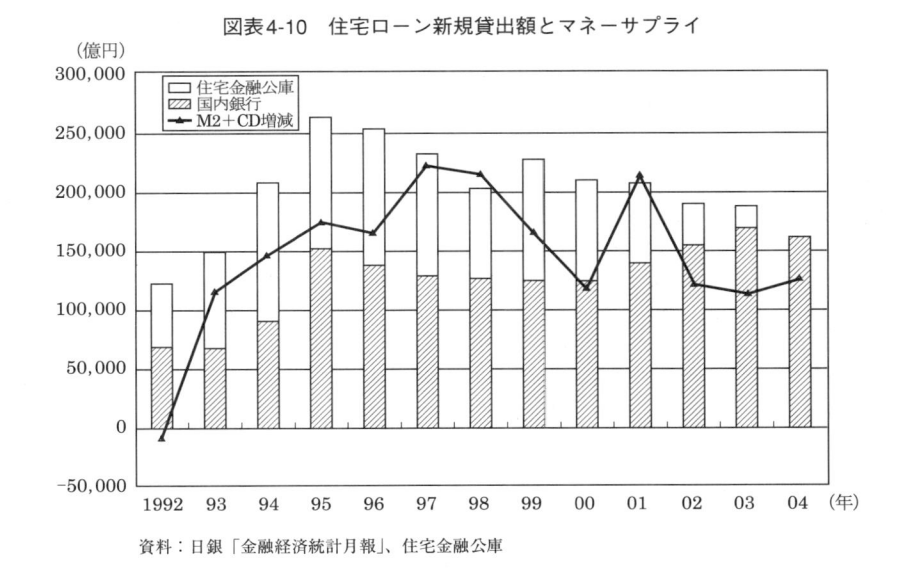

図表4-10　住宅ローン新規貸出額とマネーサプライ

資料：日銀「金融経済統計月報」、住宅金融公庫

---

[11] ただ、第３章３節で見たように、個人消費に対しては、住宅ローンの返済が貯蓄率を引き上げ、消費支出を減らすというマイナス効果もある。

しているが、この年に国内銀行は16兆9,500億円の住宅ローンを新規供与しており、住宅金融だけでマネーのすべてを供給し得たという計算になる。

以上から、住宅投資が、景気変動の主要因かどうかはともかく、住宅投資→マクロ景気という影響ルートはある程度存在していると考えられる。

(4) 内需指標としての住宅着工

以上のように、①住宅投資は、景気変動を引き起こす要因の影響を他の項目より早く受ける、②住宅投資の変動が他分野に波及する─という2つの関係が複合的に働いて住宅着工がマクロ景気に先行すると考えられる。そのため、住宅着工統計は景気の現状と今後を見るために非常に有用な指標である。

ただ、注意しなくてはならないのは、住宅着工はあくまで国内需要、それも民間需要の動向を示す指標だということだ。たとえば、輸出主導で景気が変動する場合、住宅着工は減少していても、景気が上昇することもあり得る。景気全体の動向は総合的に判断しなくてはならない。

---

12) マネーサプライは預金通貨銀行の信用供与によって増減する。住宅金融公庫融資は一方で財政投融資資金の調達（以前なら郵便貯金など、近年は財投債など）があり中立だが、短期的には政府内資金が民間に出ることでマネーを増やすと考えられる。

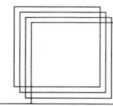

第5章 企業の投資行動

1．収益 ―変動の自律性

　企業は、資本（設備）、労働という生産要素を用いて生産活動を行い、所得（収益）を得る。こうした企業の活動は、設備の購入（設備投資）や在庫投資、中間投入の形で経済に対して需要を生み出している。企業の投資、購買行動が所得状況、すなわち企業収益に制約されるのは当然であるが、収益動向にどの程度影響されるかについては議論がある。また、企業収益が景気変動の結果なのか、自律的に変動し設備投資などを動かす機能が備わっているのかも、解明すべき課題である。

(1) 収益の見方
　1) 統計

　企業の収益動向は、ＳＮＡ（国民経済計算統計）に法人企業所得として計上されるが、年ベースで、しかも公表が遅いため、足元を見るのには使えない。景気観測の視点から最も有用なのは財務省の「法人企業統計」である。季報と年報があるが、四半期ベースで速報性のある季報がよく使われる。季報の場合、資本金1,000万円以上の全法人が対象であり、四半期の仮決算に基づき、貸借対照

表、損益計算書の主要財務データが計上されている。

　株式を公開している企業については、有価証券報告書の作成、公表が義務づけられており、集計値は日本経済新聞社が紙面で報道しているほか、証券各社も集計を行っている。業種別、あるいは個別企業ごとに、非常に詳細な財務情報が得られるが、株式上場企業は限られることから、その動向が必ずしも全体を代表しているとは言えない。また、日本銀行「短期経済観測」でも売上高、経常利益などの動向を、見通しを含め半期ベースで調べている。

　2）収益項目

　企業収益の構造は、「売上高－費用＝利益」が、基本であり、売上高と費用の関係で利益が決まる。

① 費用

　費用を構成するのは、

　　・売上原価：原材料費、労務費など、あるいは仕入高
　　・販売費及び一般管理費：販売活動、一般管理業務による発生する間接部門の給料・手当、広告宣伝費、減価償却費、交際費、交通費など
　　・（純）営業外費用：支払利息、有価証券売却損、為替差損など
　　　　　　　　（営業外収益＝受取利息などを差し引いた純費用）

の各項目である（図表5-1）。

　以上の費用項目を、売上高と連動する変動費と、売上げ変動から独立的な固定費に分類することがある。変動費は、原材料、部品費など主に生産への投入

図表5-1　収益の構造（全産業、2004年度）

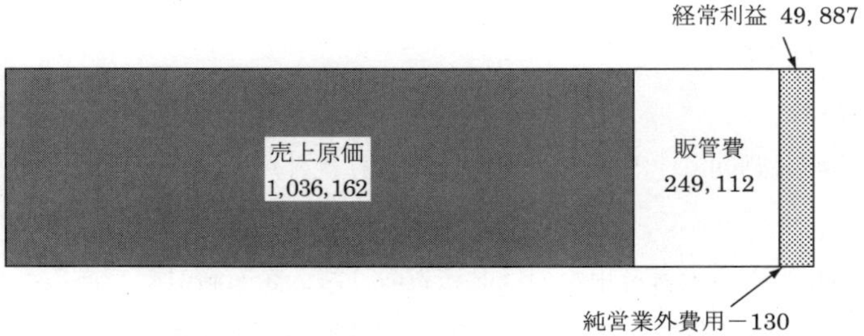

売上原価 1,036,162	販管費 249,112	経常利益 49,887

純営業外費用－130

資料：財務省「法人企業統計」

に関わる経費であり、固定費は人件費を主体に、

　　　固定費＝人件費＋減価償却費＋純金融費用
　　　　　　＋その他固定費（試験研究費＋広告宣伝費）

として示される。
② 利益
　利益は売上高から費用を差し引いた残りだが、経費をどこまで含めるかによって、以下のように複数の範疇がある。

・総利益＝売上高－売上原価
・営業利益＝売上高－売上原価－販売費及び一般管理費
・経常利益＝売上高－売上原価－販売費及び一般管理費
　　　　　　　　　　＋営業外収益－営業外費用
・税引き後純利益＝売上高－売上原価－販売費及び一般管理費
　＋営業外収益－営業外費用＋特別利益－特別損失－法人税・住民税

　総利益は、売上げから原材料費など原価を除いた差で、いわゆる粗利に相当する。営業利益は、売上げから原価と販管費を除いた差額で、本業の生産・販売活動による利益を示す。経常利益は、営業利益に支払利子・受取利子など金融取引による営業外収支を加えたもので、企業活動総体による利益水準を示す。景気観測、経済分析の上では、通常はこの経常利益を利益指標として用いる[1]。
　ＳＮＡ（国民経済計算）においては、企業の生産活動で得られた利益（営業利益に相当）が「営業余剰」、利子など財産所得の受払いを加えた利益（経常利益に相当）が、「企業所得」、税引き後利益に相当する利益が「可処分所得」[2]として計上される。
　なお、利益とともに、キャッシュフロー（現金収入－現金支出）を重視する

1）経常利益に特別損益を加えたのが、当期純利益だ。特別損益には、固定資産の売却益・損などが含まれ、そのため企業活動の実勢と異なる動きをすることが多い。ただ、近年は、時価会計、退職給付会計の導入などで特別損益の比重が増し、利益指標として純利益の重要度も高まっている。
2）企業に消費は存在しないので、可処分所得＝貯蓄である。

考え方もある。経済分析上は、

　　　キャッシュフロー＝税引き後純利益（あるいは経常利益）＋減価償却費

として計算することが多い。設備の減価償却費は費用項目であるが、現金が流出せず企業内にとどまるため、キャッシュフローの一部を構成する。

　3）バランスシート

　財務データのうち景気との関係では、フローの損益が注目されるが、近年はストックである資産・負債の状況の重要度が増しており、貸借対照表（バランスシート）項目も合わせて見ておく必要がある。

　　資産＝固定資産＋流動資産＋繰延資産
　　・固定資産：土地、建設仮勘定、土地以外の有形固定資産（機械、建物など）、無形固定資産（ソフトウエアなど）、投資（投資有価証券、出資金など）
　　・流動資産：（短期）金融資産、棚卸資産

　　負債＝固定負債＋流動負債
　　・固定負債：社債、長期借入金、引当金など
　　・流動負債：支払い手形、短期借入金など

負債に資本、準備金を加えた額と資産とは常に一致する[3]。

（2）収益の変動要因

　「利益＝売上高－費用」の関係から、利益は売上高と利益の両面から変動する。

　1）売上高

① 最終需要と中間需要

　企業の売上げは、経済の需要規模に対応する。経済の需要を構成するのは、1

---

3) 資産、あるいは負債の価格変動によって当期利益が変化すれば、資本の額が上下して調整されることになる。

つは最終需要でありGDP（国内総生産）で示される。最終需要とは、生産など企業活動のためでなくそれ自体が目的の需要（個人消費など）と、投資（設備投資など）から成る。

しかし、経済の需要には、最終需要だけでなく、もう1つ中間需要（あるいは中間投入）がある。中間需要は、企業が生産を行うために投入する原材料・部品、サービス、あるいは企業が用いる備品類（投資に含まれないもの）などだ。企業が活動を行うために必要な財・サービスが他の企業の需要になるわけで、中間需要はすべて企業間の取引である。ＳＮＡ（国民経済計算）統計によると、2003年の産業の産出（売上げ）840兆円のうち376兆円は中間需要が占めており、企業収益を考えるには、最終需要だけを見ていては片手落ちとなる。

② 数量要因と価格要因

企業の売上げは、販売数量の他、価格要因でも変動する。たとえば、販売価格が上昇すれば、生産量は変わらなくても企業は労せずして利益を増やすことができる。価格の変化が利益変動の上で重要である。ただ、販売価格が上昇する時は、中間需要（中間投入）の価格や人件費など固定費の価格も上昇することが多く、利益への影響は相対価格（産出価格／投入価格）の変化から測らなければならない。

2）費用

① 変動費

原材料費など変動費は基本的には売上高に連動する性格を有する。そうであれば、利益は売上高に比例して決まることになり、変動費は中立要因となる。ただ、変動費も以下の場合は、売上高と独立して変化する。

第1は、生産に用いる原材料などの量（投入原単位）が変化することである。

第2は、投入する財の価格が変化し、販売価格の相対比（産出価格／投入価格）が変わることである。この相対比を産業の交易条件とも呼ぶ。

② 固定費

人件費をはじめとする固定費は、短期的な売上高変化には追随せず、比較的安定的である。そのため、たとえば売上げの伸びが鈍化したり減少する局面では、固定費の比率が上昇して利益の圧迫要因となる。

固定費は本来水準が安定的で、このように売上高の変化に応じて比率が変わり利益増減を増幅する効果があるが、実際は固定費自体も変化している。固定費を変動させる第1の要因は、たとえば人員の増強、削減、賃金の抑制など、企業の戦略である。第2に、金利の引き上げ、引き下げなど金融政策は支払い利子の増減を通じて固定費変動要因となる。

(3) 収益構造
1) 経常利益率、損益分岐点売上高

売上高経常利益率は、企業の収益力を測る指標と言える。この比率が高ければ企業、あるいは産業の収益構造が強固であることを示すわけだ。

経常利益の推移を見ると（図表5-2）、景気循環に応じて増減しており、その変動とほぼ歩調を合わせて売上高に対する経常利益の比率が変化している。つまり、利益の増減には売上げとともに、利益率（あるいは費用の比率）の変化が寄与する。

費用には、変動費と固定費がある。売上高が減少していくと、ある段階で変動費と固定費を加えると、売上高と一致してしまう、すなわち利益がゼロとな

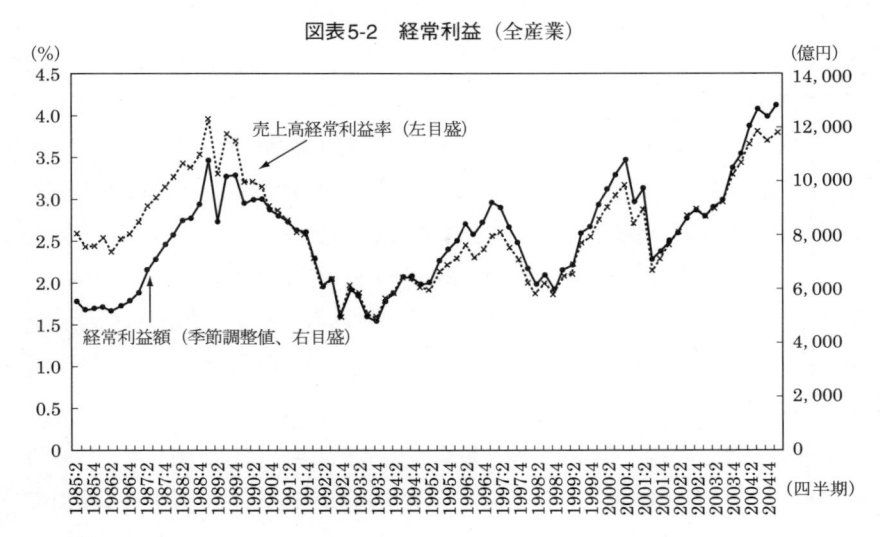

図表5-2　経常利益（全産業）

資料：財務省「法人企業統計」

ってしまう。これを、損益分岐点売上高と呼び、以下で示される。

損益分岐点売上高＝固定費／（1－変動費／売上高）
損益分岐点比率＝損益分岐点売上高／売上高×100

　売上高がこの損益分岐点を上回れば、企業は利益を計上することができるわけだ。また、固定費の水準が変われば、この損益分岐点が変化し、売上げの変化を介さずに利益率、利益額が変化する。2000年以降、企業の利益率が上昇し1980年代後半のバブル期に近づいたが、その背景には人件費の削減、負債の圧縮といった固定費の削減努力が一定の成果を上げたことがあった。

　2）売上原価率、総利益率

　売上高から原価を差し引いた総利益は本業からの利益の源泉である。原価は、商品の仕入れ価格、あるいは製造部門の費用であり、多くは変動費に区分される。本来は、製品の構成が変わらなければ総利益率は大きくは変化しないはずである。ところが、実際は近年の総利益率は上昇トレンドにある（図表5-3）。

　ここで総利益率は、

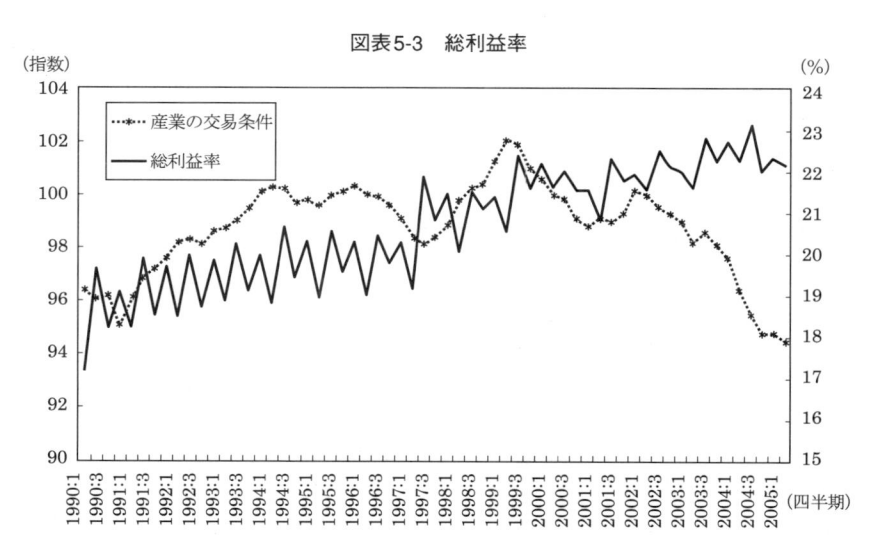

図表5-3　総利益率

資料：財務省「法人企業統計」、日銀「投入産出物価」

総利益率 ＝ 1 － 原価／売上高

＝ 1 －（投入量×投入物価）／（産出量×産出物価）

＝ 1 － 投入原単位×（1／産業の交易条件）

と分解できる。投入原単位は、1単位の生産のために他部門から購入される原材料、部品など投入量の比率であり、産業の交易条件は産出物価と投入物価の比率（産出物価/投入物価）である。総利益率の上昇は投入原単位の低下か、産業の交易条件の上昇によって可能になる。

図表5-3から、産業の交易条件は、1990年代までは総利益率の上昇をかなりの程度説明していた。これは、円高傾向の中で海外からの輸入品が企業の投入コストを引き下げたことが背景にある。ただ、21世紀に入ってからは、デフレ下の製品価格下落、原油価格上昇などから産業の交易条件は悪化をたどり、総利益率押し下げに働いている。一方、投入原単位はほぼ一貫して低下傾向にあり、利益率向上に寄与していると想定される。原単位低下をもたらしているのは、製品・サービスの高付加価値化[4]、生産の効率化などである。

総利益率の上昇、すなわち売上高原価率の低下は、売上高販管費率の上昇と並行して進んでいる。コストに占める原価の比率が低下する一方で販管費が増加しているわけだ。これは、収益力の向上、あるいは製品の高付加価値化の進展とともに、人件費など固定費が収益を圧迫する度合いの高まりの、両面から解釈することができる。

3）資産効率

日本企業の収益構造の特徴の1つとして、国際的に見て低い資産効率が指摘されている。資産に対する利益の比率（ここでは総資産営業利益率[5]）を見ると（図表5-4）、1970年代には7％程度の水準にあったが、その後趨勢的に低下、

4）高付加価値化には、生産に用いる原材料、部品量を減らすという面と、投入量は少なくより知識を集約し加工度を上げた製品・サービスにシフトするという面の両面がある。ただ、高付加価値化により多品種少量生産形態に移ると、加工費、運送費の増加などは変動比率上昇要因となる。

5）株式市場では、資産利益率としてROE（自己資本利益率）がよく使われる。これは、当期利益を資本で割った値で、株主資本を使ってどれだけの利益を上げたかを示す。

図表5-4 資産利益率の推移

資料：財務省「法人企業統計」

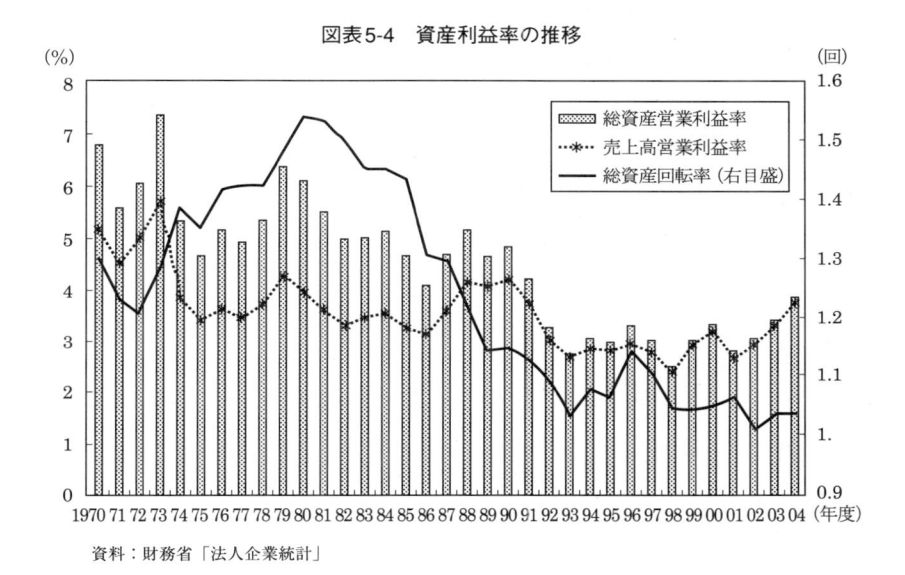

1993年頃からほぼ3％前後で停滞している。ここで資産利益率は、

　　総資産営業利益率＝総資産回転率（売上高／総資産）
　　　　　　　　　　＊売上高営業利益率（営業利益／売上高）

と分解できる。売上高営業利益率が緩やかに低下する一方、総資産回転率が特に1980年代に急低下したことが、総資産営業利益率低下に寄与している。

　資産回転率の低下は、企業の資産の蓄積を示すとも言えるが、半面では資産が有効に使用されていないことを意味する。特にバブル期を含む1980年代に、企業は負債を増やす一方で土地を含む必ずしも業務に直接貢献しない資産を膨らまし、資産効率を悪化させた。資産効率の悪化は、それ自体が利益を圧迫し、企業活動の重しとなるが、それとともに1990年代以降は「バランスシート調整」を伴うこととなった。すなわち、バブル崩壊後地価など資産価格が下落し資産価値が下落する過程で、資産と負債とのズレ、いわゆるバランスシートの悪化・毀損が生じ、これを解消するために企業は資産増を抑え負債の圧縮を進めてきた。

　なお、資産利益率は、資本生産性と密接に関係している。

資本生産性＝付加価値／有形固定資産残高

と定義すれば、資産利益率低下の背景には資本生産性の低下があると解釈できる。さらに分解すると、

＝労働生産性（付加価値／従業員数）／
　　　労働装備率（有形固定資産残高／従業員数）

となり、労働装備率の上昇が労働生産性上昇に結びついていないことが資本生産性の低下をもたらしているとも表現できる。

(4) 企業収益と景気
  1) 収益変動の自律性

企業と景気変動の関係を考える場合の最大のポイントは、企業収益自体に経済を変動させるメカニズムが内在しているかどうか、である。消費や設備投資などの需要に応じて企業の売上高が変化し、利益が上下する、すなわち企業収益は景気変動の結果として決まるのであれば、景気との関係で収益に取り立てて

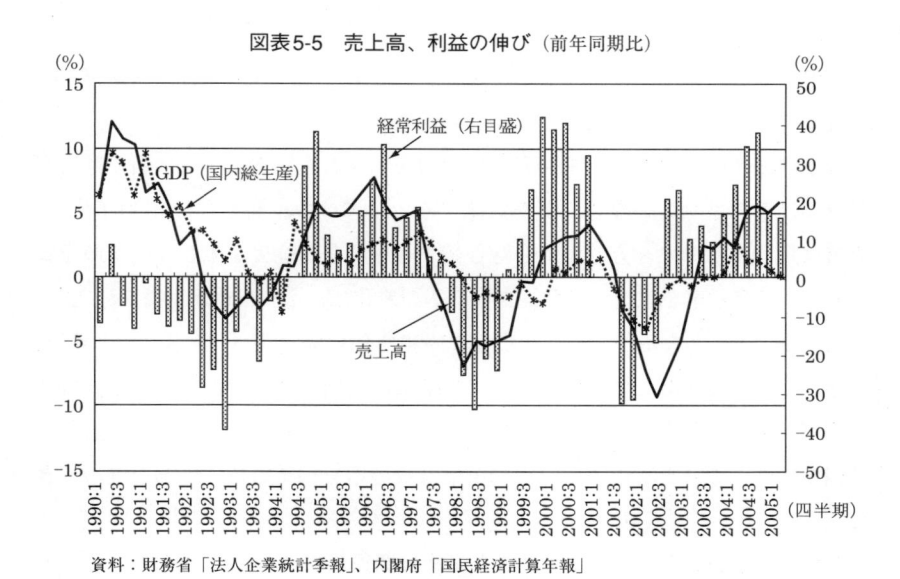

図表5-5　売上高、利益の伸び（前年同期比）

資料：財務省「法人企業統計季報」、内閣府「国民経済計算年報」

注目する必要はない。ＧＤＰを構成するそれぞれの需要の変動要因を考えれば済んでしまうことになる。

しかし、過去の企業の売上高、利益変動を見ると（図表5-5）、多くの場合、経常利益が先行し、それに売上高が追随、ＧＤＰの変動は最も遅れるという傾向がある。これから、①売上高は最終需要だけで決定されていない、②利益は、売上高と独立して変動する局面がある——可能性が示唆される。

2）中間需要が売上げをリードする？

すでに示したように経済の総需要の1つは最終需要でありＧＤＰ（国内総生産）で示され、もう1つ中間需要（あるいは中間投入）がある。企業の売上高が最終需要だけで決まっていないとすれば、中間需要と最終需要の動きが異なっていることが想定される。

実際、最終需要と中間需要の動きを比べると、中間需要が先行し、かつ振幅が大きい。中間需要は、企業が生産を行うための財・サービスの購入であり、それが最終需要より早期に変動するということは、生産あるいはそのための準備的活動は、最終需要が立ち上がる前に始動していることを意味する。つまり、企業の活動は、ＧＤＰの動きを待っているのではなく、先手を打っていることになる。

すでに見たように、ＳＮＡ（国民経済計算）統計によると、産業の産出（売上げ）の44.8％（2003年）は中間需要が占めている。これだけ規模も大きく、しかも変動が激しければ、中間需要が売上げを左右している可能性がある。その場合、中間需要が利益を決定、中間需要を起点に企業部門における収益の自律変動メカニズムが形成されているのかもしれない。景気変動を考える上で中間需要の動向は非常に重要である[6]。

----

[6] 一部には、中間需要が増えても経済は成長しないとする論者がいる。すなわち、最終需要の合計は経済が生み出した付加価値の合計（所得の合計）と一致する。中間需要で企業の売上げが増加すれば一定額の付加価値を生み出すが、一方で投入（購入）した企業は売上げが変わらなければそれだけ付加価値が減少し、経済全体では付加価値が増加しないという理屈だ。確かに静的な経済ではこの議論はあり得る。しかし、現実には売り上げが増加した企業は新たな投入・投資を行い、また投入企業は多くの場合売上げ増を見越して発注しているわけで、経済は拡大波及過程をたどると考えられる。

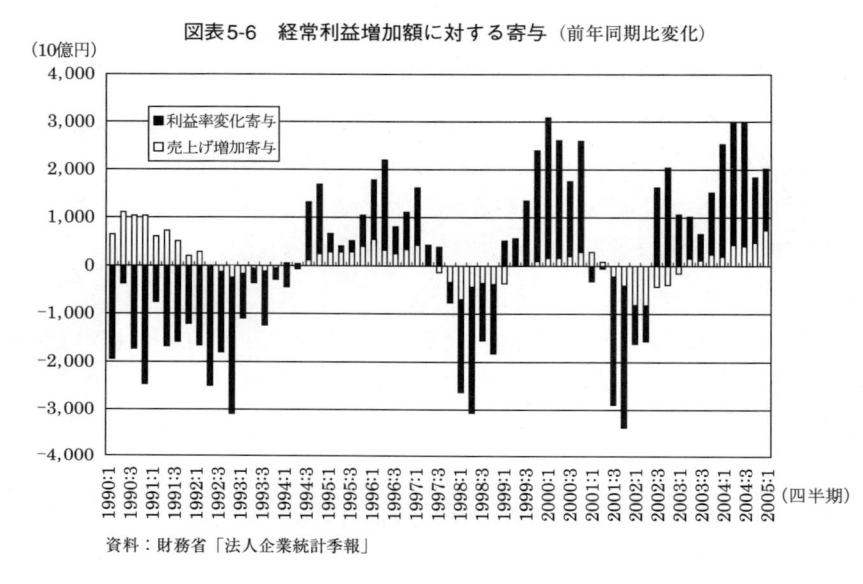

図表5-6　経常利益増加額に対する寄与（前年同期比変化）

資料：財務省「法人企業統計季報」

3）費用要因—調整の進展

すでに見たように、過去の収益動向において、利益が売上高に先行して変動している。売上げが立つ前の利益の増加は、どのようにして可能になるのだろうか。

経常利益の前年同期比変化幅を、売上高変化寄与（利益率を前年同期で固定した場合の売上げ変化による利益増減）と、利益率変化による寄与（売上高経常利益率の前年同期比変化による利益増減）に分解すると（図表5-6）、利益額変化の大半は利益率変化で説明できる。売上高要因は、変化のタイミングも遅れ、寄与も相対的に小さい。つまり、利益の変化は売上げに追随するのでなく、利益率の変動によってリードされている。

利益率とはすなわち経費率である。経費はすでに見たように固定費と変動費に区分される。過去を振り返ると、経常利益率が上昇する場合も低下する場合も、その変化をリードしているのは固定費である。変動費は多くの場合、利益率が上昇する景気上昇局面では同じく上昇して利益率低下に寄与している[7]。

---

7) 対外交易条件の改善により産業の交易条件（産出価格/投入価格）が改善したり、生産の効率化、高付加価値化などにより投入原単位が低下する場合は、変動比率が低下して利益率上昇を主導することがあり得る。

固定費は売上高の変化に対して比較的安定的な費目であり、その性格から売上高の伸びが高ければ対売上高比率は低下し、逆に売上げの伸びが落ちれば対売上高比率は上昇する傾向がある。しかしそれだけでなく、仔細に観察すると、売上高固定費率は売上高増加率が高まる前に反転低下し、利益率を押し上げる役割を果たしている。それがために、利益率が売上高に先行するのである。

　それでは固定費率が売上高に先行して変化するのはなぜだろうか。1つは、景気対策としての金融政策の発動によって、金利水準が変化、固定費のうち金融費用（支払利息など）が増減することによる。金融費用を含む営業外損益は、明確に売上高に先行する。第2に、その他の固定費、特に人件費増減が固定費率の変化に寄与しており、これは企業が景気情勢に対応して企業が費用を調整することによる。景気後退の場合で考えると、売上高鈍化、利益減少に応じて、企業は雇用・賃金、設備投資、間接経費の圧縮を進める。経費節減がある段階に達し、経費の伸びが売上高の伸び以下になると、固定費率が低下に向かい、利益が反転する[8]。

　以上のように、政策発動、および企業の調整的行動によって、固定費比率が変化、売上高の反転を待たずに利益が増減し得る。利益が増減すれば、後述するように企業はそれを受けて生産、中間投入、在庫・設備投資を調整する。すなわち、売上高が変化する以前に、利益変化を梃子として経済の需要が増減することが起こり得る。これが、自律的な景気変動の1つのメカニズムを形成している。

(5) 分配率

　経済活動の結果生み出された付加価値（所得）は、経済の各部門に配分される。主たる部門は、企業と家計であり、所得を両者で分け合っていると考えてよい。そのため、企業所得の分配率が上昇すると、家計所得（雇用者所得＋財産所得）の分配率が低下するという関係がある。たとえば、企業が人件費を圧

---

[8] 2002年度から2004年度にかけての企業収益回復局面では、デフレ下で企業の売上高が低迷する中で大幅な増益（減収増益）が実現した。これは、企業が厳しいリストラに取り組み、人件費を始め固定費率を引き下げたことによってもたらされた。

図表5-7　分配率

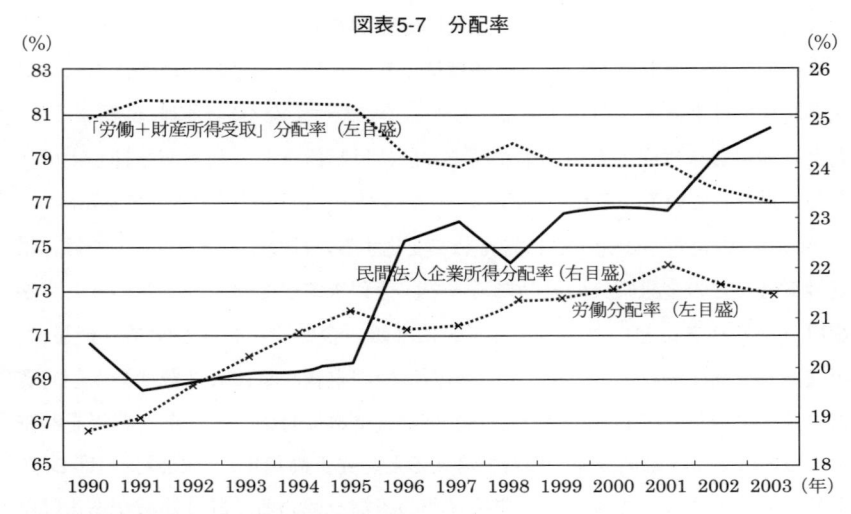

注：労働分配率＝雇用者報酬／国民所得×100
　　「労働＋財産所得受取」分配率＝(雇用者報酬＋家計の財産純所得)／国民所得×100
　　民間法人企業所得分配率＝民間法人企業所得(法人企業の分配所得受払い後)／国民所得×100
資料：内閣府「国民経済計算年報」

縮して企業収益が増加すると、企業所得の分配率が上昇し雇用者所得の分配率（労働分配率）が低下する。また、金利が引き下げされると、企業収益改善に寄与する一方、家計の利子所得（財産所得）が減少し、企業所得分配率上昇、家計所得分配率低下につながる。

すなわち、固定費の圧縮による企業収益の改善は、多くの場合家計所得の分配の犠牲の上に成り立つ。1990年代後半以降、企業のリストラと金利の低下で企業所得の分配率は上昇傾向にあり（図表5-7）、これが企業収益を下支えした。

第3章で指摘したように、景気変動の観点からは、企業分配率の上昇はむしろ望ましい面がある。なぜなら、経済活動の主役は企業であり、一般には企業関係需要の所得弾力性の方が家計需要の所得弾力性より大きいからである。一定レベルまでなら企業の分配率上昇は需要増を招き、経済成長に資する可能性がある。

2．設備投資の決定要因

(1) 設備投資とは何か

1) 資本形成であるということ

　設備投資とは、企業が工場を建設したり機械を購入するなど、設備（資本ストック）を増設することであり、ＧＤＰ（国内総生産＝国内総支出）を構成する最終需要の1つである。すなわち、企業が機械を購入すれば、機械メーカーに対する需要となるわけで、設備投資は経済の総需要の増減要因となる。

　ただ、設備投資は資本ストックの増加であるという点で、他の需要と性格が異なっている。資本ストックは、企業が事業活動のために用い、また「ストック」であるということは当期に使い切ってしまう消耗財ではなく耐用期間中は稼働し続けることを示す。つまり設備投資は、同時に企業の供給力の追加を意味する。このように最終需要であると同時に供給力（の増加）である設備投資の性格を「投資の2面性」と呼ぶ。

　設備投資は資本ストックの追加であり、当期の設備投資と資本ストックの間には以下の関係がある。

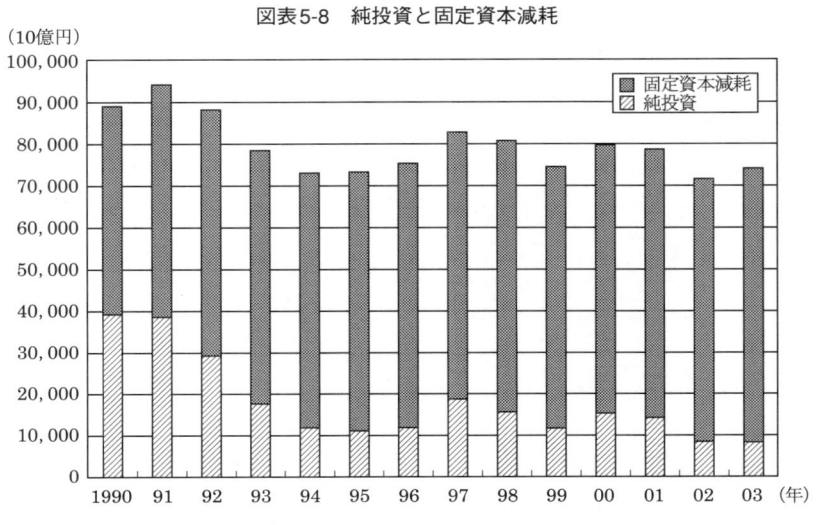

図表5-8　純投資と固定資本減耗

資料：内閣府「国民経済計算年報」

(純)資本ストック＝前期末資本ストック＋当期設備投資－固定資本減耗[9]

　固定資本減耗は、その期における設備の使用量の計算値であり、それだけは設備が目減りしていると解釈できる。近年は、設備投資のレベルが低下するなかで固定資本減耗の比率が上昇しており（図表5-8）、純投資、すなわち純資本ストックの増分はわずかになっている。結果として経済の供給力、生産能力の伸びは低下している。

　2）分類（目的別）

　設備投資は、企業が事業活動のために行う資本ストックの積み増しだが、その目的は様々である（図表5-9）。生産拡大、能力増強の比重が最も高いが、近年は、「新製品・製品高度化」、「維持・補修」などの比重が上昇傾向にある。

　このように投資を目的別に分類した場合、「能力増強」「新製品・製品高度化」は、企業の生産規模にほぼ対応すると見られるが、「合理化・省力化」「研究開発」「環境対策」などは、生産規模に直接は関係なく実施されるという意味で、「独立投資」と呼ぶことがある。

　また、「維持・補修」は、既存の設備の更新投資であり、ストック量とともに

図表5-9　設備投資の動機　　　　　　　　　(％)

項　目	全産業	種別 製造業	種別 非製造業
能力増強	39.9	29.5	45.2
新製品・製品高度化	8.4	17.8	3.6
合理化・省力化	7.0	12.0	4.4
研究開発	3.8	8.8	1.2
維持・補修	19.8	18.6	20.4
その他	21.2	13.4	25.1
合計	100.0	100.0	100.0

注：2003年度実績の比率
資料：日本政策投資銀行「設備投資計画調査」（2004年11月）

9）内閣府は、SNA（国民経済計算）統計の一部として民間企業資本ストック統計を作成しているが、これは減価償却を控除しない粗資本ストックの、実質ベースの値である。そのため、純資本ストックの公式系列はない。

設備年齢(ビンテージ)によってその投資規模が決まってくる。過去のある時期の投資は一定期間後に更新されることになり、このサイクルによる投資増減を「エコー効果」と言う。

　3）形態別

　設備投資は、形態(内容)別には、建設投資と機械投資、無形固定資産投資に分けられる。ただ、我が国では民間設備投資を、建設と機械に区分した統計は作成されていない。また、コンピューターのソフトウエアのうち受注生産分については、現行の国民経済計算統計においては無形固定資産投資として設備投資に含めている[10]。

　また、企業ベースの設備投資には、国内で行う投資と海外で行う投資がある。しかし、統計上、GDPの一部としての民間設備投資に含まれるのは国内投資だけであり、海外投資は海外直接投資として資本取引(資本の流出)に区分される。逆に、海外の企業でも日本国内で設備投資を行えば対内直接投資と同時に、民間設備投資に含まれる。

　4）指標

　設備投資のオフィシャルな統計は、GDPベースの民間総固定資本形成(企業設備)である。また、財務省「法人企業統計」は、GDP統計の基礎データとなっており、四半期ごとに業種別・企業規模別に把握できるなどGDP以上の情報もある。ただ、名目値だけで実質化された計数はない。

　GDPベースの需要項目は進捗(工事・購買などの実施)ベースで捉えるのが基本であり、設備投資も例外ではない。そのためもあり、GDPベース民間設備投資は景気変動に対してやや遅行する。また、四半期ベースしか得られないのも難点である。そのため、景気観測の観点から設備投資動向を早期につかむには、先行指標とされる指標を見るのが有用である[11]。主な先行指標を以下に示す(図表5-10)。

---

10) ソフトウエア投資は、2003年で民間設備投資、公共投資合わせて7兆1,114億円に上る。
11) 先行指標は、GDPベース設備投資に対して先行するという意味である。先行指標は、発注あるいは着手段階で捉えており、すでに投資に踏み切っていることから、「実施」と考えるべきとの見方もある。

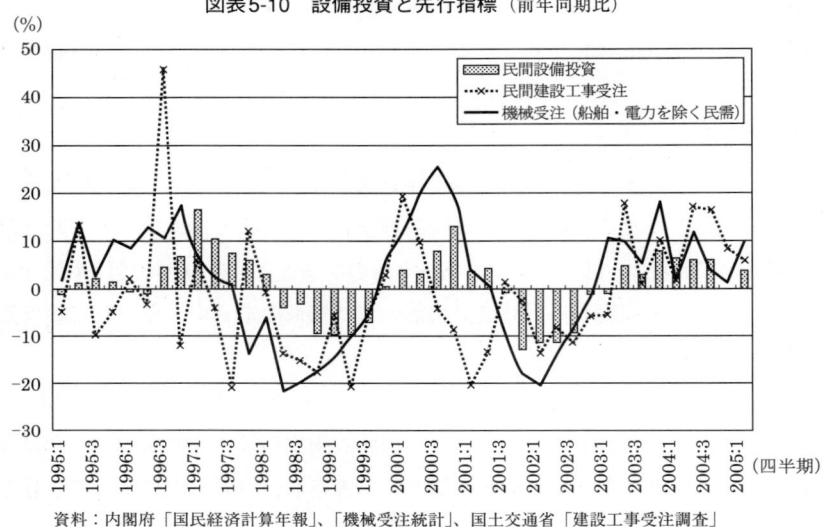

図表5-10　設備投資と先行指標（前年同期比）

資料：内閣府「国民経済計算年報」、「機械受注統計」、国土交通省「建設工事受注調査」

① 機械受注：機械メーカーが注文を受けた金額を集計した統計であり、内閣府が毎月発表している。投資企業から見れば発注した段階で捉えているわけで、GDPベースの設備投資に対して約半年先行するとされる[12]。需要先の業種別、あるいは機種別につかめるのも利点だ。不規則変動がある船舶と、電力業からの受注を除いた「船舶・電力を除く民需」系列が通常は注目される。先行するだけでなく、景気動向に素直に反応するという特徴もある（第1章参照）。

② 民間建設工事受注：機械受注が機械投資の先行きを示すのに対し、建設投資動向を見るのが、建設会社の受注額を集計した建設工事受注動態統計調査だ。国土交通省が、建設大手50社の民間からの受注額を毎月公表している。

③ 建築着工統計：建築主からの届出を集計する建築着工統計（国土交通省）のうち、民間非居住用の床面積、工事費予定額を見れば、建設投資の先行指標となる。事務所、工場、店舗など使途別に把握もできる。

④ 資本財出荷：鉱工業生産動向（経済産業省）のうち、設備投資に関わる資

---

[12] 近年は、コンピューターなどIT関連の機械の比重が高まり、それらの納期が比較的短いため、機械受注統計の先行期間が短縮している。

本財だけの出荷動向を示す資本財出荷指数だ。工場出荷から据え付けまでの時間があるため、設備投資の先行指標として機能する。

5）計画調査

設備投資は、企業が計画し、実施する。それなら、企業に投資計画を直接アンケートして聞けば、先行きが予測できるのではと期待できる。そうした考えから、設備投資計画調査が実施されている。日本政策投資銀行、日本経済新聞社、日本銀行（「短期経済観測」）、内閣府（「企業行動に関するアンケート調査」）などの調査が主なものだ。

計画調査はそれなりに有用だが、実際に実施される投資は計画通りにならないことが多い。企業は、大企業であっても、経済情勢の変化に応じて、極めて柔軟に計画を変更しているためだ（第10章参照）。

(2) 投資理論

設備投資は経済活動の中でも最も根幹的であり、経済学の実績の中で様々な理論モデルが提示されている。それらのうち主なものは以下の通り。現実の分析には、以下のような理論、考え方がそれぞれ、あるいは組み合わせて適用されている。

① 新古典派投資理論：投資は、資本の限界生産力と資本コスト（資本財相対価格、実質利子率、原価償却率）の差に依存して決まるとする。

② 加速度モデル：生産量（GDP）と資本ストック量は比例関係にあり、GDPの増分に対応して設備投資が決まるとする。経済成長が高まると、投資増加率が飛躍することになる。

$K = aY$,　$I = a(Y - Y(-1)) + \sigma K(-1)$
K＝資本ストック、I＝設備投資、Y＝GDP、σ＝減価償却率

③ ストック調整モデル：投資は望ましい資本ストックと実際のストックとのギャップを埋めるために行う。望ましい資本ストックは、生産量（期待成長率）に応じて決まってくる。

$$I = (定数、Y、K(-1)、r)，\quad r = 実質金利$$

多くの設備投資関数はストック調整型を基本としている。

④ キャッシュフロー型：キャッシュフロー（税引き後利益＋減価償却費）に応じて投資が増減するとするモデル。理論的には企業に資金調達制約がある場合に成立することになっている。現実の設備投資は企業の利益との連動性が高く、キャッシュフロー型の説明力が高い。

⑤ トービンのq理論：米国の経済学者トービンが唱えた理論。株式の時価総額で示される企業の市場価値の資本の再取得費用に対する比率（q）が1より大きいと、企業をもっと購入することで株式の市場価値を高めることができるので、投資を行うとする説。

$$q = 企業の市場価値（株式の総額）／現存資本を買い換える費用総額$$

⑥ 設備投資循環：設備投資は、更新サイクル（「エコー効果」）などにより中長期的に循環するとする説。「ジュグラーサイクル」（10年程度の中期循環）、「クズネッツサイクル」（20年程度の建設循環）がある。

(3) 設備投資と景気変動

民間設備投資は2003年度で75兆2,006億円に上るが、GDPに占める比率は15.0％でそれほど大きなものではない。しかし、経済変動に対する寄与は非常に大きい。たとえば、2003年度の実質GDP成長2.0％に対する設備投資の寄与は1.2％に及ぶ（図表5-11）。これは、設備投資が景気変動に対して敏感に反応し、振幅が大きいためである。景気上昇期には大幅に増加し、後退期には減少、景気変動の主動力と言ってもよい。

設備投資変動が総需要より振幅が大きくなるのは、第1に投資理論の1つである加速度原理のメカニズムが働き、総需要自体よりその「変動率」に反応するためである。第2に、たとえば景気の上昇期には、景気が反転し、総需要が減少しても、それを認知するのに遅れ、また一度着工した工事は止めにくいなどに理由で、資本ストック量が適正レベルを上回ってしまうことが多い（過剰

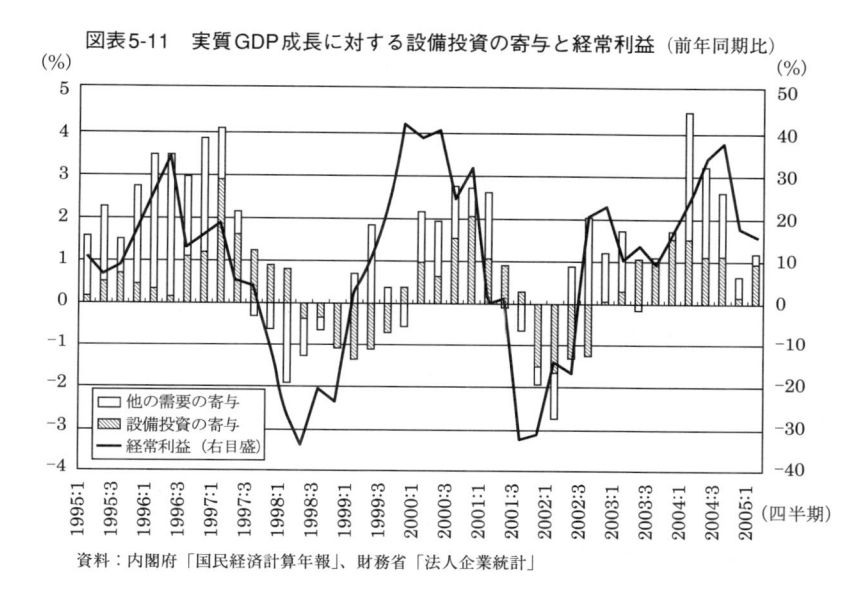

図表5-11　実質GDP成長に対する設備投資の寄与と経常利益 (前年同期比)

資料：内閣府「国民経済計算年報」、財務省「法人企業統計」

ストック)。このように投資が行き過ぎ、その調整のための削減も余儀なくされ、投資変動は激しくなる。

　第3に、おそらく設備投資を決定する主たる要因である企業家の心理というものが、本来的に時期によって大きく振れる性格を有していることが関係している。

(4) 設備投資の変動要因

1) ストック調整

　設備投資の変動に関しては、投資理論の1つであるストック調整型モデルが、最もポピュラーに使われる。すなわち、資本ストックが適正量を上回った状態が過剰資本ストック、下回った状態が過小資本ストックであり、適正量を実現すべく投資量を調整すること (ストック調整) で投資レベルが決定されるという考え方だ。問題は、第1に適正値、過剰度・過小度をどう計測するかであり、第2に過剰・過小と投資調整が実際の投資量にどう影響するかである。

① 過剰度の判断

　設備が過剰かどうかを測る最も簡単な方法は、稼働率を見ることだろう。稼

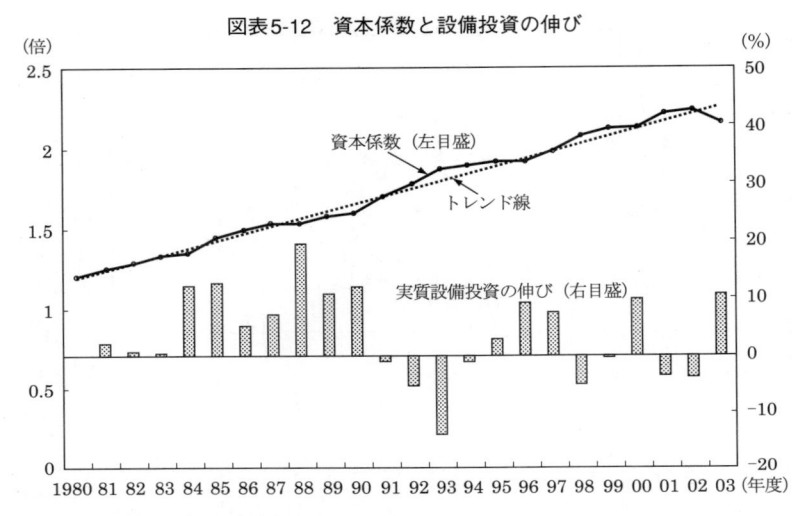

図表5-12　資本係数と設備投資の伸び

注：実質GDPは1995年固定
資料：内閣府「国民経済計算年報」

働率については、経済産業省より鉱工業指数の一部として製造工業稼働率指数が月次で発表されており、一定の情報を提供してくれる[13]。また、稼働状況に関する企業自身の判断は、日銀「短期経済観測」の「生産・営業用設備判断DI」（過剰－不足）から想定できる。

　よりマクロ的なデータから客観的に計測するには民間企業資本ストック統計が役に立つ。その1つが、資本係数である（図表5-12）。

　　　資本係数＝民間企業資本ストック（実質）／実質GDP

で計算され、1単位のGDPを生産するのにその何倍の資本ストックが用いられているかを示す。資本ストックの生産性（資本生産性＝GDP／資本ストック）の逆数にあたる。ただ、我が国の場合、この資本係数に上昇トレンドがあり[14]、

---

[13] 稼働率指数は、対象が製造業、さらに一部業種である。また、IT関連などでは生産能力、稼働率の測定に技術的に難しい面があり、必ずしもマクロ的な稼働率を示すと言えないと見られている。

[14] 上昇トレンドの理由については、独立投資の比重上昇、資本財の相対価格の低下のほか、特に非製造業で上昇トレンドが目立つことの解釈として、従来不十分だった資本蓄積が適正化していく過程である、などがある。たとえば、町の商店や飲食店がより資本集約的な大型店やチェーン店に置き換わっていくようなイメージだ。

トレンド線を上回ればストックは過剰と判断される。資本係数のほか、資本ストックに対する設備投資の比率から判断する手法もある。

いずれの方法も、資本ストック量と生産規模の関係を測っていることに変わりはない。ストック量が適正かどうかは生産規模との兼ね合いで決まってくる。ただ、計測されるのはあくまで当期における過剰度である。設備投資は来期以降の生産を目的に実施され、来期以降の生産量、ＧＤＰがどうなるか、に関して企業家がどうなると見ているか（期待成長率）によって、現存ストックが評価されることに留意が必要である。つまり、ストック調整の程度は、企業家の心理、主観によって変化する。

② ストック調整と新規投資の関係

ストック調整原理に従えば、過剰なストックがあれば調整プロセスを歩み、新規の投資は控えられることになる。ただ、以下の点を考慮しなくてはならない。

第１に、過剰設備と企業が新規に投資を必要とする設備は必ずしも同一ではない。新技術・新製品対応などの投資が必要と判断すれば、旧設備が過剰でも投資に打って出ざるを得ないこともあるだろう。第２に、過剰設備を抱えた企業もあればそうでない企業もある。マクロ的に過剰設備が存在しても過剰設備のない成長企業が過剰設備企業の減額分以上に投資を増やせば、全体として投資が増加することもあり得る。

以上のような事情から、マクロ的に過剰資本ストックの存在が指摘されながら、多くの場合設備投資が増加に転じている[15]。ストック調整原理は有効ではあるが、それだけで実際の変動を説明することはできない。

２）企業収益との関係

図表5-11からも明らかなように、企業の利益と設備投資は緊密な連動関係にある。設備投資を予測する最も簡単な方法は、足元の企業収益を見ることである。たとえば、経常利益の伸びが高まっていれば、今後設備投資の増勢が強まると見て間違いない。しかし、なぜ投資が利益と連動するのだろうか。新古典

---

15) たとえば1999年時、2002年時など、過剰設備が喧伝され、設備廃棄論まで叫ばれながら、その最中に景気が反転、設備投資も増加した。

派投資理論の言うように、投資が限界生産力で決まるとすれば、本来利益水準とは直接的な関係はないはずである。

利益と投資が関係する因果としては以下のような可能性があると考える。

第1は、投資採算を通じる効果である。企業は、「期待収益率－資本コスト」で決まる投資採算に応じて投資を決定しているとも考えられる。過去の実現した利益水準で期待収益が規定されるとすれば、利益と投資が連動することが説明できるだろう。

第2は、利益が投資のための資金に向けられるとする、キャッシュフロー説が成立しているのかもしれない。特に中小企業の場合は資金調達に制約があり、「純利益＋減価償却費」で計算される手元資金の多寡が投資決定に直接影響することはあり得るわけだ。

第3は、心理・期待の変化だ。設備投資も所詮生身の人間の決断で実施される。企業活動が活発で利益が増加すれば、経営者の心理も前向きになり、投資に踏み切りやすくなると想定される。

以上のような経路が複合して働き、設備投資が利益に反応して変動すると考えられる。先に第1節で見たように、企業の利益に自律的に増減するメカニズムが備わっているとすれば、利益→投資という連鎖は、景気の自律変動を説明する重要な要素となる。

  3) その他

設備投資の変動は、主として利益指標に代表される投資採算、キャッシュフロー、期待の要素と、ストック調整がからみ合って起きていると考えられるが、もちろんそれ以外にも投資変動に関係する要因は多い。

① 金融、バブルの効果

キャッシュフロー説の拠り所の1つとして資金調達制約があるが、資金調達自体の難易度、コストも当然投資行動に影響を与える。1つは金融機関の融資姿勢（アベイラビリティ）[16]、もう1つは金利水準が投資決定の変数となる。

---

16) 1990年代後半から2000年代初めにかけて銀行の不良債権が累積した時期は、銀行がリスク回避的となり、融資を厳格化、いわゆる「貸し渋り」が発生、これが企業の投資の足かせとなったと指摘される。

また、株価・地価の資産価格も投資行動に影響する。1980年代後半のバブル期など株価の上昇期には、企業は盛んにエクイティファイナンス（株式発行を伴う資金調達）を行い、投資に振り向けた。また、地価の上昇は担保価値の上昇を意味し、資金調達を容易化する。「バブル崩壊」後の株価低迷、地価下落は、投資行動にも抑制的に働いている可能性がある。

② 海外投資

近年企業の海外事業活動が拡大し、現地法人が行う設備投資の比率は製造業で20％近くに達している（図表5-13）。もし国内の投資を海外にシフトさせる形の投資が主であるとすれば、海外投資が国内を代替する形になり、海外投資の増加は設備投資の減少要因となるはずだ。しかし、従来の推移を見る限り、海外投資の比率は上昇傾向にはあるが、海外投資が増加する局面で国内投資が減少する逆相関の関係は観察されず、むしろ海外が増加する年は国内も増える順相関の関係が強い[17]。

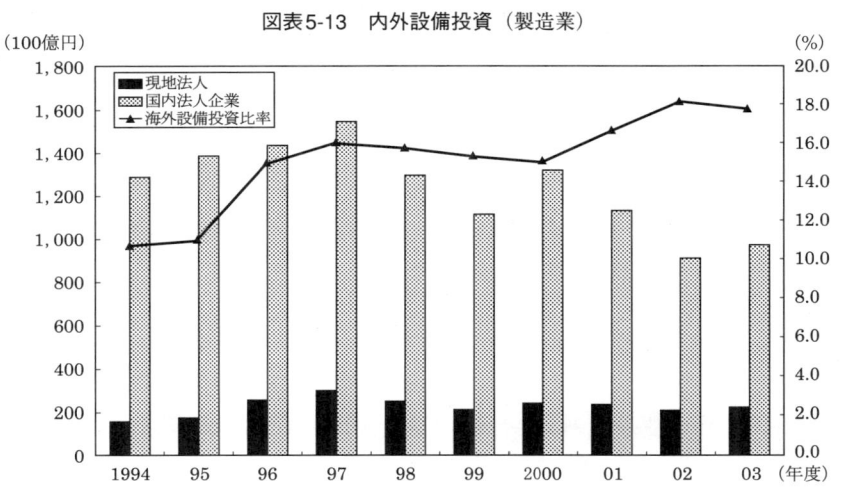

図表5-13　内外設備投資（製造業）

注：海外設備投資比率＝現地法人設備投資額／（国内設備投資額＋現地法人設備投資額）×100
資料：経済産業省「海外事業活動基本調査」

---

[17] 日本政策投資銀行の調査でも、海外投資を増加させる企業のうち8割強は国内も増加または横ばいと回答しており、「海外投資の増加が国内投資を抑制しているとは言いがたい」としている（「設備投資行動等に関する意識調査」（2004年11月））。

国内外を問わず、企業の収益状況に示される景況、今後の期待成長の度合いなどが、共通した投資の決定要因となっていることをうかがわせる。

(5) 設備投資の構造的なレベル低下
1) キャッシュフローとの関係

キャッシュフロー（純利益＋減価償却費）は企業にとって自己資金であり、この範囲内であれば外部から資金を調達することなく設備投資、在庫投資など投資活動を行うことができる。すでに見たように、投資はキャッシュフローの増減に連動する傾向があるが、従来の企業部門は外部資金を取り入れてキャッシュフローを大幅に上回る投資を行うのが常態であり、それが経済の成長の原動力となっていた面がある。

ところが近年は、こうした企業の投資行動のパターンがまったく様変わりしている。1990年代後半、特に1998年以降、企業の投資額はキャッシュフローを下回り続けているのである。つまり、企業は手元にお金があってもそれに見合った投資を行わなくなっている。

これは第1に、バブル期以降抱えていた過大な債務を削減するために、キャッシュフローを借入金返済に振り向けてきた、新規投資よりいわゆるバランスシート調整に注力したことが影響している。第2に、景気の低迷、期待成長率の低下によって投資が下押しされ、キャッシュフロー要因が以前ほど投資に有意に効かなくなっていることがあると見られる。

投資額がキャッシュフローを下回っていることから、SNA（国民経済計算）統計で企業部門の貯蓄投資バランスを見ると、

貯蓄投資差額＝貯蓄＋純資本移転の受取－純固定資本形成（総固定資本形成
　　　　　－固定資本減耗）－在庫品増加－土地の純購入（購入－売却）

2002、2003年と資金余剰基調となっている（図表5-14）。つまり、企業部門は総体として貯蓄（＝所得）以上に資金を使わず、他部門から調達するどころか、他部門へ資金供給を行っていることになる。

図表5-14　非金融法人部門の資本調達勘定

資料：内閣府「国民経済計算年報」

2）設備投資のGDP比率

設備投資のGDPに対する比率は、以前は14〜15％を下限、20％前後を上限として循環してきた（図表5-15）。しかし、1990年代になり14から16％の非常に狭いレンジで循環するように変化している。

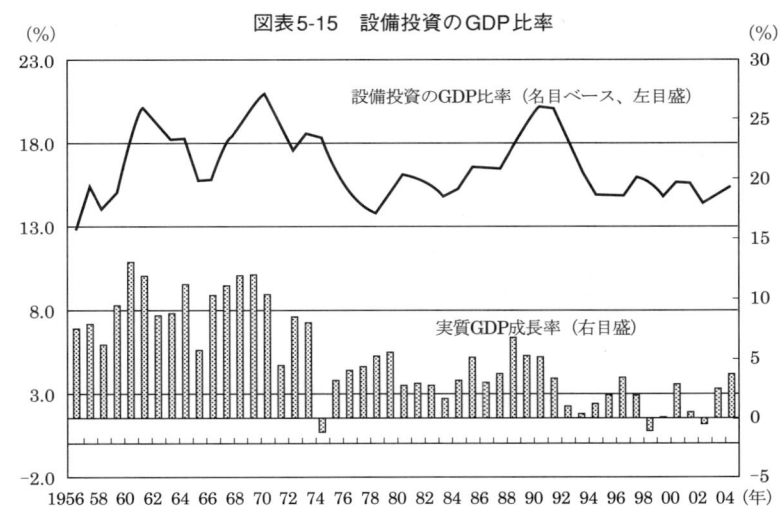

図表5-15　設備投資のGDP比率

注：80年以前は旧基準統計、また実質GDP成長は固定基準方式による。
資料：内閣府「国民経済計算年報」

設備投資は資本ストックの追加であることから、設備投資ＧＤＰ比率は、経済成長率と資本の生産性で決まってくると考えられる。1990年代以降の設備投資比率の低下期間は経済成長率が低迷した時期と符合しており、主因は成長率の低下であることをうかがわせる[18]。設備投資比率の低位安定が、今後も続くのかどうかは、日本経済が成長力を回復するかどうかによって変わってくる。

---

18) 投資比率の低下には、ほかにも、1980年代後半に積み上がった過剰ストックの調整、海外設備投資の増加、資本財価格の下落などが影響していると見られる。

第6章
在庫循環は景気変動の原因か

1．在庫量と在庫投資

(1) ストックとフロー

　在庫とは、企業（法人、個人企業）の持つ商品の手持ち額、棚卸資産である。つまり在庫とは資産、ストックの概念である。

　ある期間内における在庫ストックの増加分、フローが在庫投資であり、GDP統計において「在庫品増加」として、需要の一部を構成している、在庫投資は資産の積み増しであるから、需要の中でも設備投資と同様「資本形成」に区分される。

　在庫を形態別に分けると、川上から原材料在庫、仕掛品在庫、製品在庫、流通在庫に分けられる（図表6-1）。

　原材料在庫は、文字通り原材料の在庫量であり、仕掛品在庫は生産過程にある未完成の商品、製品在庫はメーカーが製造した完成品の在庫、流通在庫は卸、小売段階にとどまる製品在庫である。

　在庫の増減、在庫投資を形態別に見ると（図表6-2）、それぞれ変動は大きいが、流通在庫の振幅が最も激しくなっている。これは個人消費など最終需要段階に近いため、需要変化やデフレの影響を直接的に受けることなどによると考

図表6-1　在庫ストック（2003年末）

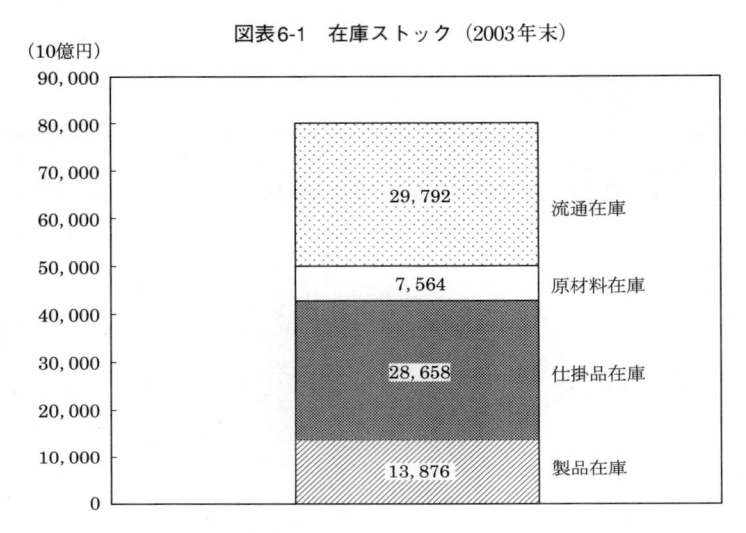

- 流通在庫：29,792
- 原材料在庫：7,564
- 仕掛品在庫：28,658
- 製品在庫：13,876

資料：内閣府「国民経済計算年報」

図表6-2　形態別在庫投資

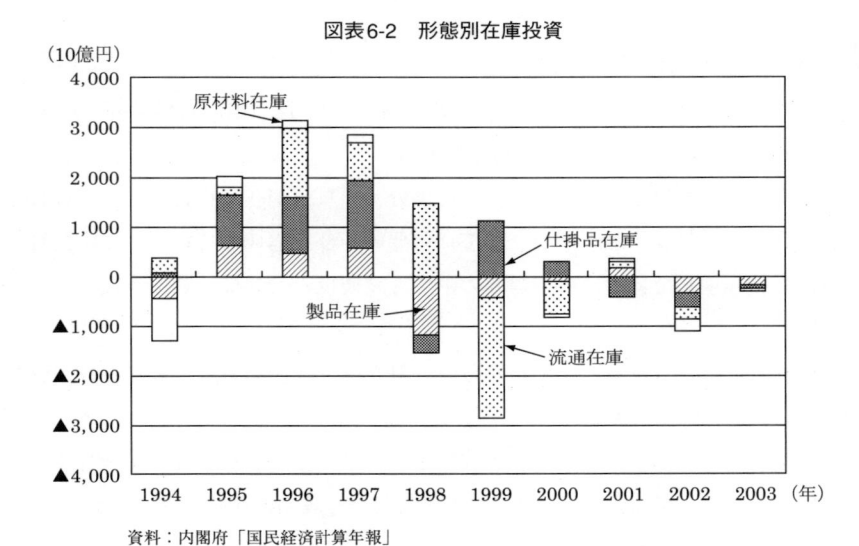

資料：内閣府「国民経済計算年報」

えられる。

(2) 在庫の統計

　在庫投資の動向は、四半期ごとに発表されるGDP統計速報で把握できる[1]が、景気観測の上から公表がやや遅く、また月次の数値がないのも使い勝手が悪い。そこで、在庫の統計としては、経済省「鉱工業指数」が最も便利で有用である。これは、メーカーの製品在庫保有量で、生産量、出荷量とともに翌月末には集計、発表され、速報性に優れている。鉱工業トータルの指数が注目されるが、業種別、財別の指数も作成される。また、原数値とともに季節調整値も公表され、月々の変化も追いやすい。

　「鉱工業指数」から得られる生産者製品在庫指数は在庫ストックの量である。そのため、フローの在庫投資を見るには在庫指数の変化幅を計算する必要がある。また、これは製品在庫だけの統計であり、マクロの在庫投資動向を見るには、他の形態の在庫動向も参照した方がよい。製品在庫以外の在庫統計は十分ではないが、流通在庫については経済省「商業動態統計」の「大規模卸売店の期末商品手持額」などから推計できる。

2．在庫投資の変動と構造変化

(1) 変動要因

　在庫保有の動機、あるいは増加要因には様々ある。

　1）生産・取引の円滑化、促進

　企業は販売、出荷の注文が来たとき手元に商品がなければ、得べかりし利益を失うことになる。このように、販売や生産活動を円滑にしたり、促進するには、ある程度の在庫保有が必要である。取引規模の拡大に応じて以上のような在庫の必要量は増加するため、一般に景気上昇期に在庫投資は増加することになる。

---

1) 在庫ストック、形態別在庫投資は、国民経済計算統計確報で年次データしか得られない。国民所得統計速報（QE）では、民間在庫品増加の名目、実質値の系列が四半期ベースで得られる。

また、生産あるいは取引の段階のより川上部門から見ると、川下段階における在庫の存在により、末端の需要の変化の影響をスムージングするバッファーの役割を果たしているとも言える。つまり、需要の振れが大きくても、メーカーは安定的に生産を続けることができるというわけだ。

　2）投機的動機

　物価の変動も在庫投資に影響する。物価が上昇している時は、在庫保有は在庫評価益をもたらし、下落すると評価損が生じる[2]。そのため、インフレ期は一般に在庫投資レベルが高く、デフレ期は低くなる。ただ、在庫保有には金利などコストもかかる。そのため、金利マイナス物価上昇率で計算される実質金利に、在庫保有の投機的動機は依存すると言える。

　3）意図せざる在庫増

　在庫は、企業が何らかの目的、動機を持って積み増すことで増加するだけではない。予想以上の出荷・販売の鈍化、減少によって必要がないのに結果的に積み上がってしまうことがある。これを「意図せざる在庫増」と呼ぶ。これに対し企業が意図的に増加させる場合は「意図した在庫増」となる。

　また、在庫の減少も予想以上に出荷・販売が増加し生産が追いつかず「意図せざる在庫減」の形を取ることがある。生産の調整などで在庫を減らす場合は、「意図した在庫減」と呼ぶ。

(2) 在庫の趨勢的低下

　1）在庫率による判断

　在庫は、出荷ないし販売量との関係で、所要量、適正量が決まってくると考えられる。そこで在庫のレベルを判断する指標として、在庫率が用いられる。在庫率は「鉱工業指数」の製品在庫（指数）については、

　　鉱工業生産者製品在庫指数／鉱工業生産者製品出荷指数×100

　マクロの民間在庫ストックベースでは、

---

[2] 期末の在庫残高は、前期末残高に当期の在庫投資額と、当期の価格変化による評価調整額を加えた合計となる。

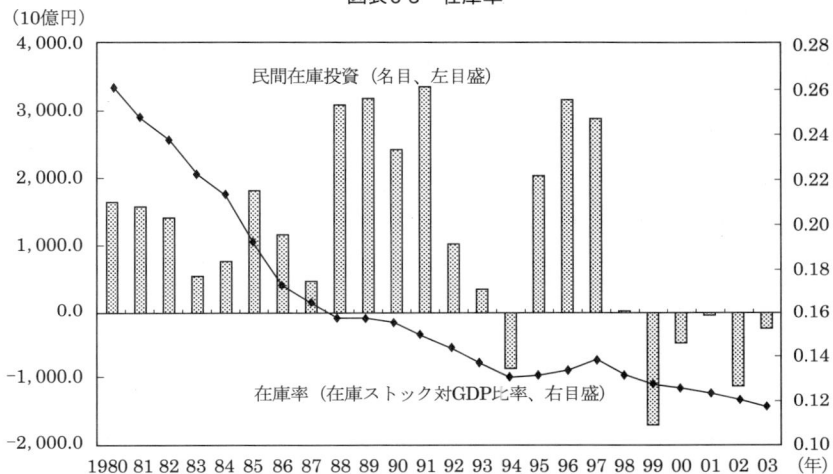

図表6-3　在庫率

民間在庫資産残高／GDP

として計算される。

　マクロの在庫率を見ると（図表6-3）、1980年代以降低下傾向にあり、最近では1998年から2003年にかけて落ち込み続けた。この背景には、物価下落で在庫評価調整額がマイナス（在庫評価損）で推移していること、経済のサービス化の進展[3]、商品（モノ）の物価がマクロの物価水準（GDPデフレーター）以上に低下していることなどがあると考えられるが、フローの在庫投資自体も1998年以降マイナスを続けている。商品取引に比して手持ちの在庫量が減少している、企業が在庫水準を減らす行動を取っていることも間違いない。

　2）企業行動の変化

　在庫率低下の背景には、以下のような企業行動の変化があると考えられる。

① 在庫管理技術の向上

　製品の多品種少量化の傾向は、それ自体は在庫増加要因であるが、一方でコ

3）サービス部門（販売業を除く）は基本的には在庫を持たないから、経済に占めるサービス産業の比重が上昇すると、在庫のGDP比率は低下することになる。

ンピューターの利用が進み、在庫のきめ細かな管理を可能にした。さらに、必要最低限の在庫しか持たないように生産・物流体制を構築する経営手法（トヨタ自動車のかんばん方式[4]など）の導入などにより、産業界の在庫は削減されてきている。

② デフレ

近年物価が下落傾向にあるため、企業は在庫評価損を避けるため、在庫量を減らしている。図表6-2で見た流通在庫の減少も、かなりの分デフレが影響していると考えられる。

③ 経済成長率の低下と製品サイクルの短縮

在庫の適正水準が取引規模に応じて決まるとすれば、在庫投資額は将来の取引規模の見通しに左右される。期待成長率が高く、先行き売り上げが拡大すると見込まれる場合は在庫を積み増し、取引が低迷すると見れば圧縮するであろう。1990年代以降の日本経済の長期低迷、さらに1997年秋からの需要の一段の冷え込みが、企業の期待成長を屈折させた可能性がある。経済成長率の低下傾向に伴い、出荷や販売が急激に増加する可能性がなくなり、在庫を積み増すインセンチブが低下したであろう。

また、IT関連製品などの製品サイクルが低下したことも、在庫保有を極力減らす誘引となっている。

3．在庫変動と景気

(1) 在庫循環

短期の景気循環は一般に在庫循環であるとされる。

すなわち、在庫と出荷の関係で見るなら（図表6-4）出荷も在庫も増加率の高まる時期（意図した在庫の増加局面）→出荷の伸びが鈍化し在庫の増加がさらに高まる時期（意図せざる在庫増局面）→出荷の伸びも在庫の伸びも低下する

---

4) 前工程が見込みで部品を製造、後工程に流すと見込みが狂い過剰に在庫を抱えることがある。「かんばん方式」は、後工程が必要量だけ前工程に部品を発注し、在庫を削減する方式。

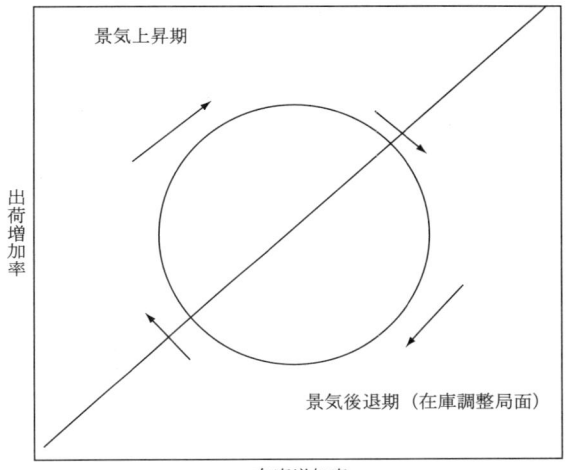

図表6-4　在庫循環概念図

```
           景気上昇期

出
荷
増
加
率
                  景気後退期（在庫調整局面）

           在庫増加率
```

時期（意図した在庫減局面）→出荷の伸びが高まり在庫の伸び低下が続く時期（意図せざる在庫減局面）という順番で、時計回りに循環する。図で45度線を上から下に切るポイントが景気の「山」、下から上に切るのが「谷」となる。

鉱工業指数における製品在庫指数と出荷指数もほぼこの循環図に即して変動しており、在庫の動きは景気局面を判定する上で重要な参考情報となることは確かだ。

（2）在庫変動は景気変動を引き起こすか

在庫循環が存在することは確かだが、問題はそれが景気変動とどういう関係にあるかである。

1つは、在庫循環は景気変動を引き起こす原因である（あるいはその1つである）という考え方があり得る。在庫調整とは、過大になった在庫水準を適正に戻すために生産を抑制する意味に使われるが、景気論議においてしばしば「在庫調整が景気後退を引き起こした」とか、「在庫調整の一巡に伴い景気が反転した」という表現を耳にする。この見方は

在庫増→生産抑制・減産（景気反転・後退）→在庫調整（在庫減）→在庫調整の

図表6-5　在庫率と生産（季節調整値）

指数（2000年＝100）

（鉱工業生産者製品在庫率指数、鉱工業生産指数）

資料：経済産業省「鉱工業生産動向」

終了（在庫の適正水準への低下）→増産（景気反転・上昇）という変動の連鎖をイメージしている。在庫は「小さな巨人」と呼ばれることがある。在庫投資のGDPに占める比重は非常に小さいが、景気変動を引き起こす主役を演じている、という意味である。

　もちろん上記のようなメカニズムが多かれ少なかれ働いていることは間違いないであろう。だが、過去の在庫率と生産の動きを製品在庫について見ると（図表6-5）、実際は　在庫率が低下を開始するとのと同時かやや遅れて生産が反転・増加し始め、逆に在庫率の上昇と同時かわずかなラグで生産が減少に向かっている。決して、在庫率が適正水準まで戻ってから生産が反転しているのではなく、生産が反転する時の在庫率水準はまちまちである。

　そして、在庫率の下げ止まり、あるいは頭打ちをもたらしているのは、生産調整だけではなく、多くの場合総需要の落ち込みの緩和、あるいは鈍化である。つまり、生産の反転は基本的には需要の変化に対する反応であると言える。在庫調整、在庫率の変化はその際、生産の基調の変化を支える役割を果たすが、主たる要因ではない。生産の反転を支えるというのは、需要変動の生産への影響

を増幅すると意味である。こうしたことから、在庫変動は 景気循環の原因ではなく、加速度因子であるといった方がよいであろう[5]。

　在庫変動は、景気循環の原因ではないであろう。しかし、景気循環局面に関し貴重な情報を提供してくれる。特に、速報性のある製品在庫指数、あるいは製品在庫率指数は景気観測の上で注目するべき指標である。

5）「景気探偵」を自称する赤羽隆夫氏はかつて在庫変動を「汽車ごっこ」にたとえた。汽車ごっこは大きな綱の輪に何人かが入って、列を作って進む遊びだ。先頭が最終需要で次々に生産の前段階に移り、最後尾は原材料生産、あるいは輸入部門になる。綱のたるみが在庫で、たるむ時は先頭（最終需要）のスピード以上で、前段階の生産は増加する。逆に、たるみを元に戻す（在庫調整）時は、前段階の生産増加は最終需要より小さくなる。このように綱がたるんだり伸びたりすることが、生産の振れを大きくする。もし、最終需要がコンスタントに増加を続ければ、こうした在庫変動に起因する景気循環も原理的にはあり得る。だが、実際は最終需要変動のインパクトが大きく、在庫は最終需要変動の結果増減し、生産への影響を増幅することが多い。

第7章
物価——「デフレ」害悪論の是非

1．物価とは

(1) いろいろな物価指数

　物価とは、モノやサービスの平均的な値段である。「価格」という言葉は普通は個別の商品などに用い、「物価」はどちらかというとマクロ的な平均価格という使い分けがされる。

　物価には、どの分野の価格を調べているかによって、いくつかの統計がある。
① 　企業物価指数（旧卸売物価指数[1]）

　企業間で取引される商品の価格を対象とする。それによって商品の需給動向などを把握し、マクロ経済、景気動向の判断の参考にするのが目的だ。日本銀行が旬（10日）ごとに調査、基準年を100とする指数[2] として公表しているが、

---

1 ）日本銀行は1897年から卸売物価指数の作成を行ってきたが、2002年12月から企業物価指数へと変更した。メーカー段階の調査の拡充、ヘドニック法（後述）によるＩＴ製品の品質調整法の拡充などが主な変更点だ。
2 ）物価は通常基準年を100とする指数の形で作成される。企業物価の場合は、基準年の出荷額でウエート付けし、それを固定して比較年の指数を計算するラスパイレス方式のほか、連鎖方式指数も参考に作成されている。消費者物価指数は、基準年の家計の購入額をウエートとしたラスパイレス指数である。

通常使用されるのは月間値だ。

企業物価指数は、国内企業物価指数（国内市場向けの国内生産品の取引価格）、輸出物価指数、輸入物価指数から成る。このうち、国内企業物価指数が国内の需給指標として最もポピュラーに使われる。

② 消費者物価指数（CPI）

家計が購入する商品やサービスの価格を、店頭小売段階で調査したもので、総務省統計局が毎月発表している。企業物価との大きな違いは、サービスを含む点と、小売段階の調査である点だ。

いわば生活のコストを示すわけで、たとえば春闘賃上げ、公共料金の改定、日本銀行の金融政策、年金給付額の算定に参考にされるなど、経済の各面で重要な役割を果たしている。

総合指数のほか、「生鮮食品を除く総合」「持ち家の帰属家賃を除く総合」などの系列が注目される。また、全国ベースの指数は対象月の翌月末に発表されるが、同時に発表日の当月の東京都区部指数が速報値として発表される。東京都区部と全国の動きは同じではないが、傾向は変わらず、より早く物価動向を知りたい時には東京都区部指数を見ればよいことになる。

③ 企業向けサービス価格指数

企業間で取引されるサービスの価格を対象とし、日本銀行が1991年から調査、公表している。

④ 商品市況

需給を敏感に反映する市況商品の価格を、日本経済新聞社が日経商品価格指数（日次17種、月次42種）として調査、公表している。

⑤ GDPデフレーター

GDPベースの物価指数であり、最もマクロ的、総合的な物価と言える[3]。言い換えると、国内で生産された付加価値の物価である[4]。

---

3) GDPデフレーターは直接計算することができず、名目GDPを、需要項目ごとに計算された実質値を積み上げた実質GDPで割って事後的に得られることから、「インプリシット・デフレーター」とも呼ばれる。

(2) 変動率

各物価指標を見る際、他の多くの経済指標と同様、通常はその変動率（上昇率）に注目する。経済情勢の変化は物価の変化に現れ、また物価が変化することで経済に影響を与えるからである。物価の絶対レベルを問題にするのは、国家間、地域間、あるいは経済の部門間の物価水準の格差を比較するような場合で、景気とは別の構造問題の議論となる。

物価の変化率を計算するには、前年同期比がよく用いられる。物価にも季節性があり、前月比や四半期別前期比の変化率を見るには、季節調整が必要になるが、物価の季節調整は通常は行われず公表値もない。

一定期間以上にわたり物価が上昇し続ければ「インフレ」と呼び、下落を続ければ「デフレ」と呼ぶ。

(3) 過去の推移

日本の物価を長期的に見ると、時期によって変動の仕方が大きく変化している。図表7-1は、消費者物価と企業物価（旧卸売物価）の変動率を示したものだ。1960年代から1970年代初めまでの高度成長期は、恒常的に消費者物価の上昇率が高くインフレ基調にあったが、この間卸売物価は上昇率が低く、消費者物価と乖離が生じていた。これは、製造業部門の高生産性と非製造業、サービス部門の低生産性が反映したとし、「生産性格差インフレ」と呼ばれた。

1973年の中東戦争に端を発した石油危機時には、卸売物価は30％以上上昇する超インフレとなり、「狂乱物価」という呼び名もついた。1979年から1980年にかけての第二次石油危機時にも、卸売物価は20％近く上昇した。1970年代は原油価格を始め一次産品価格が高騰したことによるインフレの時代だった。

1980年代になり物価は落ち着き、特に後半は円高の急進展と原油価格下落により、物価が下落傾向となり、1986年から1987年にかけ国内卸売物価は6％近

---

4) ＧＤＰ＝国内需要＋輸出－輸入であるから、実質輸入が変わらず輸入物価が下落すると輸入額が減少し、ＧＤＰは増加、ＧＤＰデフレーターは上昇する。この場合、輸入物価下落が国内に波及し同額だけ国内需要が減少すると名目ＧＤＰは変わらず、ＧＤＰデフレーターも変化しない。

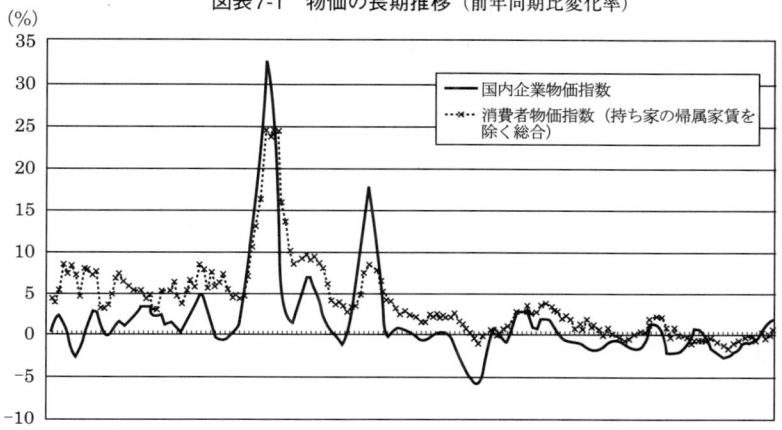

図表7-1　物価の長期推移（前年同期比変化率）

凡例：国内企業物価指数／消費者物価指数（持ち家の帰属家賃を除く総合）

資料：日本銀行「企業物価指数」、総務省「消費者物価指数」

い下落を記録した。卸売物価の下落率では1990年代を上回るが当時は「デフレ」という呼称は使われず、「ディスインフレ」（インフレの終焉）と言われた。

1990年代になり、経済の停滞に呼応して物価は安定基調となり、1990年代後半以降は消費者物価の持続的下落を理由として、公式に「デフレ」と定義されている。

2．物価変動の要因

物価変動の要因には、大別して需給要因とコスト要因があり、また国際要因と国内要因に分けることができる。ここでは、まず国際要因、国内要因で区分してみたい。

(1) 国際要因

国際要因とは、海外物価が我が国の輸入物価の変動につながり、さらに国内に波及する過程を指す。

国際要因による物価変動は、第1に海外物価（契約輸入物価）の変動によって起こる。最も典型的なのは、石油危機の例に見られるように海外一次産品市

況の変動が国内に及ぶパターンだが、ほかにも海外輸入元の価格戦略、あるいは輸入国のシフトなどよっても海外物価は変わる。

　　　外貨建て輸入物価×為替レート＝円建て輸入物価

の関係から、第2に為替レート動向も、輸入物価を通じて国内物価に影響する。すなわち、円高になれば輸入物価が下落、国内物価にもコスト面から下落圧力がかかる。逆に円安は物価押し上げに作用する。

　為替レートは変動が激しく、また我が国の輸入構造が従来は外貨建てで契約される素原材料の比率が高かったことなどから、為替レートの物価への影響は非常に大きかった（図表7-2）。

　海外要因の第3の構成要素として、輸入量がある。輸入物価変動が国内物価に影響する度合いは当然のことながら、輸入品が国内市場でどれだけの比重を占めているか（輸入浸透度）によって変わってくる。近年は円高傾向と内外価格差を背景に輸入増加の増勢が継続しており、輸入浸透度が上昇、その分国内物価の押し下げに作用している。

　かつて国内需給の逼迫していた高度成長期には、輸入は「安全弁」と評価さ

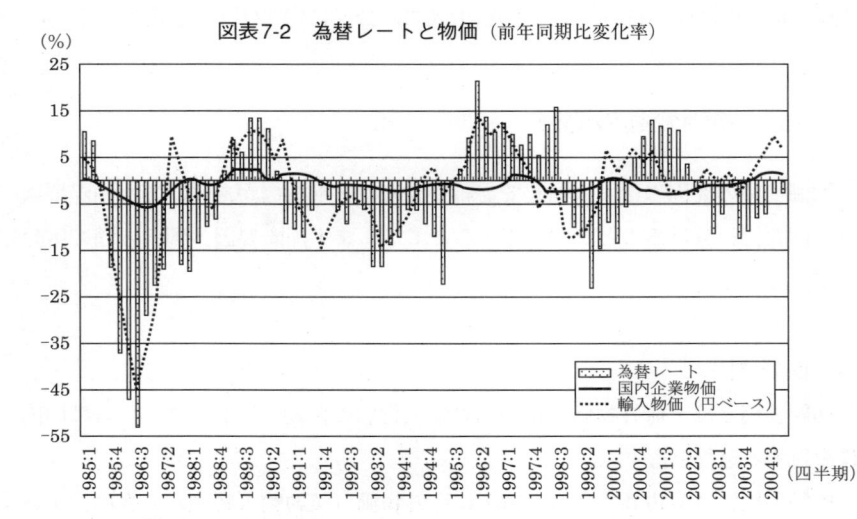

図表7-2　為替レートと物価（前年同期比変化率）

注：為替レートは円高がマイナス
資料：日本銀行「企業物価指数」、総務省「消費者物価指数」

れた。すなわち、国内でモノが足りなくなると輸入が増加して需給をバランスさせインフレを回避するメカニズムが働いたことを指す。近年も、輸入の増加は物価上昇を抑える点は同じだが、むしろ「デフレ」を加速させるというマイナスの受け止め方をされている。

(2) 国内要因

国内に原因のある物価変動は、ホームメードインフレ（あるいはデフレ）とも呼ばれる。

1）需給（景気動向）

物価の第1の変動要因は需要と供給の関係である。需要が供給を上回れば上がり、逆なら下がる。物価は「経済の体温」とも言われ、経済活動の活発さ度合いのバロメーターとされるが、それは景気が上昇すれば需要が増加して需給が引き締まり、低下すれば需給が緩むからである。そのため、企業物価や商品市況はおおむね景気循環にやや遅れる形で連動する傾向がある（図表7-3）。

このように需要が主導して需給が変化、物価が変動することを「デマンドプル」（上昇の場合ならインフレ）と呼ぶ。逆に、供給が足りなくなって物価が上

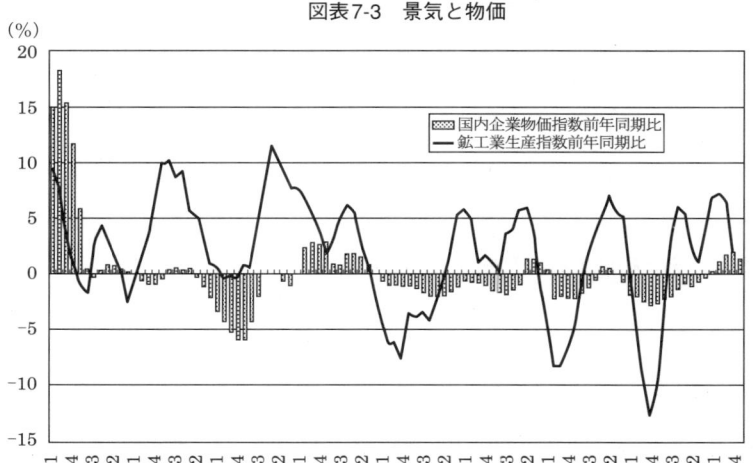

図表7-3　景気と物価

資料：日本銀行「企業物価指数」、経済産業省「鉱工業指数」

がる場合もある[5]。

経済の需給状況を測る指標としては、在庫水準、稼働率、GDPギャップ[6]などがある。

2）賃金コスト

物価変動の第2の要因はコストであり、その最大の項目が賃金である。賃金が上昇すれば企業にとって人件費が上昇、利益を維持するには製品価格の値上げが必要になり、物価が上昇する。ただ、賃金が上昇しても労働者1人当たりの生産量（生産性）が増加していれば、コスト上昇には働かない。すなわち、

　　　単位労働コスト＝賃金総額/生産量

で計算される単位労働コストが変化する場合に物価に影響する。

賃金は、我が国の慣行では、春闘における労使交渉で年々の引き上げ額が決められてきた。過去の春闘交渉において、①すでに物価が上昇している、②労働需給が引き締まっている[7]、③労組の交渉力が強い―などの理由で賃上げが生産性上昇を上回るとインフレが起きた。特に、人件費ウエートが高く生産性上昇に低いサービス部門の物価は賃金コストを主因に変動する傾向がある。

近年は、賃金上昇が傾向的に低下してきており、デフレの背景の1つとなっているが、大幅な賃金引下げは難しいため、生産が減少する場合賃金コストが上昇し、収益の圧迫に働く局面もある。

3）間接税

購入者が負担する間接税は物価の押し上げ要因となる。1989年の消費税導入時、1997年の税率引き上げ時には、企業物価、消費者物価とも上昇した。ただ、税率分がそのまま物価上昇に反映するわけではない[8]。非課税品目があり、また

---

[5] 特定の財に供給制約が起き、それが原因で物価上昇が起きるケースを「ボトルネックインフレ」と言う。
[6] 資本、設備などを生産要素を最大限稼働した場合に実現される潜在GDPを計算、それと実際のGDPとの差をGDPギャップという。
[7] 物価上昇と労働需給（失業率）はトレードオフの関係にあり、その構図を図示した曲線がフィリップ曲線である。需給が締まり失業率が低下すると物価は上昇する関係にある。
[8] 1997年4月の消費税率2％引き上げ時には、消費者物価上昇は前月に比べ1.41％アップした。

価格転嫁をしない企業、店舗もあるからである。

　4）技術革新

　ＩＴ（情報技術）関連製品などは、技術革新の進展により、同機能を持った製品同士で比較すると価格が急激に下落し続けている[9]。

　5）貨幣量（マネーサプライ）

　経済変動に対する貨幣供給量（マネーサプライ）の役割を重視する立場（マネタリズム）からは、物価は貨幣量で規定される。すなわち、M＝貨幣量、V＝貨幣の流通速度、P＝物価、Y＝生産量（実質ＧＤＰ）とすれば、

　　　M×V＝P×Y　（貨幣数量方程式）

が成立、Vが一定なら、Mと名目ＧＤＰには規則的な関係がある。Mが増えた時、Yが増えなければ物価（P）が比例的に上昇することになる。

(3) 物価の連鎖

　商品は製造され消費者の手元に届くまで、いくつかの取引段階を経る。その取引段階ごとの物価指数は、相互に関係する。企業物価については、以下の段階があり、より川上段階の物価は川下の物価に対してコストとして影響する、すなわち物価が連鎖的に変動する関係にある。

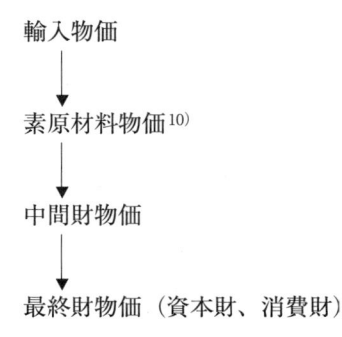

輸入物価
↓
素原材料物価[10]
↓
中間財物価
↓
最終財物価（資本財、消費財）

---

9) 物価は同じ機能、品質の商品の価格の動きを示すことが目的である。そのため、品質が向上して価格が上昇しても物価上昇とはみなさず、この品質変化を調整する必要がある。近年技術革新で品質向上が著しいパソコン、デジタルカメラ、ビデオカメラなどの商品は、「ヘドニック法」という計量分析的手法でこの品質分を調整した物価指数を算出している。

さらに、企業物価の最終財・消費財物価は小売段階の消費者物価（商品）に反映する。そのため、企業物価→消費者物価という連鎖が存在する[11]。ただ、消費者物価には企業物価の対象となっていないサービス物価も含まれるため、その分連動性は弱まる。

各取引段階の物価が連動しているため、たとえば輸入物価の変動など川上段階に原因がある場合、川上段階の物価指数がより川下の指数より先行して変動することになる[12]。

3．物価と経済──「デフレ」をどう考えるか

物価は経済の需給関係、コストを反映して変動するが、一方で物価の変動が経済活動に影響する。ここでは、近年の経済を特徴づけている「デフレ」を取り上げて、その経済効果を考えてみたい。

(1) 「デフレ」とは

「デフレ」という言葉には、どこか暗い響きがある。元々、「デフレ」は「産出量の減少を伴う物価下落」「物価下落を伴う景気低迷」のような意味で、不況とセットで使われていた。それを変えたのが、2001年3月に内閣府が示した定義づけで、「持続的な物価下落」、具体的には消費者物価が2年以上下落を続けていれば「デフレ」とすることに変更した。すなわち、消費者物価が下がり続けていれば好景気であろうと不況であろうとかかわりなく、機械的に「デフレ」と認定されることになった。

この定義に従い、当時の状況は「穏やかなデフレ」と判定された。消費者物

---

10) 製造業の生産に関し、企業物価とは別に、原材料、燃料など投入物価、中間財・最終財を含む製品価格（産出価格）を日本銀行が調査、指数として公表している。
11) 消費財については企業物価を企業の原価、消費者物価を販売価格とみなすこともでき、「消費者物価─企業物価」を企業のマージン（営業利益＋販売費および一般管理費）の代理変数に用いることもある。
12) 需給要因による物価変動であっても通常は企業物価が変動し、それが消費者物価に波及するという経路をたどる。しかし、1990年代以降の経済低迷期においては、末端の小売段階で値崩れし、それが企業段階に遡って影響していくという現象も起きている。

価（総合指数）は、1999年から低下を始め2003年まで4年連続で低下、2004年は横ばいだったが、より実勢を示すとされる生鮮食品を除く指数、帰属家賃を除く指数ではなおマイナスで、その後も2005年段階まで「デフレ」は継続している。図表7-1で示したように、このように消費者物価が継続的に下落した例は戦後の我が国では例がない現象である。いずれは解消される時期が来るだろうが、物価の安定基調自体は当分の間損なわれないと見られる。

（2）要因

「デフレ」の現出には、いくつかの要因が働いている。

① 物価上昇低下は世界的傾向

第1に、物価が下落しているかどうかはともかく、上昇率の低下は世界的傾向であることがある。経済の高成長を続ける中国ですら、1990年代末から2000年代初めにかけて消費者物価はマイナスで推移した（図表7-4）。いわば「グローバルデフレ」の様相を呈している。この背景には、東西冷戦の終結、新興工業国の成長、貿易関係の緊密化などを背景に、工業製品の世界的供給力が拡大したことがある。

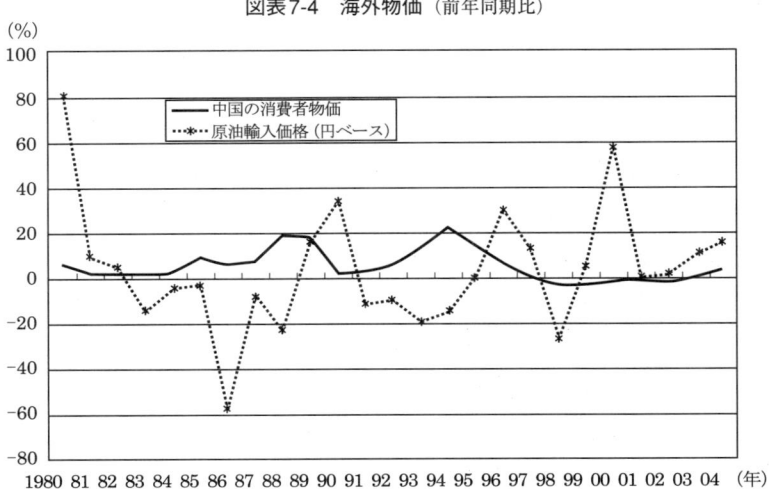

図表7-4 海外物価（前年同期比）

資料：中国政府統計、財務省「貿易統計」

また、一次産品価格が長い間安定していたことも「デフレ」に寄与していた。ただ、2003年から2005年にかけて、原油を始めとする一次産品価格が世界的に上昇しており、日本にも産業のコスト上昇要因として働き始めている。一次産品には、工業製品と異なり供給制約があり、世界的需要増が価格に反映している。今後一次産品価格の上昇が続く場合、「デフレ」が終わり、「インフレ」の時代が始まる可能性も否定はできない。

② 内外価格差

　我が国に限って言えば、為替レートが長期的に円高傾向をたどっているため、多くの価格で国内が高く海外が低い内外価格差の状態にある[13]。内外価格差が存在すると、水が低きに流れるように輸入が増加し、国内物価に絶え間なく下落圧力がかかる。つまり、国内物価が海外物価のレベルに近づいていくことになり、物価下落は国際価格水準への収斂過程と解釈することもできる。

　内外価格差が存在し、国内価格に下落圧力がかかっているのは、財・サービスだけではない。日本の賃金水準は国際的に割高であり、そのため輸入の増加、あるいは外国人労働者の流入、企業の海外生産の拡大などが進展し、間接的に賃金引下げに働いている。また、地価についても同様に、輸入増加、海外生産が引き下げに作用する。このように、一般物価以外の生産要素についても、国際価格に収斂する傾向があり、このことを要素価格の均等化定理と呼ぶ。

③ 国内需給

　物価変動の第1の要因は需給であり、物価下落の背後には経済の低迷、需要の減退による需給ギャップが存在する。特に1998年以降の消費支出の大幅な落ち込みで、メーカー、販売業者は売れ行き不振に苦しみ、値下げを余儀なくされてきている。そうした中で、「価格破壊」と呼ばれる、意図的・戦略的な安売りが横行、これも物価下落に拍車をかけている。「価格破壊」は企業側の戦略であるが、それが広がった背景には需要が冷え込み、極端な値下げによるインセンチブなしに売上げを確保できないという事情があり、需給要因に起因すると言

---

13) 為替レートが購買力平価以上に上昇すると、内外価格差が生じる。そのため、現実の為替レート／購買力平価で、内外の価格差を計算できる。

④　供給側要因

　物価変動要因で示したように、ＩＴ関連など先端技術製品は技術の急進展により、同等の機能・品質の商品で比較すると価格が継続的に下落している。また、規制緩和、企業の生産・物流効率化努力などによるコスト削減も、強く働いてきている。

(3)「デフレ」の経済的影響

　インフレの時代には、物価の安定は好ましいと評価され、政策目標となっていた。しかし、近年の「デフレ」状況については、その評価は分かれており、どちらかといえばデフレが経済に悪影響を及ぼし、経済低迷の主因の１つになっているとする「デフレ」害悪説が優勢である[14]。

１)「良い物価下落」、「悪い物価下落」

　「デフレ」の経済への影響を考える場合の１つの視点として、上記(2)で挙げた原因で区別する考え方がある。

　すなわち、内外価格差解消、技術革新、流通効率化など、物価下落の原因が経済的に是認できる要素の場合は「良い物価下落」、逆に景気低迷、需給ギャップなど是認できない要素は「悪い物価下落」となる。

　ただ、「デフレ」論議における意見の大勢は、以下に述べるように、原因は何であれ、物価下落という現象自体が経済に悪影響を及ぼすというものであった。

２)物価下落の弊害

①　企業収益の圧迫

　「デフレ」が経済に害悪を及ぼすとする説は、特に企業の収益への悪影響に焦点を当てる。

　第１に、債務負担の増大だ。どのような契約であれ、既契約の金額は固定されているので、物価が下落すると契約金額の実質価値が増加する。債務の場合

[14)]「デフレ」の主たる原因が景気低迷、需給緩和にあり、「デフレ」が経済に悪影響を及ぼすとすると、「デフレ」で景気が悪化、さらに「デフレ」が加速するという形で、悪循環に陥る可能性がある。これを「デフレスパイラル」と呼ぶ。

は、実質債務負担、返済負担が増加し、企業収益を圧迫する（フィッシャー効果）。我が国企業はバブル景気の崩壊以降、過大な債務負担に苦しみ、その軽減に努めてきたが、「デフレ」は新たな負担増となってのしかかることになる。

　第2に固定費負担の増加だ。たとえば、人件費は物価下落に連動する形で調整するのは難しく、他の固定費も同様に削減しにくいため、「デフレ」は固定費比率の上昇という形で、利益縮小要因に働く[15]。

　第3に、製品価格の下落は、総利益（粗利）を減らす恐れがあることである[16]。

② 実質金利の上昇

　　実質金利＝名目金利－（予想）物価上昇率

で計算され、物価が下落すれば実質金利は上昇する。実質金利の上昇は、名目金利低下の効果を打ち消し、企業の投資採算を悪化させることで、設備投資、在庫投資など投資活動にマイナスに働く。

③ 購買行動の先延ばし、在庫投資の減少

　物価が下落傾向にあれば、家計は購買を遅らせ、企業も在庫投資を控えるようになる。また、投資額に比して収益が目減りするため期待投資収益率が低下し、設備投資の減少にも働く可能性がある。

④ マネーイリュージョン（貨幣錯覚）

　経済取引は常に額面金額で行われる。「実質」という概念は分析のための虚構に過ぎない。物価が下落すると、仮に実質値は維持されていても名目金額は縮小する。企業にせよ、家計にせよ、実際に目にする金額数字は小さくなり、そのこと心理的萎縮につながるとする見方がある。それは錯覚ではあるのだが、人間心理、行動に影響することはあり得るわけだ。

　3）「デフレ」のプラス面

① 物価変動の影響：相対価格の変化

---

[15] 物価と賃金、金利などが並行して下落すれば、利益率は変わらない。こうした物価下落を「中立的デフレ」と呼ぶことがあるが、現実には固定費の調整が遅れ、中立にはならない。
[16] この点については、必ずしも総利益を減らすとは限らないことを後述する。

「デフレ」害悪論はそれぞれ根拠があるが、「デフレ」の影響は2)で挙げた項目だけではない。そもそも、物価の変動とは取引主体間の相対価格の変化であり、双方に相反する効果を及ぼす[17]。つまり、物価が下落すると売り手は損失を被るが、買い手は同額だけ利益を得る。結局、売り手から買い手に所得が移転しただけであり、マクロ的には中立のはずである。「デフレ」の影響も、取引の双方を見なければ手ぬかりとなる。

② 債権者の利得

「デフレ」害悪論の最大の論点が実質債務負担の増大だ。しかし、物価下落で債務者の負担が高まれば、債権の実質価値は増大しているはず。すなわち、企業の債務の返済負担が増加しても、一方で家計の金融資産の実質的価値が増加しており、家計では資産効果による消費刺激も期待できる（ピグー効果）。

③ 実質所得の増加

「デフレ」で企業にとって固定費、特に人件費の負担が高まる。しかし、家計にとっては、同じ所得で購入できる財・サービスの数量が増えている、すなわち実質所得がそれだけ高まっていることを意味する。実質所得の増加を受けて、家計が購入量を増やせばマクロ的に需要は縮小しないかもしれない。

④ 交易条件

企業にとって製品価格が下落し、一方で原材料、部品などの価格が変わらなければ、収益悪化要因となる。しかし、原材料、部品など投入価格も下がれば、収益に中立のはず。産出物価、投入物価の相対関係を見ると（図表7-5）、過去において物価が下落する局面では投入物価の下落率が大きく、上昇局面では投入物価の上昇率が高くなっている。企業物価で見た「デフレ」期間においては、投入価格の下落によりむしろ企業収益にはプラスに働いていると解釈できる。

4）総合すると

以上のように、物価変動の一形態である「デフレ」は、相反する効果を取引主体それぞれに及ぼす。総体として、経済効果はどうであるかは判定が難しい

---

17) あらゆる物価、価格が同率で変動するなら相対価格は変化しない。それは、デノミ（貨幣の呼称単位の変更）の場合だけである。

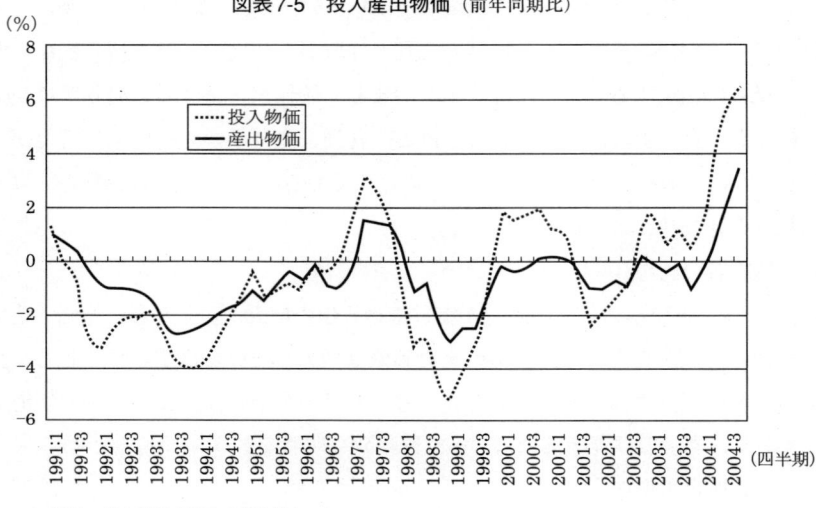

図表7-5　投入産出物価（前年同期比）

資料：日本銀行「投入産出物価」

が、
① 「デフレ」で被害を受ける企業部門が経済変動の主たるプレーヤーであること。
②　購買の先延ばし、マネーイリュージョンなどの効果は、景気変動に対し抑制的に働く。

などから、やはりマイナスであることは否定できないであろう。しかし、その程度はそれほど大きなものではない。

しかも、そもそも継続的な物価下落とはいえ、年々の下落率は消費者物価で1％未満の小幅である。「デフレ」が経済に対し重大な悪影響を与えているということはできないだろう。実際、「デフレ」下にもかかわらず、景気は2002年から2005年にかけて上昇傾向をたどっている。「デフレ」をめぐる論議は、「デフレ」の害悪を重大視し過ぎたというのが、正しい評価ではないだろうか。

第8章
資産価格 —「バブル」の効果

1. 資産価格、取引の指標

　資産価格とは通常、金融資産である株の価格と、実物資産である土地の価格を指す。

(1) 株価
　景気指標としての株価は、株式市場に上場した企業の平均株価を用いる。平均株価には、東証株価指数（ＴＯＰＩＸ）と日経平均株価がある。
　ＴＯＰＩＸは、東京証券取引所が市場第一部の上場全銘柄の時価総額を示す指標で、1968年1月4日＝100として指数化している。一方、日経平均株価は、日本経済新聞社が作成し、東証一部上場株のうち225銘柄を選び、単純平均した値だ。その際、対象銘柄の変更や新株落ちなどで生じる株価の変化を、米国ダウ・ジョーンズ社の開発した方式で修正し、連続性を持たせているところに特徴がある。
　株価は取引時間中は刻々と変化し、その推移は当日夕刊、翌日の新聞に報道され、最も速報性のある指標の1つである。

(2) 地価

地価を調査した指標には、以下のようなものがある。
① 公示地価：国土交通省が毎年1月1日時点の地価を、不動産鑑定士の評価をもとに調べている。
② 路線価：国税庁が、固定資産税や相続税の算定基準として調査している。公示地価の8割程度が目安。
③ 基準地価：都道府県が地価公示の補完として毎年7月時点で住宅地など基準値の価格を調査している。
④ 市街地価格指数：（財）日本不動産研究所が作成している統計で、全国の市街地（商業地、住宅地、工業地）の地価を指数化したもの。1936年から長期に継続しており、また年半期ベースで速報性があり、景気分析の上では最も有用性は高い。

(3) 取引

上場株式の取引額については、各証券取引所が売買高、投資部門別売買高などの統計を作成している。非上場株を含むマクロベースでは、内閣府「国民経済計算」（年ベース）、日本銀行「資金循環勘定」（四半期ベース）で、取引額、資産額が把握できる。

土地についても同様に、「国民経済計算」で、部門別購入額、資産額が把握できるが、年ベースで速報性に欠ける。そこで、財務省「租税及び印紙収入」統計における印紙収入額が土地取引の代理変数として有用である。印紙収入のほとんどが土地、住宅取引に伴う課税であることによる。

2．資産価格の決定、変動

(1) 理論値

資産を保有する動機には様々あるが、ここでは資産は利益を上げるために取得されると仮定する。そうすると、資産価格は、○資産を保有することによって得られる収益（株式なら配当、土地なら地代・家賃）と、○金利、の2つの

要因によって決まると考えることができる。これを収益還元価格という。

株式の場合、

　　理論株価＝配当／（期待利子率－配当の増加率＋株保有に伴う税率）

地価の場合、

　　理論地価＝収益（家賃、地代）／（期待利子率－期待収益増加率
　　　　　　　＋土地保有税率）

と示される。

このモデルに従えば、配当、家賃・地代など収益が大きければ大きいほど、金利が低ければ低いほど、資産価格は高くなる。

(2)「バブル」

実際の資産価格は需給で変動し、理論値からかけ離れる。「バブル」とは、「経済のファンダメンタルズ（基礎的条件）から説明できない資産価格の上昇部分」といった意味で、言い換えると資産価格の理論値からの乖離分である。

(1)で見た収益還元価格の理論値は、実は将来の予想株価や予想地価は現在と同じ、つまり資産価格自体の上昇はゼロで、キャピタルゲインは生じないと仮定している。実際には、株価も地価も変動しており期待上昇（下落）率が生じる。その場合の理論式は、収益を「金利マイナス資産価格の期待上昇率」で割った値となる。ここで資産価格の期待上昇率は絶対値が大きくなり得るため分母が小さくなり、計算される資産価格は無限大に発散し得る。

収益還元価格は1つの例だが、人々の期待が変わることで、資産価格水準は大きく変わり、「バブル」が発生する。問題は、どのようにして人々の期待が変わるのかということである。「バブル」発生のメカニズムについては、多くの先行研究があり、また議論の多いテーマである。過去の例から、①先行するかなり長期にわたる資産価格の上昇によって上昇トレンド持続に対する信頼が生まれる、②経済の成長、好景気の継続を可能にする要因について、大方を納得させるテーマ、シナリオ（1980年代後半の「国際金融センター」、「リゾート」、1999

～2000年の「IT」など)が浸透する、③金融が緩和され、通貨供給が拡大する——ことなどが共通する要件と見られる。

(3) 実体経済と資産価格変動

収益還元モデルにおける株式の収益（配当）、家賃・地代は、総体で見ればマクロ経済動向に依存する部分がある。株価の実際の変動を見ても、企業収益を始め景気要因によるところが大きく、地価も住宅投資や設備投資など経済活動に左右される。資産価格の変動と実体経済の成長、景気は密接に関係している。地価については、GDP（国内総生産）の一定比率が土地の生み出す付加価値（収益）と見れば、

$$土地資産額の理論値 = a \times GDP / (期待利子率 - GDPの期待成長率 + 土地保有税率)$$

となり、土地資産額はGDP、地価は土地生産性（単位面積当たりのGDP）に比例することになる[1]。

過去の資産価格と実体経済の関係を見ると（図表8-1、8-2）、株価については1980年代後半まで上昇基調にあったが、1990年代以降は景気局面によって上下し、代表的な景気指標である鉱工業生産との連動性が高まっている。地価は1980年代までは実質経済成長に連動する形で上昇率が変化していたのが、1990年代以降は一貫して下落基調が続いている。

以上のように、1980年代後半の「バブル期」を境に連動性に違いがあるが、資産価格はおおむねマクロ経済動向と密接に関連し、景気指標の1つとなっている。ただ、後述するように因果関係は、実体経済→資産価格だけでなく、資産価格→実体経済の両面が考えられる。

---

1) この考え方から、日本の地価が国際的に高いのは、国土面積に比してGDPが大きい、言い換えると土地生産性が高いことに由来するという説明が可能となる。

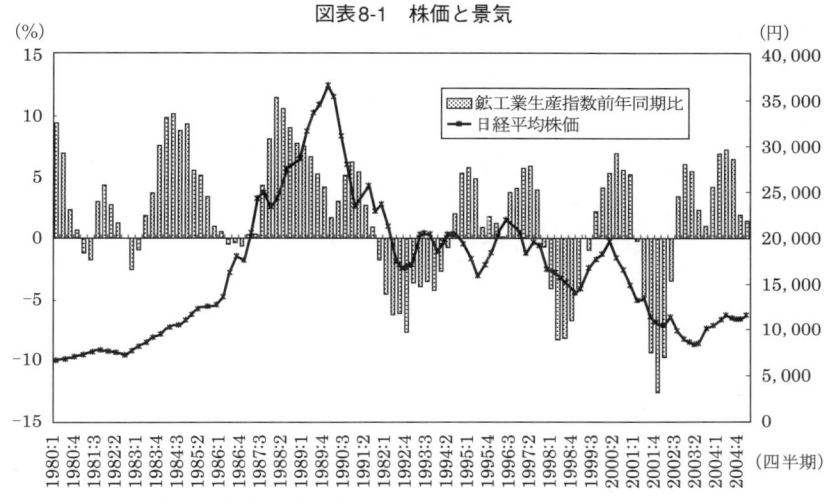

第8章 資産価格 ―「バブル」の効果　165

図表8-1　株価と景気

凡例：鉱工業生産指数前年同期比／日経平均株価

資料：日本経済新聞、経済産業省「鉱工業指数」

図表8-2　地価とGDP（前年同期比）

凡例：実質GDP前年同期比／全国市街地価格指数（商業地）前年同期比

資料：内閣府「国民経済計算年報」、日本不動産研究所「全国市街地価格指数」

(4) 1990年代以降の資産価格低迷の要因

　近年の資産価格動向を一言で言うなら、1990年代以降一貫して低迷しているということである。

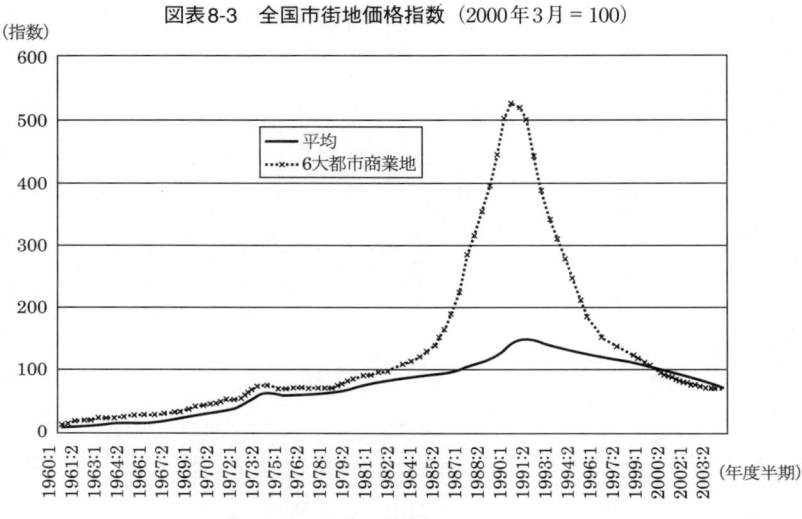

図表8-3　全国市街地価格指数（2000年3月＝100）

資料：日本不動産研究所「全国市街地価格指数」

　株価は1989年12月29日に日経平均3万8,915円の最高値を記録したが、その後下落傾向をたどり、2003年4月にはバブル後最低の7,607円まで低下、その後は回復に向かったが、2005年半ばで1万1,000円台となお低迷している。地価については、バブル期の1989年から1990年にかけてピークをつけた後ほぼ一貫して下落を続け、2004年段階で6大都市商業地の場合でピークの7～8分の1という暴落ぶりである（図表8-3）。

　(3)で述べたように、資産価格は実体経済動向と関連しており、低迷の背景には1990年代以降の日本経済の成長が低下したことが基本的にある。と同時に、「バブル崩壊」の影響が尾を引いていることも否定できない。すなわち、1980年代後半の資産価格高騰が「バブル」による部分が大きかったとすれば、その後の崩壊過程では人々のものの考え方から「バブル期」の幻想が消えるだけでなく、今度は資産価格が下落し続けるのではないかという「逆バブル」的思考が染み付く。そうした資産価格悲観説を助長しているのが、資産価格を抑えると見られる構造問題である。すなわち地価については、①高度成長の終焉、②グローバリゼーションの進展で要素価格の国際的均等化が進む、③人口減少、高齢化で、土地の需給は緩和する、などのシナリオが流布している、それぞれは一

面で正しく説得力もあるため、先行き値上がり期待に基づく投機的需要、仮需がかげをひそめることになる。

3．資産価格、資産取引と経済

(1) 因果関係

資産価格・資産取引→実体経済という関係があるとすれば、それはどのような経路を通じてであろうか。

1）資産効果

第1に、いわゆる資産効果がある。

株価や地価など資産価格の変化は、家計や企業の支出に影響する。家計の場合、資産価格が上昇すると保有資産額が増加し、ライフサイクル仮説により新たな貯蓄の必要性が低下、所得から消費に向けられる比率、すなわち消費性向が上昇し、消費が押し上げられる。この効果を資産効果（資産価格下落の場合は逆資産効果）と呼ぶ（第3章の消費支出の変動要因を参照）。

バブル期は資産額が急増したが、近年は資産価格の下落傾向、特に地価の下

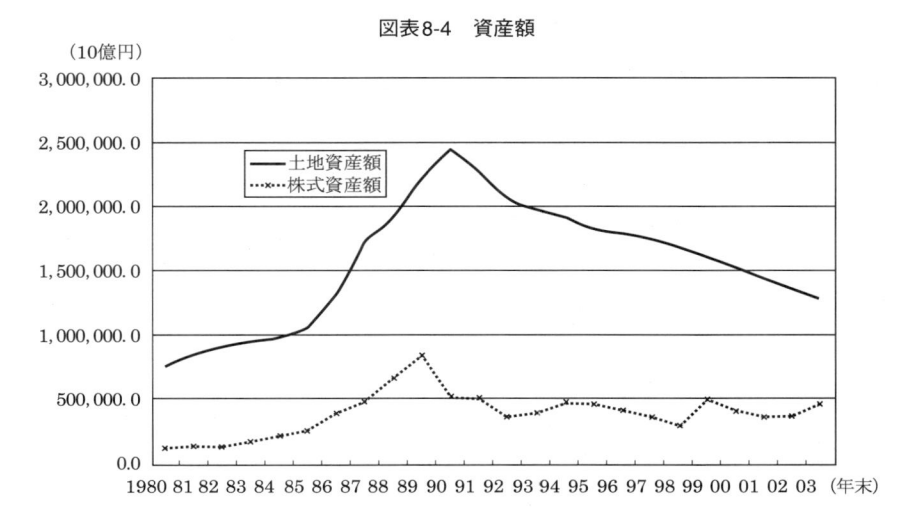

図表8-4　資産額

資料：内閣府「国民経済計算年報」

落によって、家計や企業の保有する資産価値は減少している。土地資産の場合、ピークの1990年から2003年にかけて1,000兆円を超す巨額のキャピタルロスが生じている（図表8-4）。これが逆資産効果を通じて、需要縮小に働いていると想定される。

2）売却収入

価格上昇効果とは別に、資産の売買自体も消費に影響する。株や土地を売却すると、値上がり益（キャピタルゲイン）を得ているかどうかにかかわらず、売主はキャッシュを得る。それが財・サービスの購買行動につながれば、資産売買が需要拡大効果を持ったことになる[2]。特に、バブル期のように資産価格が上昇し、売却収入を目的とした資産売却が増加し、その売買がキャピタルゲインを伴う場合は支出性向がより高まると見られる[3]。逆にバブル崩壊後は、資産売却収入が減少、この面からの需要増加効果が大きく低下している。著者の私見ではあるが、1990年代以降の日本経済の長期低迷の主要因は、この資産売却収入減少であると考えている。

3）リスクテイク能力

資産価格が上昇すると、企業も家計も保有資産の価値が増大し、新たなリスクを負う余裕が生まれ、投資活動が促進される。また、特に土地の場合、担保価値が上昇し、資金調達能力が上昇、この面からも投資押し上げ効果を持つ。

4）値上がり期待の投資

住宅投資は多くの場合土地の購入を伴い、企業の設備投資も土地取得が関係するものがある。地価が上昇すれば資産価値が上昇するので、投資が促進される。

5）心理

特に株価は、人々の景気観に大きな影響を与える。株価が上昇傾向にあると、

2）資産の売買は、言い換えると資産の交換に過ぎない（たとえば、土地→現金）。この取引で現金を手にした人がそれを消費や住宅投資に振り向け、一方で土地を買った人の支出がそれだけ減少しなければ、マクロの需要が拡大することになる。
3）「バブル」期に多くの企業が実施した転換社債（新株予約権付き社債）発行、時価発行増資などエクィティファイナンスも、企業による株式売却と解釈でき、企業は得た資金の一部で設備投資を拡大した。

株式市場が活気づくだけでなく、ニュースでそれを知った一般の企業、消費者も気分が高まる。金融市場がグローバル化した近年は、世界の株価が連動する傾向にあり、各国の景気観が同調することが多くなっている。

(2) 景気先行指標としての資産価格

　以上のように、資産価格、資産取引は、経済活動、景気変動に影響を与える。しかも、その影響は非常に強い。そのため、資産価格、取引には、景気先行指標としての機能がある。

　図表8-1で見たように、株価と景気は連動しているが、株価の変動がやや先行しており、日経平均株価は内閣府が作成する景気動向指数の先行系列の1つに採用されている[4]。また、地価については、変動が遅れ、また市街地価格指数統計が半期ベースであるため先行性はないが、印紙収入などで把握した土地取引、あるいは住宅着工統計などは内需に先行することが確認できる。

　バブル崩壊後、特に地価下落、土地取引の低迷が成長を下押ししてきたが、2005年段階で東京都心部中心に地価の下げ止まりの兆しがある。ここで、地価、土地取引が回復に転じれば、日本経済が長期の停滞を脱するという先行きを指し示すと言える。

---

4) ただ、株価が景気に先行するのは、株価が景気に影響するという因果関係のほか、景気の先行きを察知する形で株価が変動するという両面があると見られる。

第9章 政策の経路

1．財政支出

(1) 財政制度

　財政支出のほかの需要項目との違いは、政府が作成し議会によって議決された予算に基づいて計画的に執行されるという点である。

　　1）国の予算

　国の予算は、毎年8月頃から各省庁からの翌年度の概算要求が提出され、査定、折衝を経て12月に財務省原案作成、1月に国会提出するという段取りとなる。国会審議を経ないと成立しないが、概略は前年12月ごろには決まっていることになる。

　ただ、これは当初予算の話で、年度途中に補正予算を編成する場合があり[1]、それを加えないと金額は確定しない[2]。

---

1) 補正予算には災害復旧費など毎年恒例で計上される項目のほか、以前は不況期における公共事業の積み増しの手当てを行うことが多かった。そのため、補正予算を加えないと、その年の公共投資規模が把握できなかった。ただ、2001年に発足した小泉内閣では補正予算による公共事業追加は原則として行われなくなった。
2) ただ、予算には繰り越しの制度があり、当初予算＋補正予算の金額を得ても、前年度からの繰り越し、翌年度への繰り越し額がわからないと、歳出額は決まらない。

歳出の内容で、実際に政策的経費として支出されるのは一般歳出[3]である。国の歳出には、一般歳出のほか、国債費(発行された国債の償還、利払い)、地方交付税(地方自治体への交付)などの項目がある。

一方、歳入には「租税及び印紙収入」「その他の収入(日銀納付金など)」のほか、公債(国債)発行収入がある。公債には、投資的経費に使途を限定した建設国債と、制限がなく赤字を埋める性格の赤字国債(特例公債)の2種類がある。歳入(=歳出)に占める公債の比率が公債依存度である。

2) 地方財政

地方財政とは、都道府県、市町村の地方自治体の財政である。歳出ベースで見ると(2002年度決算、純計ベース)、国が57.5兆円に対し地方は93.4兆円と、地方の方が1.5倍と大きい。そのため財政支出を考えるには地方の方が重要ということになる。ただ、①地方の税収は国税より少なく、不足分は国からの移転(地方交付税、補助金など)によってまかなわれている、②国から地方への補助金は国の予算に連動する[4]、③地方自治体の予算を集計するのに時間がかかる[5]——などから、景気観測において全体の財政支出を推し測るデータとしては国の予算に頼っているのが現状である。

3) 特別会計

国の予算には、1)で見た一般会計のほかに、特定の事業ごとに独立させた特別会計がある。たとえば雇用保険を運営する労働保険特別会計、国有林を管理する国有林野事業特別会計など、2005年現在31会計が存在する。これら会計の予算規模は一般会計の約5倍に及び、地方と同様政府の支出という面からは一般会計よりはるかに大きい。特別会計の財源には、①特定財源(ガソリン税など)、②料金(国立大学の授業料など)、③保険料(年金保険料など)、④一般会

---

3) 一般歳出で最大の項目は社会保障関係費で、2005年度予算の場合一般歳出全体の43.1%を占める。
4) 公共事業の場合、地方が実施するのは国の補助金に頼る補助事業と、頼らない地方単独事業がある。このうち補助事業は基本的に、国の予算に盛り込まれた補助金額によってその規模が決まってくる。
5) 地方自治体の歳入歳出見込みを集計した地方財政計画が前年度2月頃に総務省(旧自治省)から公表される。ただ、見積もり部分も含まれ、実績は食い違うことが多い。

計からの繰り入れ、⑤民間からの借り入れ—などが複雑に入り組んでおり、整理しにくい。

4）財政投融資

郵便貯金、公的年金など政府が集めた有償資金を統合管理し、国の機関などに投融資する制度を言う。特殊法人などが行う事業は、公的企業の支出として、公的需要の一部を構成する[6]。2001年4月に財政投融資制度の抜本改革が実施され、郵便貯金や年金資金はそれまでは資金運用部（現財政融資資金）に預託が義務づけられていたが、それ以降は原則的に自由に運用でき、特殊法人など実施機関は独自に資金調達するように改められた。

(2) 公的需要の捉え方

1）政府の範囲

ＳＮＡ（国民経済計算）統計において政府は、「一般政府」（中央政府＋地方政府＋社会保障基金）として定義されている。ここで、中央政府は、国の一般会計、特別会計の一部、特殊法人の一部が含まれ、地方政府は地方自治体の普通会計と非企業会計の一部など、社会保障基金は公的年金に係る特別会計が主なものである。

公的な需要には、以上の「一般政府」のほか、「公的企業」による支出がある。「公的企業」とは、政府が支配し市場で活動している企業や事業体で、たとえば都市基盤整備公団、日本政策投資銀行などが含まれる。

2）公的需要

① 公的資本形成

公的需要のうち景気変動との関係で重要なのは、公的資本形成（いわゆる公共投資）である。「一般政府」「公的企業」の行う事業が含まれる。予算との関係は、国の一般会計の場合、公共事業関係費＋他の投資的経費（各施設費など）が該当するが、財源としてはほかに民間からの資金も一部含まれる。また、公

---

6) たとえば旧日本道路公団は従来特殊法人として財政投融資の実施機関の代表だったが、2005年10月に民営化されたことで、財投から切り離され、その投資は公共投資ではなくなった。

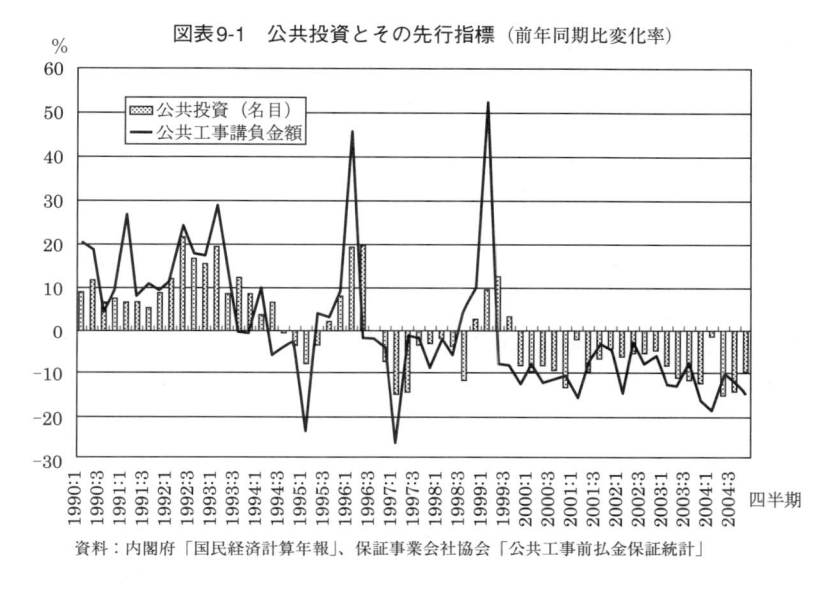

図表9-1　公共投資とその先行指標（前年同期比変化率）

資料：内閣府「国民経済計算年報」、保証事業会社協会「公共工事前払金保証統計」

共事業関係費であっても、用地費や補償費はＳＮＡベースの公共投資に相当しないので、この分を除いて計算する必要がある。

　景気との関係で、公共投資の動向を迅速につかみたい場合は、公共工事前払金保証統計（保証事業会社協会）、建設工事受注動態統計（国土交通省）のうち公共機関からの受注工事から、受注段階の動向が月次ベースで得られる。公共投資は1990年代は、相次ぐ経済対策で積み増されたが、2000年以降は減少傾向が続いている（図表9-1）。

② 政府最終消費支出

　政府は、投資以外に、日々国民に行政サービスを提供している。ただ、国民はサービスを受けても原則的に対価を払わない。すなわち、政府サービスには市場価格が存在しない。そこで、ＳＮＡ統計では政府サービスについては産出に要する費用をもって取引金額とするという擬制が講じられている。すなわち、ＧＤＰの１項目として、

　　　　政府最終消費支出＝中間投入＋公務員の雇用者所得＋固定資本減耗

と計算される。この費用の中では、公務員の雇用者所得が最大で、結局公務員

数と給与が政府消費の変動を左右している[7]。そのため、政府消費は短期的に大きく変動することはない。

③　公的在庫品増加

「一般政府」、および「公的企業」の行う在庫投資で、食糧管理特別会計の米麦在庫、石油公団の備蓄原油などが主なものである。

(3) 財政バランス

　景気との関係で財政を考える場合、歳出の規模とともに歳入、さらに歳出と歳入の関係、財政収支（バランス）が問題となる。ここでは、財政バランスについて整理してみたい。

　1) 財政収支の捉え方

　国の財政（一般会計）の場合、歳入は主に税収であり、歳入が歳出に比べ不足する（赤字）と、国債を発行する。国債発行額、あるいは国債依存度（国債発行額/歳入合計）が、国の財政収支を示す指標となる。あるいは、国際比較の場合などはＳＮＡベースの「一般政府」部門の赤字、そのＧＤＰ比を用いる場合もある。

　我が国財政は、1990年代以降、経済活動の低迷に伴う税収減、景気対策としての公共事業費積み増しなどから赤字が累増、公債依存度は1998年度から40％に達している（図表9-2）。国債の発行残高は2004年度（予算ベース）から500兆円を超し、ＧＤＰの規模を上回るという、先進国中、最悪の状況にある。

　2) 財政赤字の問題点

　財政赤字は、政府がその歳入以上に支出していることを示すわけだが、一体何が問題となるのだろうか。一般に以下のような点が指摘されている[8]。

①　歳出の硬直化：国債発行残高が増加すれば歳出に占める国債費（償還・利払い費）の比率が拡大、他の政策経費が圧迫される。

②　将来世代への負担転嫁：歳出は現在世代に便益を提供するが、国債を償還

---

7) 防衛費は、武器の購入であっても公共投資ではなく、政府最終消費に含まれる。
8) ただ、後述するように、短期の景気変動の観点からは、財政赤字はむしろ需要拡大効果を持ちプラスに評価できる。

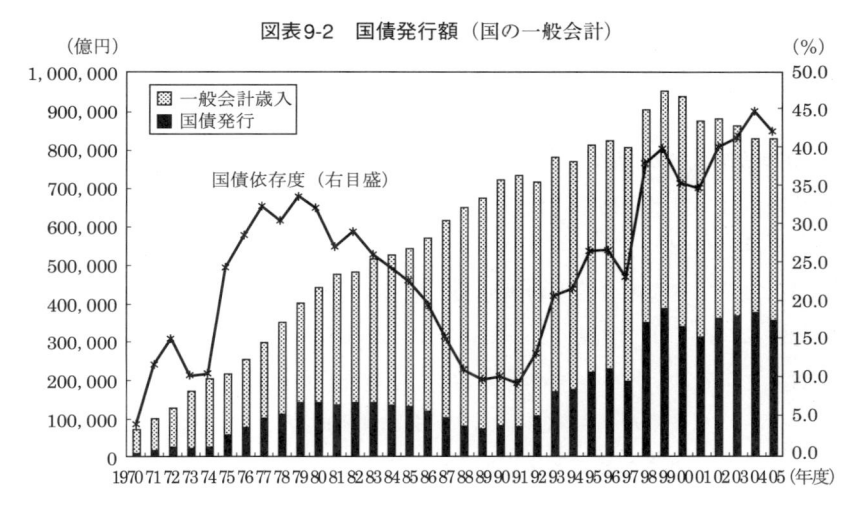

図表9-2 国債発行額（国の一般会計）

注：2003年度まで決算、2004、2005年度は予算
資料：財務省資料

するのは将来世代であり、世代間に不公平が生じる。
③ クラウディングアウト（押しのけ）効果：政府が国債発行をするとそれだけ民間市場から資金を吸い上げることになり、金利上昇などを通して民間部門の資金調達を阻害する。
④ 国際的信任の低下：財政収支は一国の経済のパフォーマンスを示す重要な指標で、その悪化は国際的信任低下につながる。

3）プライマリーバランス（基礎的財政収支）

財政赤字を削減する場合、1つの目標として、プライマリーバランスの均衡が提示されることが多い[9]。

　　プライマリーバランス＝国債を除く歳入（税収等）－国債の償還金・
　　　　　　　　　　　　　利払い（国債費）を除く歳出

プライマリーバランスは上のように定義され、これが均衡すれば現役世代の受益と負担が均衡している（後代に負担を転嫁していない）ことを意味する。

9）政府が2005年4月に策定した「日本21世紀ビジョン」では、国と地方の基礎的財政収支を2010年代初頭までに黒字化させるとの目標を盛り込んでいる。

また、プライマリーバランスが均衡し、「名目成長＞＝長期金利」なら「国債残高／名目ＧＤＰ比」は拡大しない。

(4) 財政政策とその効果

財政政策は、景気変動に対して、その調整、安定化策として発動される。

1) 理論的整理

政府の機能（資源配分、所得再分配、経済安定化）のうち、経済安定化政策の有効性については、学説によって見方が分かれる。

① ケインジアン：ケインズ経済学では、有効需要が経済規模を決定する。失業や不稼働ストックがあれば、政府は赤字を出しても歳出を増やし総需要を高めるべきことになる。

② 新古典派：市場が機能して資源が完全利用されていれば、財政赤字の増加はクラウディングアウトを招き効果はない。
また、実物的景気循環論では、景気循環は外部的ショック（技術革新や資源価格の上昇）で起き、他の均衡への移行過程に過ぎないと解釈しており、裁量的政策に意味はないことになる。

③ リカードの等価定理（公債の中立命題）：国債発行で公共投資や減税を行っても、民間は将来の増税を想定し貯蓄を増やすので需要効果は相殺されてしまうという考え方。

④ マンデル・フレミング理論：財政支出を増やすと長期金利が上昇、それは為替レート増価を招く。すると輸出が減少し、財政拡大の効果は打ち消される。

2) 公共投資

わが国では景気対策と言えば、公共投資主体の裁量的財政政策が多用されてきた。特に1990年代においては、経済の低迷に対して、補正予算を編成して公共事業を積み増すのが恒例となっていた。公共事業の形で、政策的に需要を生み出すわけである。その際、経済にどれだけ需要が追加されるか、公共投資の需要創出効果は、乗数として定式化される。すなわち

公共投資乗数＝ＧＤＰ増分／公共投資額

であり、乗数（将来にわたる合計）は理論的には

乗数＝１／（１－限界消費性向）

で示される。公共投資で支払われた資金は、次の段階で家計の消費や企業の設備投資として支出され、需要が波及していく。その際、家計や企業が得た所得をどれだけ支出に向けるか（限界消費性向）で乗数が変わるというわけだ。

実際の乗数は、マクロ計量モデルのシミュレーションで計算される。その結果を見ると（図表9-3）、以前は１年目でも２を超していた乗数が趨勢的に低下し、最近では１ギリギリまで落ちている。実施した公共投資分は少なくとも需要が追加されているわけだから、派生需要がほとんどなくなっていることになる。1990年代以降の経済の低迷期に、経済対策によって公共投資が大幅に追加されても経済が浮揚しなかったという経験からも、乗数の低下が裏づけられる。

公共投資乗数の低下の背景として挙げられているのは、以下のような点である。

① 輸入性向の上昇：経済における輸入の比重が上昇しており、公共投資を受注した企業の投入構造でも輸入比率が高まっている。その場合、需要が海外に「洩れる」ことになり、ＧＤＰ増加に結びつかない。

② 支出性向の低下：経済成長の低下に伴って企業の設備投資の増加率も下がっており、また家計、企業とも政策発動に対する支出の感応度が低下している。

③ 生産誘発度の低下：公共投資を行った時に鋼材やセメントなど資材をどれだけ使用するかという原単位が傾向的に低下し、人件費の比率が上昇している。資材調達の場合はそっくり次の段階の需要として現れるが賃金として支払われた分は一部が貯蓄に回るかもしれず、波及を弱めると考えられる[10]。

---

10) この点については、中間投入の比率が大きく生産誘発度が高くても付加価値生産が大きくなるわけでないので、乗数は変わらないとする意見もある。

図表9-3　公共投資乗数の変化
（名目公共投資を拡大させた場合の名目GDPへの効果）

項　目	モデル公表時期	乗数 1年目	乗数 2年目	乗数 3年目
パイロットモデル	1967年	2.17	4.27	5.01
マスターモデル	1970年	2.02	4.14	4.51
パイロットモデル　SP15	1974年	2.27	4.77	4.42
同　　　　　　　SP17	1976年	1.85	3.34	−
同　　　　　　　SP18	1977年	1.34	2.32	2.77
世界経済モデル　第1次	1981年	1.27	2.25	2.72
同　　　　　　第2次	1985年	1.47	2.25	2.72
同　　　　　　第3次	1987年	1.35	1.95	2.18
同　　　　　　第4次	1991年	1.39	1.88	2.33
同　　　　　　第5次	1994年	1.32	1.75	2.13
短期日本経済マクロモデル	1998年	1.31	1.65	1.97
同　　　2001年版	2001年	1.09	1.24	1.05
同　　　2003年版	2004年	1.18	1.15	1.02
同　　　2004年版	2004年	1.12	1.07	0.85

資料：旧経済企画庁、内閣府

このほか、必要度の低い無駄な投資の横行が公共投資の効果を低下させているとの議論もあるが、景気効果の上からはどのような投資であれ同じで、建設された施設の利用度などは乗数に影響はしない[11]。

③　減税

租税は多くの場合所得に対して課税され、税率は所得額に対して累進的に高まる構造となっているため、不況期に所得が減少すると税負担率が低下し、所得を支えるメカニズムが働く。これを、税の景気に対するビルトインスタビライザー（自動安定化機能）と呼ぶ。

このほか、公共投資と同様、景気対策を目的とする裁量的財政政策としてしばしば減税が発動される。

減税は、所得税減税の場合、家計の可処分所得を増やす。ただ、可処分所得

---

11) 公共投資の中身によって建設された社会資本の生産力効果が異なり、経済のインフラとして供給面から経済活動に影響する。

のすべてが消費支出に回らないことが多いため、乗数効果は一般に1を下回り公共投資よりは小さい[12]。ただ、減税には、①経済全般（納税者全員）に行きわたる、②家計の厚生向上に直結する、③一方で歳出削減の圧力となり、「小さな政府」につながる―など、公共投資にない特徴がある。

4）非ケインズ効果

財政面からの景気対策は公共投資や減税のように、需要・所得を直接追加供与する手段が主である。しかし、政策の効果は必ずしもお金を通してだけではない。近年、注目されているのが「非ケインズ効果」である。

これは、財政支出を縮小しても、それによって民間主体の将来に対するコンフィデンスが改善すれば、支出が増加するなどかえって経済拡大に働く可能性があることを指す。実際、欧州の一部の国ではこの効果が実証されているとの報告もあり、財政再建過程における景気下支えのメカニズムとして期待されている。

(5) 財政支出のファイナンス

公共投資の追加のように景気対策として財政支出を拡大する場合でも、その財源には様々な形態がある。大別すれば、税か国債となるが、国債でも誰が引き受けるかで分かれる。そして、財政支出のファイナンスの仕方によって、需要創出効果、さらに金融面、特にマネーサプライに与える影響が異なる（図表9-4）。

まず歳出を税収でまかなうと、需要を追加すると同時に、民間部門から同額の購買力を奪っていることになり、需要創出効果はその分減じられる[13]。この場合、マネーの変化に注目すると、資金を民間に支払うと同時に吸い上げているわけで、マネーサプライ[14]にも中立である。

これに対して、財源が国債の場合は、民間部門の可処分所得が損なわれることはないから税収の場合より乗数は大きくなる[15]。ただ、国債の引き受け手に

---
12) 様々な試算では所得減税の乗数は、名目GDPに対して0.5～0.9、実質GDPに対して0.5前後という結果が多い。
13) 歳出をすべて税収でまかなう場合の乗数を均衡財政乗数と呼び、理論的には1であるとされる。
14) マネーサプライの定義、変動要因については、次節で詳しく示す。

図表9-4　財政支出のファイナンス方式とマネーサプライ

項　　目	マネーサプライ	ベースマネー
税収	変化なし	変化なし
国債・非金融部門引き受け	変化なし	変化なし
国債・預金通貨銀行引き受け	増加	変化なし
国債・日銀引き受け	増加	増加
政府紙幣発行	増加	増加

　よってマネーへの影響が違ってくる。国債を企業や家計（非金融部門）が購入すると、既存の金融資産が国債に振り変わり、一方で歳出が支払われ非金融部門の金融資産として保有され、差し引きマネーサプライは増えない。ところが国債を銀行（預金通貨銀行）が引きけると、貸し出しを実施するのと同様に信用創造機能が働き、マネーサプライが生み出される（信用創造機能）。すなわち、既存の金融資産が減少せず財政支払いの分だけ金融資産が純増するのである。

　このほか、銀行の中でも特に、日本銀行が国債を購入する場合がある。日銀が発行された国債を直接引き受けることは財政法で禁じられているが、政府（外国為替資金特別会計）が外為市場に介入する資金を調達するために発行する政府短期証券（為券）などは日銀が直接購入しており[16]、ほかにも対政府信用供与の道が開かれている。日銀が国債を購入するなど政府に対して信用供与すると、マネーサプライだけでなく、いわゆるベースマネー（マネタリーベース、現金＋日銀当座預金）が市中に供給されることになる。ベースマネーには、マネーサプライ供給の源としてのより高次の機能がある。

　2003年当時、デフレ対策として議論された「政府紙幣」も財政支出のファイナンス方式の１つである。これは日銀券のように中央銀行ではなく政府自らが発行、法的強制力で発効する貨幣で、現在でも百円玉など補助貨幣は政府が発行している。政府紙幣は、国債のように利払いも償還も伴わず、直接的な国民負担がない[17]。マネーサプライでもベースマネーでもある。

---

15) 一般に計測される公共投資乗数は、すべて財源は国債を前提としている。
16) 以前は、政府が短期的な資金繰りのため発行する政府短期証券（ＦＢ）はすべて日銀が引き受けていたが、1999年から公募入札方式の市中発行に改められた。

以上のように、財政支出のファイナンスの方式によって、マネーへの影響などが異なり、景気に対する効果、需要創出効果も違ってくる可能性がある。国債は金融機関が引き受けた方が、マネーサプライを増やし効果が大きく、さらに日銀引き受けならベースマネー供給にもつながり効果が拡大する。政府紙幣は加えて、直接的国民負担が将来も発生せず、いわゆる「ヘリコプターマネー」の機能を持つ。

2．金融 —注目される信用創造機能

(1) 金利

1) 金融政策

中央銀行である日本銀行は、経済の安定（物価安定が最優先、経済成長、国際収支、ほか）および金融システムの安定（信用秩序維持）を目的に金融政策を実施する。

金融政策の手段には、公定歩合操作、金融市場における公開市場操作（オペレーション）、預金準備率操作がある。以前は公定歩合操作が主たる手段であったが、1995年3月から公開市場操作により短期金融市場金利を調節することが主要手段となった。

2) 短期金融市場金利

短期金融市場には、参加が金融機関に限定される銀行間（インターバンク）市場と参加者の広範なオープン市場がある。このうち銀行間市場はコール市場と手形市場から成り、金融機関が短期の資金を融通し合い、日々の資金繰りを行っている。日本銀行はこの銀行間市場に参加し、金融調節を行っており、金融政策を遂行する場でもある。

日銀は、短期金融市場金利のうち、無担保・コール翌日物を政策の操作変数として用いている。同金利を一定の目標水準に誘導することで、金融機関の資金調達コストに影響を与え、目的を達成しようとする。そのため、無担保・コ

---

17) 政府紙幣を大量に発行するとインフレが起き、間接的には実質所得の減少の形で国民負担が生じることが指摘されている。

ール翌日物金利は、日銀の政策意図を反映した最も重要な金利であり、短期金利体系のベースとしての役割を果たし、長期金利にも影響を与えている。

ただ、1999年以降短期市場金利が実質的にゼロまで低下する中で、日銀は2001年3月19日以降、資金量（日銀当座預金残高）を操作変数に用いる量的緩和政策を採用している[18]。

3）長期金利

上述のように短期金利は日銀の金融政策によって基本的に決定されるが、期間1年以上の長期金利は債券市場、中でも長期国債の流通市場[19]で決定される。すなわち、利回りは流通価格から以下のように計算される。

$$国債利回り = \{クーポン + (償還価格 - 購入単価) / 残存期間\} / 購入単価 \times 100$$

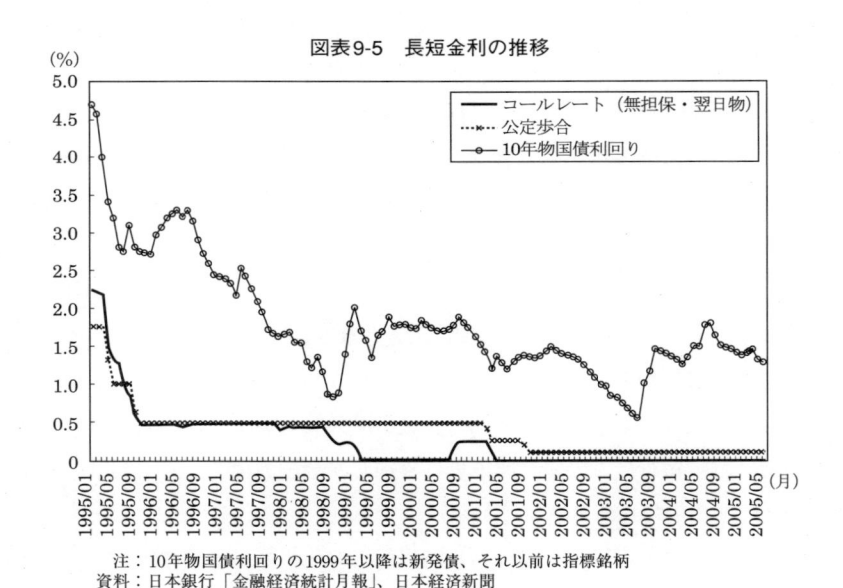

図表9-5 長短金利の推移

注：10年物国債利回りの1999年以降は新発債、それ以前は指標銘柄
資料：日本銀行「金融経済統計月報」、日本経済新聞

---

18) 量的緩和政策は、デフレ経済、超低金利下の特例的、一時的措置として導入されたが、2005年現在なお継続されている。
19) 利回りを記録する国債として以前は流通量の多い指標銘柄が指定されていたが、1999年から「新発10年国債」と定められ、日々日本相互証券から発表される。

長期金利は自由な市場で決定されるため、その変動は短期金利に比べ激しい（図表9-5）。10年国債の流通利回りが基準となり、他の債券、期間の異なる債券の利回り[20]が決定される。

(2) 金利と経済

1) 長期金利の決定

長期金利は国債市場において自由に形成されるが、その決定要因に関して様々な理論的、実践的なアプローチがある。

理論では、

　　　長期金利＝期待経済成長率＋期待インフレ率＋リスクプレミアム

と定式化されるが、これだけでは実用には適さない。

実際に長期金利を分析し、予測するには、以下の要因を取り上げることが多い。

① 経済のファンダメンタルズ：経済成長（景気）、物価上昇、国際収支、為替レートなどの経済指標から長期金利を説明する方法だ。たとえば、景気上昇、物価上昇、為替レート下落は金利上昇要因に働く。
② 海外金利：経済のグローバル化の進展で内外金利の連動性は傾向として強まっている。そのため、金利を左右する経済指標も国内にとどまらず、特に米国の経済動向は日本にも強く影響する。
③ 金融政策：足元の短期金利、および今後の短期金利変動の方向は長期金利に影響する。
④ 市場の需給：国債市場であれば、国債の発行状況、投資家の保有債券売却・購入動向によって、価格（利回り）が変化することになる。

以上の諸要因を踏まえ、たとえば金利モデルとしては以下のようなパターンがよく用いられる。

---

[20] 期間の異なる金利の関係をイールドカーブと言い、より長い期間の金利の方が高い状態を順イールド、逆を逆イールドと呼ぶ。

10年国債利回り＝F（鉱工業生産、消費者物価、為替レート、コールレート、
　　　　　　　　米国長期金利）

　2）金利の経済への影響

金利は、以下のような経路で実体経済に影響する。

① 　貸出金利[21]：銀行の貸出金利を通じて、民間設備投資、住宅投資、資産投
　　　　　　　資など投資・購買行動に影響する。
② 　預金金利：預金金利、あるいは債券の利回りは家計の財産所得を変動させる。
③ 　為替レートへの影響：金利が国際的に見て低いと、資本が海外に流出し、
　　　　　　　為替レートの低下要因となる。
④ 　保有債券価格変動：長期金利の変動は、機関投資家、金融機関など債券を
　　　　　　　保有している機関の収益を増減させる。

　3）景気と長期金利

長期金利は、市場において多くの要因が関係しながら日々変動するが、中でも景気を始めとする経済のファンダメンタルズは相場の決定に重要な材料となってい

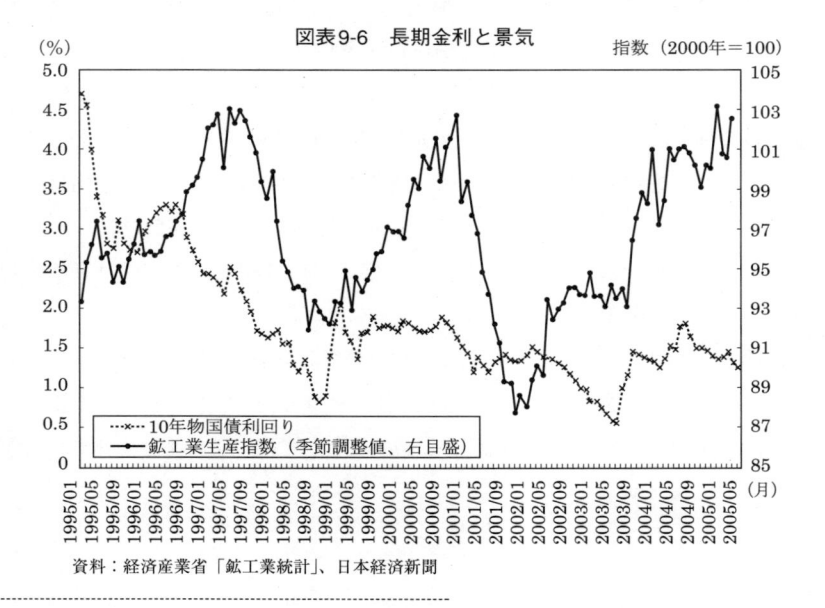

図表9-6　長期金利と景気

資料：経済産業省「鉱工業統計」、日本経済新聞

---

21) 貸出金利の指標としては、全国銀行貸出約定平均金利、長期プライムレートなどがある。

る。市場は景気の先行きを読んで相場に織り込む。一方で金利変動は住宅投資、設備投資など投資活動に対し、当初は順に、次段階で逆向きに影響するが、この効果はそれほど大きなものではなくまたその発現には時間がかかる。そのため、長期金利は多くの場合景気変動に順相関の形で先行する傾向がある（図表9-6）。

(3) マネーサプライとは何か

　1）マネーサプライの定義

　マネーサプライとは、経済に供給されている通貨の総量であり、具体的には、非金融・非政府部門（家計、企業、地方自治体・地方公営企業・公団）の保有する現金・預金のことである。日銀が毎月統計を作成しており、対象とするマネーの範囲によりいくつかの定義がある。

　　　Ｍ１＝現金通貨（日銀券＋補助貨幣）＋預金通貨（要求払い預金）
　　　Ｍ２＋ＣＤ＝Ｍ１＋準通貨（定期性預金など）＋ＣＤ
　　　Ｍ３＋ＣＤ＝Ｍ２＋ＣＤ＋郵便貯金・その他預貯金・金銭信託
　　　広義流動性＝Ｍ３＋ＣＤ＋投資信託・金融債・国債・外債など

　以上のうちでは、Ｍ２＋ＣＤが最もポピュラーである。

　2）マネーサプライの供給

　マネーサプライとは、日銀あるいは預金通貨銀行の負債である。そのため、マネーサプライの供給は、日銀と通貨発行銀行の信用供与によってのみなされる（信用創造）。たとえば、銀行が貸し出しを行うと、その瞬間に貸し出しを受けた企業や家計が銀行預金を保有することになり、新たにマネーが創造される。これに対して、非銀行部門が取引を行っても、マネーの所有者が変わるだけで、経済におけるマネーの総量は変化しない。

　マネーサプライ（Ｍ２＋ＣＤ）はその信用供与のルートにより

　　　マネーサプライ増減＝国内信用（対民間、対財政、対地方公共団体）増減
　　　　　　　　　　　　＋対外資産増減[22]
　　　　　　　　　　　　＋その他[23]

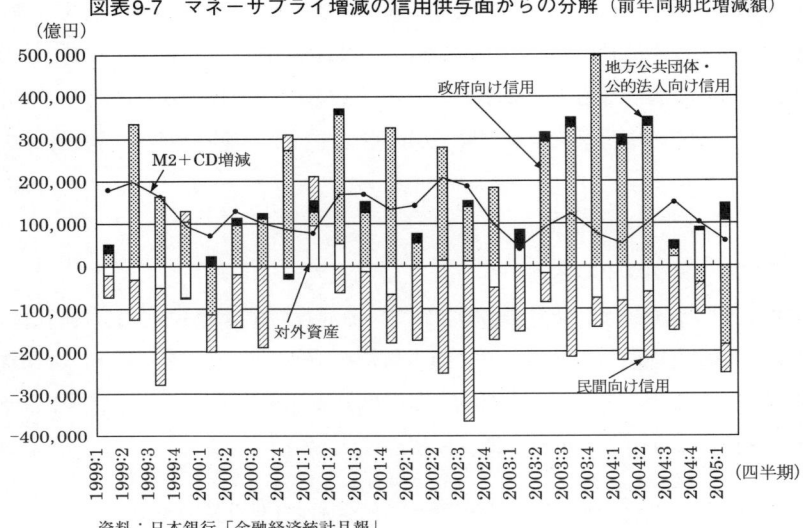

図表9-7 マネーサプライ増減の信用供与面からの分解 (前年同期比増減額)

(グラフ: 1999:1〜2005:1 四半期、M2+CD増減、政府向け信用、地方公共団体・公的法人向け信用、対外資産、民間向け信用)

資料:日本銀行「金融経済統計月報」

分解することができる。

　本来は、企業向け貸し出しなど民間向け信用がマネーの主たる供給ルートである。しかし、近年は企業の投資活動の低迷、資金余剰状態から民間向け信用が減少傾向、代わって国債引き受けなど政府向け信用がマネーの増加要因になっている (図表9-7)。

　3) ベースマネー (マネタリーベース)

　ベースマネーは、中央銀行の信用供与量のことであり、具体的には、

　　ベースマネー＝日銀券発行残高(銀行保有分、非銀行保有分)
　　　　　　　　＋貨幣(コイン)流通高
　　　　　　　　＋日銀当座預金

で構成される。マネーサプライの現金部分に、銀行保有の現金と日銀当座預金

---

22) 対外資産とは、金融機関のバランスシートにおける海外向け債権で、主に海外からの証券投資、直接投資など資本流入に伴って生じ、マネーサプライの供給ルートの1つとなる。
23) 「その他」は、金融機関の信用供与額と、M2+CD対象資産との間のズレ、すなわち非マネーサプライ金融資産の増減を示す。

を加えたものだ。

　銀行は信用創造機能によってマネーサプライを生み出せるが、現金は中央銀行によってしか供給できない。また、準備預金制度により銀行は受け入れた預金（マネーサプライ）の一定率を準備預金として日銀当座預金に置くことを義務付けられている。こうしてベースマネーはマネーサプライをコアの部分を形成しているともいえ[24]、より高次の機能を有するという意味で「ハイパワードマネー」とも呼ばれる。

　ベースマネーは中央銀行の信用供与によって増減する。中央銀行が直接取引きできるのは金融機関と政府であるから、両者への信用供与を見ればベースマネーの変動が把握できる[25]。

(4) マネーサプライが経済に先行する理由
　1）統計的関係
　マネーサプライと経済の関係をどう捉えるかは、経済学の重要のテーマであり、論争点である。
　マネーサプライが実体経済に先行する形で変動が相関している時期があることは統計的に確認できる。Ｍ２＋ＣＤの伸びとＧＤＰ成長の関係を見ると（図表9-8）、おおむねＭ２＋ＣＤがＧＤＰに先行して変動してきたが、特に1990年代後半以降はその関係が崩れている。「名目ＧＤＰ／マネーサプライ」を貨幣の流通速度と呼ぶが、この貨幣の流通速度は可変的で、近年はむしろ不安定化し、マネーと実体経済の長期均衡関係は検出できない。このため、現状では金融政策の運営でもマネーサプライは、金利や日銀当座預金のような操作変数とはされず、情報変数として参考にされるにとどまっている。

---

24) ベースマネーがその何倍のマネーサプライを生み出しているかとの意味で、
　　(M2＋ＣＤ)／ベースマネーを信用乗数、あるいは貨幣乗数と呼ぶ。
25) 日本銀行が作成する「日銀当座預金増減要因」（資金需給表）において、
　　銀行券要因＋財政等要因＝資金過不足
　　資金過不足＋金融調節＝当座預金増減
　　の関係が成立しており、このうち「銀行券要因」「当座預金増減」がベースマネー変動を示す。金融調節とは主に公開市場操作（オペ）による金融機関への信用供与のことである。

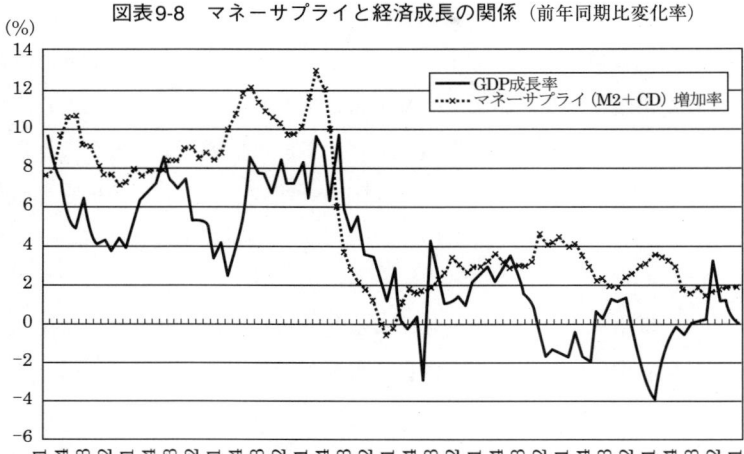

図表9-8　マネーサプライと経済成長の関係（前年同期比変化率）

資料：内閣府「国民経済計算年報」、日本銀行「金融経済統計月報」

2）因果関係

マネーサプライが、ある時期まで実体経済に先行して連動していたことは確かだが、その因果関係については両論がある。第1は、マネーは経済活動の原因であるとする説で、通貨学派、マネタリズムなどが唱える。もう1つは経済活動の結果であるとする説で、銀行学派、ポストケインズ派の内生的貨幣供給理論などが支持する。

一般には、マネーと経済に密接な関係があることは認めても、因果関係は突きつめて議論されていない。政策当局である日本銀行も、直接的な因果関係には言及していない[26]。

マネーと経済活動の関係については、以下のような点が確実に指摘できるのではないか。

① マネーの供給は経済活動の結果

---

[26] 日銀職員の執筆した市販書で、「(M2＋CDが先行するのは) 政策金利の変更に基づいた期待成長率の変化など、M2＋CDとGDPともに影響を与える与件の変化があった場合に、M2＋CDの方がより短いラグで反応するメカニズムが働いているため」（『マネーサプライと経済活動』東洋経済新報社1996年）と述べている。

すでに述べたように、マネーは銀行の貸し出し（信用供与）によって供給される。そのため、調達・保有するには、借り入れ利息などコストを負担しなければならない。借り入れは、資金の保有のためでなく、支払い義務を履行するために必要だから行われる。先にマネーが無目的に調達、供給されることはあってもレアケースである。このように考えると、マネーは経済活動・取引（の意思決定）の結果として供給される。

② 供給されたマネーの流通

一度供給されたマネーは、期間内に何回も流通し、ＧＤＰを増加させる。

3）マネーの先行性に関する１つの仮説

しかし、以上の解釈ではマネーと経済が連動することは説明できても、マネーが先行することは十分に説明できない。

マネーは経済取引の結果供給されるとすると、マネーサプライが少なくとも1990年代半ばまでＧＤＰ変動に先行していたという事実をどう考えるべきだろうか。ここで、著者の仮説となるが、以下の考え方を提示したい。

① 信用創造を伴う財政支出の効果は大きい

マネーを信用供与面から分解した財政、対外資産要因は、中央政府、海外部門の資金不足のうち預金通貨発行銀行によってファイナンスされた分と考えられる。本章第１節で述べたように、財政支出のうち信用創造によってファイナンスされた分は同じ財政支出でも、税収、あるいは通貨保有主体による国債引受けによる分より需要効果が大きいと考えられ、対外資産についても同様である。

② 信用創造を伴う外生需要が景気変動の原因

経済変動、特に短期の景気循環は、以上の信用創造でファイナンスされた財政支出など外生需要が引き起こしている可能性がある。その場合、ＧＤＰの変動は財政支出や対外資産に遅れて変動する。

③ マネーサプライの累積効果

一度供給されたマネーサプライは、次々と経済変動を引き起こし、累積的にＧＤＰ増加に寄与する。

④ マネーサプライがＧＤＰに先行

結果として、財政・対外資産向けに供給されたマネーサプライに遅行する形

でGDPが変動することになる。

(5) 未踏の領域にある近年の金融

近年の金融は、かつて経験しなかった異例の状況にある。

1) ゼロ金利

第1は、短期金利が実質的にゼロまで低下したことである。

1998年時、金融機関の大型破綻などを受けて金融システムに不安が生じたのを受け、日銀は法で定められた準備預金所要額を上回る資金供給を行い、コールレートをはじめとする短期市場金利はほぼゼロ近くまで低下した。1999年2月には、日銀は「無担保コール翌日物金利を（手数料を除くと）ゼロ近傍で推移するよう促す」とするゼロ金利政策を明示的に採用した。これ以降、2005年に至るまで古今東西ほとんど例のないゼロ金利の状況が続いている。

2) 量的緩和政策

ゼロ金利政策は2000年8月に一度解除されたが、折から「IT景気」崩壊後の景気後退と重なり、2001年3月に改めて量的緩和政策を導入した。これは、金融政策の操作目標を、それまでの無担保コールレートから資金量（日銀当座預金残高）とする金融市場調節方式の変更である。すなわち、日銀の決定機関である政策委員会・金融政策決定会合において日銀当座預金残高の目標値を設定し[27]、それを達成すべく金融市場調節を行う。この目標値は法定準備額を超えており、それ以降、巨額の超過準備預金が積まれるだけでなく、元々準備預金を積む必要のない機関（証券会社など）も当座預金を保有するようになっている（図表9-9）。超過準備預金が供給されれば市場金利はゼロまで下がるので、量的緩和政策の下では、金利はゼロに張り付いたままとなる。量的緩和政策はゼロ金利政策でもある。

量的緩和政策はデフレ対策として位置づけられており、日銀は「消費者物価の前年比が安定的にゼロ以上となるまで継続する」ことを宣言しており、2005年半ばでは解除の見通しは立っていない。

---

[27] たとえば、2005年4月には、30～35兆円程度とする目標が決定されている。

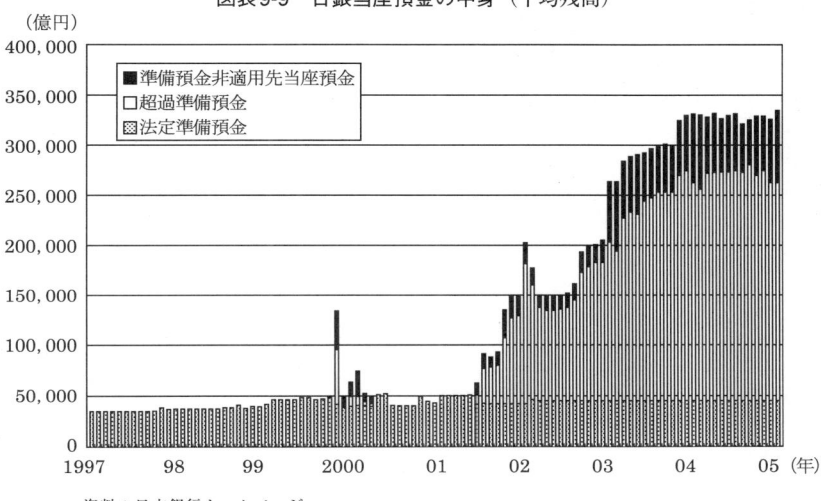

図表9-9 日銀当座預金の中身（平均残高）

資料：日本銀行ホームページ

3）量的緩和政策の効果

量的緩和政策、ゼロ金利政策の効果をどう考えるべきだろうか。

第1に、量的緩和政策は、ベースマネーの供給を増やす政策であり、ベースマネー×信用乗数＝マネーサプライの関係が成立していれば銀行の貸し出し、マネーサプライ増加につながるはずだが、実際は達成されていない。これは、借り手の企業側に資金需要がないことが主要因であるとみられる。

第2に、量的緩和政策の結果としてのゼロ金利の現出は、資金の借り手である企業の負担を軽減し、資金の主たる出し手である家計の所得を減らす効果を持っている。

第3に、量的緩和政策で超過準備預金が供給されていることは、不良債権を抱え、経営に不安のある金融機関の資金繰りを助け、金融システム不安を和らげる効果を発揮したと考えられる。

以上のように、量的緩和、ゼロ金利が経済にどう影響したかは複雑であり、総括は後世の判断を仰がねばならない面もあろう。

第10章 景気予測の方法

1. 景気予測とは

(1) 予測の目的

　現状で、GDP成長率などマクロ経済動向に関する予測を作成、公表している機関は、官民合わせて50以上に上ると見られる[1]。ほかに個人的に予測を作成するエコノミストも多く、対外発表しない内部的な見通しなら主要企業はほとんど作っているだろう。

　どんな分野でも、将来の予測は、意思決定の貴重な指針となり、不確実性の除去につながるが、まして経済活動にとっては正しい予測が利益に直結する。政府、企業、家計は、以下のような目的で予測を利用する。

　　政府：経済計画、政策立案（予算作成）、政策の発動時期
　　企業：経営計画（設備投資、雇用計画）、生産・雇用調整
　　家計：消費・貯蓄の調整、住宅建設計画、人生設計

　近年は以上に加えて、金融市場の発達が、投資家のための予測情報の必要性

---

[1] 各機関の予測の集計としては、日本経済研究センター（「民間調査機関予測集計」）、経済企画協会（「ESPフォーキャスト調査」）がある。

を高めている。売買の選択、タイミングは、景気の予測がカギになるからである。

(2) 景気予測の種類

1）分野

景気予測と言うと、ＧＤＰ、その需要項目別内訳、物価、雇用、企業収益、国際収支などのマクロ経済動向を総合的に示すのが通常のパターンである。多くの機関は、ＧＤＰを中心に公表している。

ただ、用途によって、米国景気など海外経済、個人消費など特定の需要だけ、広告費予測など特定業種だけの予測、また、金利、為替レート、株価など金融市場指標を行う市場予測という分野もあり、これらも景気予測の一部である。

2）何を予測するのか

予測は、たとえばＧＤＰであればそのレベル（金額）を予測するのが基本となるわけだが、景気変動の観点から注目されるのは変化率（名目成長率、実質成長率）であり、さらに変化率の変化によって景気の方向（局面）が示されなければならない。他の指標についても同様に、変化の方向を描くことが予測としては重要である。

第1章で述べたように、景気循環は、上昇局面、後退局面、その転換点（山、谷）から成る。景気の転換点は、政府によって景気基準日付として事後的に認定されるわけだが、それを事前に予測するためには足元の景気の方向を変化させる要因を把握しなければならず、非常な困難が伴う。仮に正しい転換点予測ができれば景気予測としては大成功と言える。

3）期間

景気予測と言う場合、通常は短期予測であり、射程は1〜2年程度である。その間のＧＤＰなどマクロ経済指標を四半期単位で示す。

ただ、ＧＤＰでも目前の1四半期だけなど、非常に短い期間だけを対象とする予測も行われている[2]。

---

[2] 内閣府の発表する四半期別ＧＤＰ速報（ＱＥ）は金融市場にも影響与える重要な指標であることから、日本経済研究センターが「超短期経済予測」として予測の作成を始め、現在では多くの機関が実施している。

また、経済予測には中期（年単位、5～10年程度）、長期（年単位、20～30年程度）など、より期間の長い種類もあるが、これらは短期の景気予測とは別の考え方、手法によることになる。

2．時系列としての規則性に基づく予測

景気予測の方法の1つとして、経済指標の時系列変動の特性、経験則を割り出し、将来を延長するアプローチがある。この場合、必ずしも因果関係、経済構造には踏み込まなくても済む。

(1) 先行指標

ある経済指標に先駆けて変動する指標があれば、それを見ることで先を予測することができる。

1) 個別指標に対する先行指標

設備投資に対する機械受注（第1、5章参照）など、個別指標に対する先行指標は数多くある。機械受注の場合、設備投資が景気変動の主役であることから、

図表10-1　景気動向指数先行系列

項　目	作成機関
最終需要財在庫率指数	経済産業省
鉱工業生産財在庫率指数	経済産業省
新規求人数（除く学卒）	厚生労働省
実質機械受注（船舶・電力を除く民需）	内閣府
新設住宅着工床面積	国土交通省
耐久消費財出荷指数	経済産業省
消費者態度指数	内閣府
日経商品指数（42種総合）	日本経済新聞社
長短金利差	全国銀行協会、日本相互証券
東証株価指数	東京証券取引所
投資環境指数（製造業）	財務省、日本相互証券
中小企業売上げ見通しDI	中小企業金融公庫

注：・実質機械受注＝機械受注／国内品資本財企業物価物価指数
　　・長短金利差＝新発10年国債流通利回り－TIBOR（3か月）ユーロ円金利
　　・投資環境指数＝総資本営業利益率（製造業）－新発10年国債流通利回り
資料：内閣府「景気動向指数」

マクロ景気の先行指標でもある。

２）マクロ景気に対する先行指標

先行指標には、景気総体に対する代表性があり、マクロ景気に先行する指標がある。内閣府の景気動向指数先行系列は、そのような指標を集めて、先を予測しようとするものだ（図表10-1）。

３）先行理由

先行指標とされる多くの指標は、統計的な検証の末、抽出されている。その際、因果関係はそれほど重きが置かれておらず、理論なき計測の面がある。それでは、これら先行指標はなぜ先行するのだろうか。主な先行理由としては、以下のような点が考えられる。

① 将来予想の反映：その指標が人々の将来予想を反映して変動する性格を持てば、実際の経済活動に先行する形になる。たとえば、株価あるいは商品相場（日経商品指数）が景気に先行する理由として、市場が将来の動向に関係する情報に敏感なことがある。

② 工程・手続きの前段階：たとえば機械受注など受注統計、建築着工など着工統計は、受注、着工という着手時点を捉えていることが先行

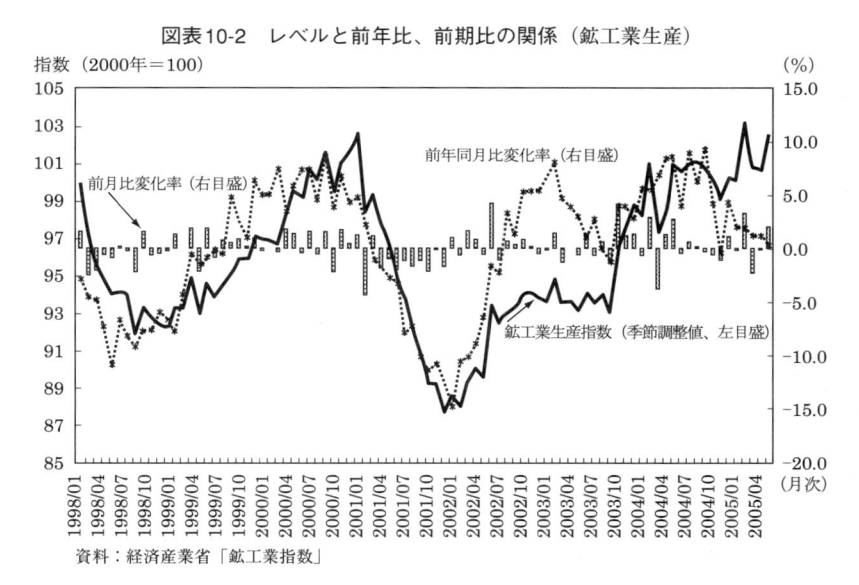

図表10-2　レベルと前年比、前期比の関係（鉱工業生産）

資料：経済産業省「鉱工業指数」

理由である。このように、ある期間継続する経済活動、工程のより前段階で把握すれば先行指標となる。
③　因果関係：マネーサプライ、投資環境指数などは、景気変動との関係する理論的枠組み、因果関係があると考えられる。
④　技術的理由：なだらかに変化する指標の場合、水準の推移より前年同期比の変化率が先行し、さらに前期比の変化率が先行することが多い（図表10-2）。つまり同じ指標でも、変化の測定方法を変えるだけで先行指標として機能することがあり得る。このような機械的技術的な先行指標はほかにも多く見かける。

(2) 景気指数

複数の景気指標を合成し、指数化したもの。景気を総合的に一括して捉えることを目的としており、現状判断の他、先行性を有する場合予測にも用いられる。その代表が、内閣府が作成する景気動向指数（詳細は第1章第2節参照）であり、政府の景気基準日付決定の基礎資料ともなっている。民間でも多くの景気指数が開発されている[3]。

これらは、景気の全体の姿を人目で判断できるという点で、非常に有用であるが、現状判断はともかく、先行き予測についてどの指数も決定的なパフォーマンスをあげてはいないと言える。

(3) テクニカル分析

いわゆるチャート（罫線）による予測手法である。株価、商品相場、為替レートなどに関し、過去の価格、出来高と時間との関係を把握し、現状を判断、将来予測につなげる。

市場予測では有力な予測法だが、マクロ経済、実体景気分野ではあまり利用されない。

3）たとえば、日本経済新聞社の「日経景気インデックス」、日本経済研究センターの「ＪＣＥＲ　business index」、ＵＦＪ総合研究所の「ＵＦＪ先行指数」、ニッセイ基礎研究所の「ニッセイ景気動向判断指数」など。

(4) 時系列モデル

　その指標自身の過去の変動の特徴、規則性を捉えて将来に延長する方法[4]は、少ない情報で機械的に計算できるため、実務統計、市場指標など一部で用いられている。そのうち、厳密な統計学的方法で行うのが時系列モデルである。具体的には、時系列の動きを自分の過去の値及び確率的な攪乱項によって説明する。景気予測に一般的に用いられる方法ではないが、考え方は一考に値し、特殊な場合には有用性が発揮される。以下に示した名称だけでも記憶にとどめたい。

① 自己回帰モデル（ＡＲモデル）：自分自身の過去の動きと誤差項。
② 移動平均モデル：過去の誤差項の加重移動平均。
③ 自己回帰移動平均モデル：自己回帰モデルと移動平均モデルの合成。
④ 自己回帰和分移動平均モデル（ＡＲＩＭＡモデル）：階差の系列による自己回帰移動平均モデル。

(5) サイクル論（循環論）

　景気循環には、以下のように（詳細は第１章第１節参照）いくつかの種類がある。循環の周期が一定になると前提すれば、過去の循環変動から今後の動向を予測することができる。

① 短期循環(在庫循環、キチンサイクル)：３〜４年
② 中期循環(設備投資循環、ジュグラーサイクル)：10年前後
③ 長期循環(建設循環、クズネッツサイクル)：20年前後
④ 超長期循環(コンドラチェフサイクル)：50〜60年

3．サーベイデータ

　景気とは、経済活動の活発さの度合いだが、経済活動は生身の人間の決断の集合から成り立っている。そうであれば、経済主体に今後の行動を直接聞けれ

---

[4] 過去の値の移動平均値を予測値とする移動平均法、その変形である指数平滑化法などがよく使われる。

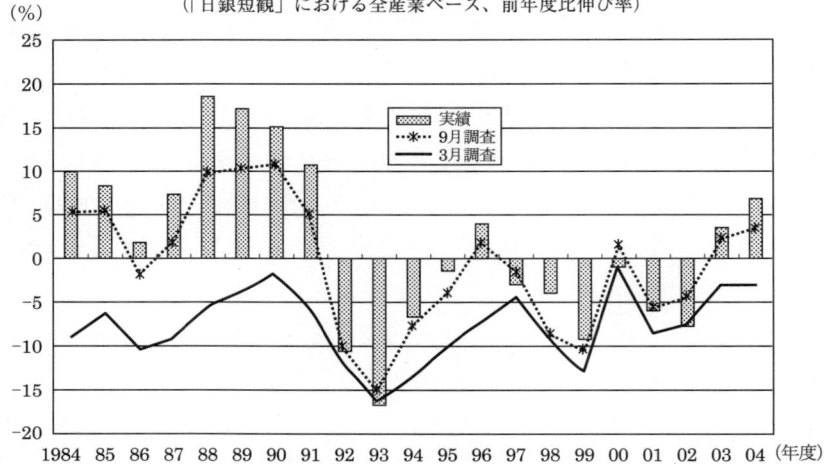

図表10-3　設備投資計画と実績
(「日銀短観」における全産業ベース、前年度比伸び率)

資料：日本銀行「企業短期経済観測調査」

ば景気の現状判断や予測に役立つ情報が得られるはずだ。

　このようなサーベイデータには、日本銀行の「企業短期経済観測調査」における「業況判断ＤＩ」や、内閣府「景気ウォッチャー調査」の「景気現状判断ＤＩ」（第１章第２節参照）のように、主観的な景気観を聞くものと、企業や家計の定量的計画を聞くタイプとがある。後者の代表が、各種設備投資計画調査である。設備投資調査は、日本経済新聞社、日本政策投資銀行、内閣府・財務省（「法人企業景気予測調査」）、日本銀行（「企業短期経済観測調査」）などが定期的に実施して発表している。

　これらは設備投資の主体である企業自身の計画であり、より正しい設備投資予測が可能になるはずである。しかし、過去の設備投資計画調査を見ると（図表10-3）、特に前年度における翌年度予測と実績は大きく食い違うことが多い。つまり、企業の投資計画は可変的であり、年度途中でも経済情勢などによって柔軟に変更される。こうしたことから、サーベイデータは貴重な情報ではあるが、全面的に信頼することはできないのである。

4．因果関係のモデル化

(1) 計量経済モデル

　本来の正統的な経済予測は、経済理論に基づいて因果関係を定式化し、論理的な関係をたどって予測する方法であろう。そのうち、経済変数間の関係を現実のデータに基づいて、定量的な関係式として推定したものを計量経済モデルと呼ぶ。たとえば、消費関数、設備投資関数など需要項目ごとのモデルもあるし、鉱工業生産や景気指数など総合的な景気指標を定式化したモデルもある[5]。

(2) マクロ計量モデル

　計量経済モデルをマクロ経済に適用し、マクロ経済変数間の相互依存関係を、連立方程式体系としてまとめたものをマクロ計量モデルと言う。マクロ計量モデルのうち、景気分析や予測に用いるのは、主に四半期ベースで、需要面から接近するタイプのモデルである。すなわち、たとえば雇用や所得から家計消費を求めるなど、それぞれの需要項目を決め、それらを集計してＧＤＰとするというアプローチである。短期的な景気変動は実際に需要の変化が主導しており、また統計など情報も需要関連が豊富で速報性もある。

　モデルを構成する方程式（構造方程式）は、変数間の因果関係を示す行動方程式、制度で決まる関係を表す制度方程式、定義式などから成る。また、変数はモデルの外から与える外生変数、モデル内で計算される内生変数がある。

　マクロ計量モデルの利点は、①予測の恣意性を排し、常に一定の関係式に基づいて予測できる（予測のパターン化）、②マクロ経済を構成する多くの変数間の整合性をとれる、③パフォーマンスが明確に測定できる、ことなどである。半面、④多くの変数を集め、方程式[6]を推計しなければならず、開発、維持に手

---

5) 通常の生産関数は、$Y = F(K, L, T)$、Y：ＧＤＰ、K：資本ストック、L：労働投入、T：全要素生産性、といった形の供給側から見た生産と要素の関係を示し、長期分析に用いられる。
6) マクロ計量モデルは、小型でも数十本、大型のものは数百本の方程式から成る。たとえば、内閣府経済社会総合研究所の短期日本経済マクロ計量モデル（2004年版）は、コンパクトタイプだが、方程式147本を有する。

間がかかる、⑤機械的計算になるため、定性的情報を加えにくく、また直近の構造変化を反映できない、⑥現状では、マクロ経済各部に関し精緻なモデル構築は困難である、などの問題もある。

マクロ計量モデルを用いた予測を定期的に作成している機関[7]もあるが、数は多くない。予測よりも、外生変数の想定を変えた場合のギャップを測定し、経済効果を見るシミュレーションの手段として使用されることが多い。

(3) 段階的接近法

段階的接近法（ＳＡ = Successive Approximation）[8]は、現状多くの予測機関がマクロ経済予測に用いており、組織的な予測法としては最もポピュラーだ。

マクロ計量モデルが変数間の関係をコンピューターにより自動計算で整えるのに対し、段階的接近法は担当者間の数字の受け渡し、フィードバックで予測値を収斂させていく方法であり、言わば「人間マクロモデル」と呼べる。

通常は以下のような手順を取る。

① 各変数ごとに予測担当者を割り当てる：米国経済、物価、消費など
② 担当者を大きく2グループに分ける：「外生」（先決）、「内生」
③ おおまかな経済（ＧＤＰ成長）の想定（仮設値）を作成する：前回予測を参考
④ 仮設値を用いて外生グループが予測値を作成：それぞれ計量経済モデルも使用
⑤ 外生グループ予測を受け、内生グループが予測値を作成：計量経済モデも使用
⑥ 第1次予測値の整合性をチェック（貯蓄投資バランスなど）、第1次予測値を作成。
⑦ ④〜⑥を繰り返し、第2次予測値作成
⑧ 足元修正など最終調整、総合判断の上、予測値完成

---

7) 日本経済新聞社、電力中央研究所など。
8) 元々ＯＥＣＤ（経済協力開発機構）で使われていたのを、日本経済研究センターの金森久雄氏（現顧問）が紹介した。

この方法の利点としては、①個々の担当者は計量経済モデルを使用し変数間の理論的関係を踏まえつつ、多様な情報を加味し、総合判断で予測値を作成できる（柔軟性）、②情報量が多く、きめ細かい予測が可能、③予測参加者の英知を集めることができる、ことなどがある。半面、問題点としては、④手順を追うには一定数以上の人数が必要で、時間もかかる、⑤マクロ計量モデルに比べて恣意的になりやすい、ことなどがある。

5．あるべき予測のあり方

(1) 現状の予測法の問題点

　マクロ経済、景気だけでも多くの予測法が開発されている。特に、金融市場の発達に伴い、株や金利、為替の予測との関連で景気予測に携わる人も増えている。しかし、現段階では、広くその有効性が認められるに至って予測法は存在しないと言ってよいだろう。

　第4節で説明した経済予測の組織立った方法として、マクロ経済を構成する変数を関係づけ連立方程式を解く形で予測値を得るマクロ計量モデル、チームを編成し各メンバーが特定の変数の予測を分担、相互に変数を受け渡しながら予測値を収斂させていく段階的接近法などがある。だが、いずれの方法においても、変数間の因果関係が確定していないことに加え、将来期間についてはいくつかの想定値（外生変数）を与えないと、求める変数の予測値が導かれないという致命的な課題がある。外生変数の想定には、予測者の主観的判断に依存しなければならない部分があり、大掛かりな予測作業を行っても予測開始時の予測者のイメージを若干修正しただけの結論を得るだけということにもなりかねない。

　現状では経済予測、特に短期の景気予測で最も有用なのは、第2節で見た、いわゆる先行指標アプローチであろう。これは、予測する指標に対し時間的に先行する指標を選び出し、その動きから先を見るものである。時間的先行関係が変わらなければかなり確実に予測が可能だ。しかし、確実に先行する指標というのはほとんどの場合、先行期間が短い。たとえば、機械受注統計（内閣府）

は民間設備投資の先行指標として、景気動向指数にも採用されている。先行するのは、設備の納入・据え付け（投資）の前に機械メーカーに対する発注手続きがある、という実務手続き、工程上の理由からだ。設備投資に対する期間は以前は半年程度、近年は短縮して1四半期程度とされている。つまり、わずか1四半期先しか見ることはできない。しかも、機械受注統計が集計され、発表されるのは翌々月の10日頃であり、たとえば5月10日頃になって1～3月実績がわかり、4～6月の設備投資予測に使えるだけだ。しかも、GDPベースの設備投資は鉱工業生産指数などで代表される景気変動のタイミングからやや遅行して動いており、景気予測の観点から機械受注を用いようとすると、先行期間はさらに短くなるというより、ほとんどなくなってしまう。

　また、株価や在庫率などの先行指標は過去において平均的には先行関係が認められるが、ある場合にはその変化と景気変動が同時に起きることもあり、必ず先行するとは言い切れない。景気の変動の仕方に構造的な変化があると、有効でなくなる局面がある。

いずれにせよ、先行指標の多くは、景気に対して早めに反応する指標を機械的に選び出したに過ぎない。景気の変化を早期に把握することはできるが、景気に変化の兆しが現れるまでは察知できない。潜在的に病気が進行していても、発熱など症状が現れるまで、病気と診断できないと同じである。

(2) 正しい景気予測のための課題

　以上の2つの方法の限界を克服するには、マクロ経済の動き、景気変動を引き起こす要因の解明がまず求められる。

　景気の先行きを考える場合、たとえば米国、中国経済の成長を受けて輸出が増えるとか、財政で公共事業が追加されるとか、外生的要因の変化とその景気への影響は理解しやすい。多くの場合、景気論議では「米国経済が好調で輸出が増えるから」など、輸出を要因として挙げて説明されることが多い。確かに、輸出の景気に対する影響力は大きく、その変化は注目点である。とは言っても、輸出はGDPのわずか1割程度の比重を持つに過ぎない。

　肝心の国内需要は何で変動するのか。最大項目である個人消費の行方を論ず

るのに、しばしば「家計の所得の伸びが低迷しているので消費回復は期待できない」とする主張を見かける。確かに所得が伸びないことは消費の抑制要因である。しかし、所得が伸びない原因は、景気の不調か、景気が良くても企業が労働者への配分を抑え利益を確保しているかのどちらかである。景気の不調が家計所得低迷の原因で、家計所得が低迷していると消費が回復できないなら、いつまでたっても消費主導で景気は回復できない。同じことは企業の設備投資にも言える。投資不振の原因を、景気、企業収益の低迷に帰するなら、景気が良くならなければ投資は回復しない。景気変動の主役である設備投資が、そのように受動的な変動パターンなら、内需が自律的に反転することはあり得ないことになってしまう。

　マクロの景気情勢が悪化傾向にあり、家計所得や企業収益が低迷していても、家計や企業の需要が反転、増加に向かうことはないのか。あるとすれば、それはどのような要因によるのか。それを解明しなければ、内需面からの景気変動を予測することはできない。価格調整や、ストック（在庫、設備）調整、雇用調整など、既存の理論でも、その回答となり得る原理はあるが、必ずしも十分とは言えない。

　さらに、景気変動の要因が解明できても、事後的に確認できるだけでは役に立たない。理論を予測につなげるためには、事前に具体的に数値化した指標として得ることが必要となる。

補論
信用創造に注目した景気予測の方法

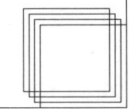

　著者は、経済変動のうち短期変動の要因には、①内需の短期変動における呼び水効果をもたらす外生的需要、②対外交易条件、③在庫・設備ストック・雇用など企業経営の調整、④海外需要、⑤景気の波及・連鎖、資産取引など変動促進要因—などがあると考えている。このうち、①の外生的需要要因に関し、独自に予測指数を開発したので、補論として紹介させていただきたい。

(1) 財政要因

　外生的需要要因は、財政要因（銀行の対政府信用、日銀の対政府信用）、対外取引要因（資本流入、外貨準備増減）を合成したものだ。以下、それぞれの要素を説明したい。

　まず、財政要因については、財政支出の規模を何で捉えるかということがある。財政支出をその財源調達で区別すると、租税より国債発行による方が需要創出効果が大きいことは指摘されている。そして、同じ国債発行でもそれを非銀行部門が購入するより銀行部門が購入する方が経済効果は大きいと考えられる。なぜなら国債発行のうち金融機関購入分は信用創造機能が働きマネーサプライを増加させ、中でも日銀の対政府信用供与はベースマネーの増加要因ともなるからである。

財政支出は一般に景気に対して刺激効果を有するが、それが金融機関によってファイナンスされ、信用創造に裏打ちされている場合、他の所得、金融資産に影響を与えないことから、需要刺激効果がより大きいと想定される。加えてベースマネー供給は、金融緩和効果も有する。

　なお、日銀による対政府信用は政府短期証券（ＦＢ）の市中消化移行で、本来直接的にはないはずだが、日銀の外為証券の引き受け、財政融資資金との取引などで、相当金額がなお存在している。その規模は財政資金対民間収支、資金需給の「財政等要因」などで把握できる。

　この銀行部門の対政府信用の動向は、主に国債発行額と銀行の国債運用姿勢、財政融資資金の余資運用によって影響される。近年は、①1999年度の国債発行倍増、2001年度からの財政投融資債（財投債）発行、②銀行の国債運用拡大、③財政融資資金の対日銀運用引き揚げ・政府短期証券引き受け——によって増加傾向にある。

(2) 対外取引要因

　次に、対外取引要因を考えてみたい。

　著者は、為替レートと経済の関係で、円高は短期的には経済にプラスと考えているが、それは為替を変化させる資本移動に注目していることによる。為替市場需給は経常取引から資本取引まで含む広義の内外資本移動とほぼ対応しているはずである。そして資本流入は国内の財、サービス、資産に対する需要であり、資本流入は円高と国内需要喚起の両方の効果を持つのではないか。

　ただ、国際収支統計は複式簿記で計上され、すべての取引を合計するとゼロとなり、資本移動を見るには主導的・自律的取引の抽出が必要だ。ここで、自律的な資本移動に対して、銀行部門の取引が事後的にファイナンスすると仮定すると、銀行のバランスシートから資本流入を測ることができる。そして銀行の対外資産変化は、マネーサプライの供給ルートの１つであり、銀行が資本流入をファイナンスすることでマネーサプライの増加をもたらすと解釈できる。

　当局（外為資金特別会計）による外為市場介入は、その資金は日銀が供給しており、金融機関による資本流入のファイナンスの一部と見ることができる。介

入に見合って当局の外貨資産（外貨準備）が積み上がり、国内にマネーサプライ（ベースマネー）が供給される。

(3) 外生的需要向け信用

通貨発行銀行のバランスシートから見たマネーサプライの供給ルートは

マネーサプライ増減＝対財政・対地方公共団体信用増減＋対外資産増減
　　　　　　　　　　＋対民間信用増減＋その他（その他資産・マネー
　　　　　　　　　　サプライ以外の金融負債増減など）

と表せる。以上の、対政府信用、金融機関の対外資産変化から見た資本流入は、マネーサプライの供給ルートのうち、対民間信用を除いた外生的需要向け信用の部分である。

マネーサプライは、もちろん対民間信用が主たる供給ルートである。しかし、対民間信用は景気変動の結果としての資金需要に応じたものと言える。これに対して、外生需要のファイナンスは、景気と独立した需要変動に伴う信用創造である点が異なる。

信用創造を伴う外生的需要増は、同じ外生的需要でも効果がより増幅されると想定される。こうした因果関係の結果、財政要因と資本流入要因を合成して作成した指標が、短期の景気変動に対して先行性を示すと考えている。

(4) マクロ景気に6～9か月先行

財政要因、資本流入要因に関し、政府・日銀の公表統計から統計数字を抽出、合成して月次の景気指数を作成できる（図表補-1）。この指数のマクロ景気に対する先行期間は、おおむね6～9か月である（図表補-2）。株価については、先行する形で相関はあるが、その関係は先行期間は安定はしていない。株価など市場指標は、実体経済の実勢以外に、様々な要因に影響されるためであろう。

また、開発した指標は、あくまで内需の呼び水要因を示すものであり、輸出主導の景気変動は把握できない。内需のうちでは、住宅着工動向は指標の動き最も敏感に反応し、実勢を素直に表すと考えられる。ただ、内需でも1997年4

補論　信用創造に注目した景気予測の方法　207

図表補-1　景気指数とその内訳（2000年以降）

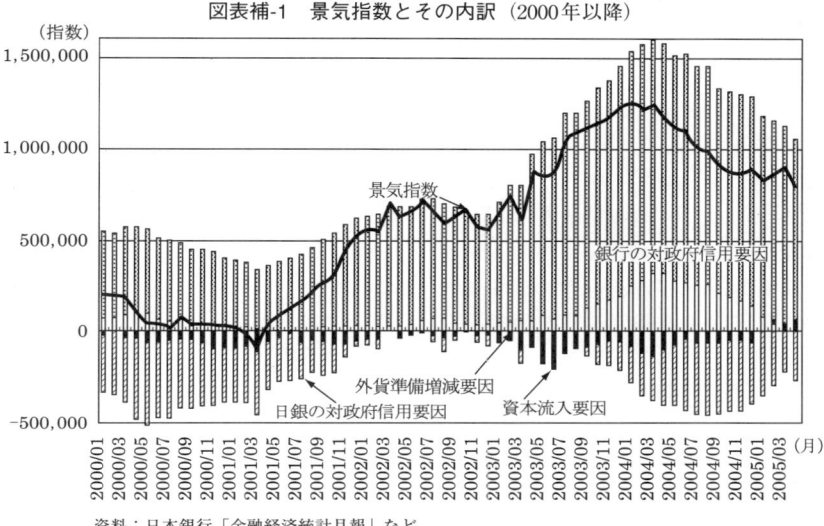

資料：日本銀行「金融経済統計月報」など

図表補-2　作成した景気指数と実際の景気の動き

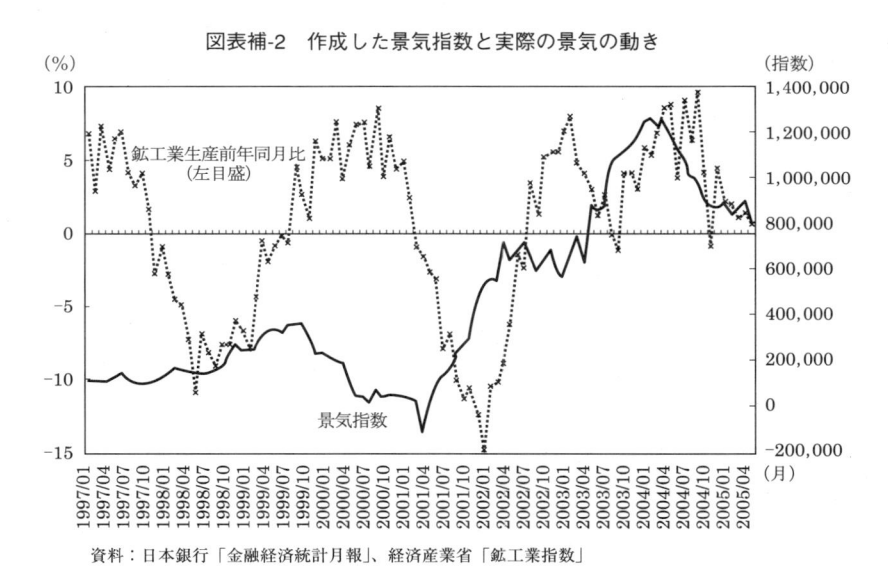

資料：日本銀行「金融経済統計月報」、経済産業省「鉱工業指数」

月からの消費税引き上げ前の駆け込み需要など制度要因による需要変化には対応できない。そのため、予測に用いるには輸出動向をはじめ他の要因に変化がないか留意する必要がある。

主要参考文献

(実際の景気変動を観測、分析するのに参考になると考えられる図書)

三橋・内田・池田『ゼミナール日本経済入門』日本経済新聞社、2005
金森・香西・大守『日本経済読本』東洋経済新報社、2004
吉川洋『転換期の日本経済』岩波書店、1999
小峰隆夫『最新・日本経済入門』日本評論社、2003
赤羽隆夫『日本経済探偵術』東洋経済新報社、1997
宅森昭吉『日本経済「悲観神話」はもういらない』中央公論新社、2003
北坂真一『現代日本経済入門』東洋経済新報社、2001
浜田宏一・堀内昭義『論争・日本の経済危機』日本経済新聞社、2004
西村清彦『日本経済・見えざる構造転換』日本経済新聞社、2004
小巻泰之『入門・景気の読み方』ダイヤモンド社、2002
塚崎公義『経済初心者のための景気の見方・読み方』東洋経済新報社、2000
日本銀行経済統計研究会編『経済指標の見方・使い方』東洋経済新報社、1993
永富祐一郎監修『どう読む経済指標』財形詳報社、1999
小巻泰之『入門・経済統計』日本評論社、2002
中村・北村・木村・新保『テキストブック経済統計』東洋経済新報社、2000
中村洋一『ＳＮＡ統計入門』日本経済新聞社、1999
浜田浩児『ＳＮＡの基礎』東洋経済新報社、2001
田原昭四『日本と世界の景気循環』東洋経済新報社、1998
篠原三代平『戦後50年の景気循環』日本経済新聞社、1994
嶋中雄二『複合循環』東洋経済新報社、1995
嶋中雄二『メジャーサイクル』東洋経済新報社、1996
森一夫『日本の景気サイクル』東洋経済新報社、2000
小峰隆夫『日本経済・景気予測入門』東洋経済新報社、1992
太田清『景気予測の考え方と実際』有斐閣、1994
嶋中雄二『実践・景気予測入門』東洋経済新報社、2003
日本経済研究センター『経済予測入門』日本経済新聞社、2000
深尾光洋『実践ゼミナール国際金融』東洋経済新報社、1995
小川英治『国際金融入門』日本経済新聞社、2002
深井美佐夫『外国為替がわかる本』鳥影社、2001
松岡和人『外国為替理論の歴史』多賀出版、1998
日本銀行国際収支統計研究会『入門国際収支』東洋経済新報社、2000

内村・田中・岡本『国際収支の読み方・考え方』中央経済社、1998
内田真人『デフレとインフレ』日本経済新聞社、2003
川北力『図説日本の財政』東洋経済新報社、2003
井堀利宏『要説・日本の財政・税制』税務経理協会、2003
井堀利宏『財政赤字の正しい考え方』東洋経済新報社、2000
日本銀行財政収支研究会『財政収支の見方』ときわ総合サービス、1997
貝塚啓明・財務省財務総合政策研究所『財政赤字と日本経済』有斐閣、2005
住友信託銀行・マーケット資金事業部門『新版金融マーケット予測ハンドブック』ＮＨＫ出版、2003
石田和彦・白川浩道『マネーサプライと経済活動』東洋経済新報社、1996
東京証券取引所調査部編『知っておきたい証券統計』八朔社、1997
小宮隆太郎・日本経済研究センター『金融政策論議の争点―日銀批判とその反論』日本経済新聞社、2002
第一生命経済研究所『資産デフレで読み解く日本経済』日本経済新聞社、2003
西村清彦・三輪芳郎『日本の株価・地価―価格形成のメカニズム』東京大学出版会、1990
野口悠紀雄『バブルの経済学―日本経済に何が起こったのか』日本経済新聞社、1992
山沢成康『実戦計量経済学入門』日本評論社、2004
内閣府、旧経済企画庁『経済財政白書』各年版
厚生労働省『労働経済白書』各年版
経済産業省『通商白書』各年版
日本銀行調査季報、ワーキングペーパー各号

■著者略歴

金子　雄一（かねこ　ゆういち）
1950年　埼玉県生まれ
1974年　一橋大学経済学部卒業、日本経済新聞社入社。
1991年　日本経済研究センター出向、短期予測チーム、中期予測チーム主査、同経済分析部長、同研究開発部長を経て、
2000年　同研究開発部主任研究員。
2001年より東京工業大学客員教授（経済予測論）、2004年より明星大学非常勤講師（景気変動論）を兼務。

主な著書
『揺るぎなき日本経済』（共著、日本経済新聞社、1992年）
『日本経済フエアプレー宣言』（共著、日本経済新聞社、1993年）
『日本経済・穏やかなる復活』（日本経済新聞社、1994年）
『社会保障改革の経済学』（共著、東洋経済新報社、2003年）
など。

新景気変動論

2005年10月10日　初版第1刷発行

■著　　者────金子雄一
■発 行 者────佐藤　守
■発 行 所────株式会社 大学教育出版
　　　　　　　　〒700-0953　岡山市西市855-4
　　　　　　　　電話（086）244-1268　FAX（086）246-0294
■印刷製本────モリモト印刷㈱
■装　　丁────ティーボーンデザイン事務所

Ⓒ Yuichi KANEKO 2005, Printed in Japan
検印省略　落丁・乱丁本はお取り替えいたします。
無断で本書の一部または全部を複写・複製することは禁じられています。

ISBN4-88730-647-4